土地利用总体规划的思考与探索

董黎明　林坚　　编著

中国建筑工业出版社

图书在版编目（CIP）数据

土地利用总体规划的思考与探索/董黎明等编著．—北京：中国建筑工业出版社，2010
ISBN 978-7-112-11672-0

Ⅰ．土…　Ⅱ．董…　Ⅲ．土地利用—总体规划—研究—中国　Ⅳ．F321.1

中国版本图书馆CIP数据核字（2009）第227018号

责任编辑：徐　冉　王莉慧
责任设计：郑秋菊
责任校对：袁艳玲　兰曼利

土地利用总体规划的思考与探索
董黎明　林坚　编著
*
中国建筑工业出版社出版、发行（北京西郊百万庄）
各地新华书店、建筑书店经销
北京建筑工业印刷厂印刷
*
开本：787×1092毫米　1/16　印张：12¾　字数：310千字
2010年3月第一版　2010年3月第一次印刷
定价：48.00元
ISBN 978-7-112-11672-0
(18928)

主　　编：

董黎明　林　坚

参编人员：（按姓氏笔画排序）

马　旻　毛　娟　王迎利　王晓川　白　帆

白迎春　孙海清　毕崇明　吴运娟　宋　健

宋　潇　张书海　张　沛　李　刚　李　昕

李晓瑭　杨有强　肖　丹　陆　瑶　陈　霄

周琴丹　苗春蕾　祖基翔　赵　俊　郝君宜

徐欢欢　晋璟瑶　黄大全　黄斐玫　楚建群

滕艳丽　魏　筱

前　言

本书集合了研究者多年来在土地利用总体规划及相关研究中的方法论探索，试图从理性思考、问题探索、个案研究等角度对我国土地利用总体规划涉及的不同方面问题进行思考。

全书分为九章。其中，第一章至第三章主要是理论性的反思，对土地利用总体规划的发展脉络、理论依据、定位体系、研究重点进行探讨；第四章至第八章，主要内容是结合编者的研究成果，在介绍各部分的基本概念及研究状况的基础上，结合实践案例对具体问题进行分析；第九章是对未来土地利用总体规划的发展趋向以及应加强重点研究的领域进行展望。具体各章的主要内容简述如下：

第一章主要介绍土地利用总体规划的内涵及发展历史，包括国外的发展以及我国不同时期土地利用总体规划的编制情况，同时评析土地利用总体规划相关理论及理念。

第二章对比研究我国现状三大法定规划的异同性，明确土地利用总体规划的定位，进而分析我国土地利用总体规划的体系以及各层级规划的主要内容。

第三章重点思考土地利用总体规划面临的社会经济发展形势、应发挥的作用、思路的调整和变化，提出了规划编制应重点研究的问题。

第四章研究土地利用总体规划的实施评价，通过全国和地方尺度的案例研究，探讨新方法、新思路的应用，其中全国尺度主要介绍用地状态偏离度方法的应用，而地方尺度则以北京市为案例，重点开展了规划执行情况的评价。

第五章研究耕地与基本农田保护，主要从其功能出发探讨耕地保护及基本农田划定的重要性，并提出基本农田调整和划定方法的思考。

第六章研究建设用地的节约集约利用问题。首先扼要分析建设用地节约集约利用的理念，其次通过对全国城镇存量建设用地分布状况的分析，从一个侧面揭示我国建设用地节约集约利用的状况，最后针对建设用地节约集约利用的对策，分别研究基于土地储备视角的城镇存量用地处置方法、农村居民点整理方法以及开发区用地准入标准制定思路，并通过具体案例对相应的技术方法进行探索。

第七章研究土地利用总体规划中与本底条件、自然环境相关的问题，主要从生态环境现状研究（从生态服务功能、“绿量”研究、生态足迹等角度）、土地利用对生态环境的影响、绿色空间三方面展开，并通过北京市的绿色空间案例研究探讨新的思路和方法。

第八章研究土地利用管制与分区引导。结合国内外土地利用管制的主要类型和特点，从管制的前提——分区出发，提出在土地利用总体规划中几类分区的思路。

第九章则对未来的土地利用总体规划需要进一步关注的问题及发展趋向进行前瞻性的思考。

作为长期研究成果的梳理和集成，全书由董黎明、林坚主持编著，各章写作分工依次为：第一章由林坚、黄斐玫、张书海、张沛、陆瑶、李晓瑭、王晓川、周琴丹、孙海清、楚建群执笔，第二章由黄斐玫、宋健、杨有强、林坚、张书海执笔，第三章由林坚、黄斐玫执笔，第四章由林坚、黄大全、赵俊、黄斐玫、苗春蕾、晋璟瑶、马旻执笔，第五章由白迎春、吴运娟、白帆、晋璟瑶、马旻、黄斐玫、林坚、黄大全执笔，第六章由林坚、黄斐玫、杨有强、苗春蕾、祖基翔、毛娟、孙海清、晋璟瑶、马旻、李昕、李刚、毕崇明、宋潇、徐欢欢执笔，第七章由孙海清、郝君宜执笔，第八章由陈霄、张书海、林坚、魏筱执笔，第九章由黄大全、林坚、藤艳丽执笔。全书由董黎明、林坚、黄斐玫、肖丹统稿。

目 录

第一章
土地利用总体规划的历史与反思

第一节　土地利用总体规划

一、土地与土地利用

(一) 土地

联合国粮食及农业组织（FAO）曾给出“土地“明确的定义：土地是地表的一个区域，包括该区域垂直向上和向下的生物圈的全部合理稳定的或可预测的周期性属性，包括大气、土壤和下伏地质、生物圈、植物界和动物界的属性，及已经过去和现在人类活动的结果。一般而言，土地既包括目前已利用的土地，即《土地管理法》第4条所称的农用地和建设用地，又包括目前尚未利用，但通过工程或生物措施开发、改造后可以利用的土地，后者称为后备土地资源。

从本质上说，土地是由地球陆地表面上一定立体空间内的气候、土壤、地貌、水文、岩石和植被等要素组成，并包含人类过去和现在活动成果在内的自然历史综合体。土地具有数量固定、质量差异大、位置不能移动等特点。因此，衡量一个国家、一个地区土地资源的丰富程度，既要看土地资源的总量和人均量，又要看土地资源的质量和区位。

(二) 土地利用

土地利用是伴随着人类的出现而产生的。随着人类对自然利用能力的提高，人类开始加大向土地索取的力度，加快了土地资源在经济过程中的消耗速度。人类在土地利用实践中认识土地，并在逐步深入认识土地的过程中，加深了对土地利用内涵的认识。目前，学术界对土地利用概念存在下列代表性观点：① 土地利用是人类通过与土地结合获得物质产品和服务的经济活动过程（毕宝德等，1998年）；② 土地利用是指人类对特定土地投入劳动力资本，以期从土地得到某种欲望的满足（林英彦，1995年）；③ 土地利用是由自然条件和人为干预所决定的土地功能（联合国粮食及农业组织，1985年）；④ 土地利用是指在既定时间、空间和特定地点的一切已开发和空闲土地的表面状况（R·B·曼德尔，1987年）。

二、土地利用规划与土地利用总体规划

(一) 土地利用规划

在人类社会发展的进程中，土地需求的无限性和土地面积的有限性之间的矛盾始终存在，调和这一矛盾是土地利用领域永恒的主题，也是土地利用规划产生的缘由。土地利用规划的生命力在于其对未来土地利用的引导，亦即人类对未来土地利用及其发展趋势所作的预测。协调不同区域、行业、空间、时段的土地供给与土地需求量之间的关系，合理组织土地使用功能是土地利用规划的核心问题，它需要着重研究土地资源合理分配与土地利用合理组织这一对特殊矛盾。

因此，土地利用规划是对一定区域未来土地利用和空间引导的战略安排，是依据一定区域的社会经济发展和土地的自然特性，在时空上对土地资源的分配和合理组织，是发挥土地资产价值和权益、协调区域可持续发展、具有时空动态特征的公共政策。

(二) 土地利用总体规划

根据我国国情，土地利用总体规划是法定性规划，也是土地管理工作的“龙头”，编制土地利用总体规划是现阶段土地管理的核心任务之一。《中华人民共和国土地管理法》第十七条明确规定：“各级人民政府应当依据国民经济和社会发展规划、国土整治和资源环境保护的要求、土地供给能力以及各项建设对土地的需求，组织编制土地利用总体规划”。

土地利用总体规划的基本内容是在一定区域内，根据国家社会经济可持续发展的要求以及当地自然、经济、社会条件，对土地的开发、利用、治理、保护在时间上和空间上进行总体的安排，是国家实行土地用途管制的依据。

第二节　土地利用总体规划的历史回顾

一、国外土地利用规划的发展历程

国际上较为完善的土地利用规划体系是前苏联的土地利用规划。前苏联土地利用规划工作已有200多年历史，但作为一门学科得到充分发展则是在“十月革命”以后，在大规模开展土地利用规划的实践中，初期的工作重点是调整土地关系，后来逐步转移到生产本身。随着土地规划的技术方法不断发展和完善，土地工作者对土地规划的概念、内容、种类、项目、原则等一般性理论方法问题，对土地利用规划工作的组织、计划等工作程序，都有一定程度的研究，出现了一些专著和教学参考书，建立了专门的土地规划学院和若干土地规划系，培养了一批土地规划方面的科技人才。

20世纪70年代以前，英、美等国土地利用规划的发展相对缓慢，规模较小，土地利用规划的主要内容是土地利用分区，即将一定范围内的土地划分成不同使用区，并以使用分区图来界定分区的范围及区位，在每一分区中，制定不同的使用规划或规范。土地利用规划的内容偏重于城市土地利用规划，主要包括对未来10～20年间公共建筑物、私有土地、居住用地、商业用地等方面的规划设计。土地利用规划大多是由职能机构所编制，土地利用规划编制委员会是规划的主导者，同政府机构分开，不属于立法机构。编制规划不是地方政府的法定义务，中央政府机构缺乏统筹不同土地利用方式协调发展的机制。二战以后，大规模的城市建设使城市土地利用规划面临了许多由规划委员会难以处理的问题，如土地及建筑物的征地补偿、土地增值费征收等，人们便开始达成共识：规划应是政府机构的职能；规划师是同一个指定的规划委员会一起为地方政府执行机构工作的；规划是立法的一部分，必须在议会中协调产生。据此，西方国家的规划由原来的单独地由独立委员会执行转换为由地方政府管辖，市政立法机构和管理人员开始全面重视规划的编制和实施。

联合国粮农组织（FAO）在1993年出版的《Guidelines for Land Use Planning》一书对土地利用规划发展具有重大意义，该书进一步拓展并规定了土地利用的内容体系，主要包括：确定目标、分析问题、鉴别变化的机会、土地适宜性评价、编制和评价不同的供选方案、最佳方案的选择、编图并编写报告、实施规划、监测并修编规划等九个方面。

二、国内土地利用总体规划的发展

早在古代，我国就出现了土地利用规划的萌芽。周初的《禹贡》一书对全国因地制宜整治土地进行了论述，西周后期对田块的规划已注意到日照和水源等条件的影响，且出现了“井田制”。井田规划是我国早期土地利用规划的雏形，它反映了当时田赋管理对组织土地利用的需要。然而，在长期的封建统治下，我国土地利用规划的发展相当缓慢。新中国成立以后到21世纪初，我国土地利用规划受到政府的高度重视，发展极为迅速，归结起来大致可分为四个发展阶段。

(一) 土地利用总体规划探索起步阶段

建国初期，我国大范围兴建国营农场，迫切需要对国营农场进行全面科学的规划。从1954年开始，在农业合作化的背景下，开展了以农村土地利用规划为重点的国营农场规划。由于这一时期的土地利用规划主要由前苏联传入中国，所以当时被称为“土地整理”，到了20世纪50年代后期才改称“土地规划”。在此期间具有代表性的规划工作有1954年黑龙江友谊农场土地利用规划，1956年农业部组织各省开展的280多个农业合作社的土地利用规划试点，以及1957年开展的5000多个土地利用规划试点。1958～1962年的人民公社化期间，农业部土地利用局向全国发布《关于开展人民公社土地利用规划工作的通知》，标志着人民公社土地利用规划全面展开。人民公社土地利用规划内容比较广泛，基本上是与农林牧副渔和工农商学兵全面安排相结合进行的。1963～1966年土地规划工作的主要目的是从经济上和组织上巩固社会主义农业企业，创造最适宜的土地组织条件。1966～1976年“文化大革命”十年浩劫时期，土地利用规划工作基本停滞，直至1978年以后，才重新开始步入正轨。

综上所述，这一时期的土地利用规划是以农村土地利用和农业生产的布局和组织为重点，规划目的重在管理，规划内容以耕地规划为重点，但相对零散，覆盖面小。土地利用规划以地块设计为主要内容，以田间路、渠、沟等农业设施布置为保障，规划单元基本上是农业企业和人民公社。总体上看，该项规划在当时有利于最大限度地集中有限的资源进行高效的生产。

(二) 第一轮土地利用总体规划实践阶段

党的十一届三中全会以后，我国开始经济体制改革，极大地促进了国民经济的发展。同时，耕地减少的问题开始显现出来，我国有限的耕地资源被大量转作赢利高的建设用地和林、果、渔生产用地。据统计，“六五”期间，全国耕地年均减少48.7万hm^2（730多万亩），1985年更高达100万hm^2（1500万亩）。这一变化加剧了我国人多地少的矛盾，给国民经济的可持续发展带来严重的负面影响。同时，长期以来，分散的、无偿的和低效的土地利用管理制度也制约了社会经济的发展。为贯彻“十分珍惜和合理利用每寸土地，切实保护耕地”的基本国策，我国成立了国家土地管理局，作为统一管理土地的机构，编制土地利用规划成为解决上述问题的重要手段。与此同时，《中华人民共和国土地管理法》于1986年开始实施，该法第十五条规定：“各级人民政府编制土地利用总体规划，地方人民政府的土地利用总体规划经上级人民政府批准执行”。这是我国社会经济发展形势和解决土地利用问题的要求，以法律的形式固定下来，更加有力地推动了土地利用规划工作的开展。根据《中华人民共和国土地管理法》和国务院办公厅《关于开展土地利用总体规划的通知》（国办发[1987]82号），在过去所做的农业生产合作社和人民公社土地规划、城市规划以及部分地区的区域规划等经验的基础上，我国土地主管部门于1987年第一次尝试编制全国土地利用总体规划，与此同时也相应开展了省、市、县、乡的土地利用总体规划编制工作。1993年2月，国务院正式批准了《全国土地利用总体规划纲要（草案）》，其后19个省完成了省级规划的编制，其中有9个经国务院批准实施。另外，全国64%的地市、75%的县完成了规划编制工作，乡级规划编制工作也普遍开展。由于首轮土地利用总体规划的编制缺乏经验和技术力量，导致规划编制和实施情况各地差异较大，规划水平参差不齐。

首轮规划主要特点是自上而下的数量调控与流量控制，通过行政管理系统，将国家对土地的宏观调控以数量的形式逐级分解落实。规划重点是贯彻“一要吃饭，二要建设”的思想，在保护耕地的前提下，妥善解决耕地和建设用地的供需矛盾。规划中采用的八大类用地分类体系，由于侧重农用地分类，规划符合当时关注的重点，可以满足耕地保护、指标调控等一系列土地利用与土地管理工作需求。此外，在认识土地利用现状的基础上，规划突出土地适宜性评价，为规划的编制提供了科学依据。

(三) 第二轮土地利用总体规划实践阶段

20世纪末，我国经济和城镇化进入快速发展阶段，针对人口持续增加、耕地逐渐减少的严峻形势，党中央和国务院发出《关于进一步加强土地管理切实保护耕地的通知》（中发[1997]11号），提出实行世界上最严格的管理土地和保护耕地措施，加强土地宏观管理和实行土地用途管制，并把土地利用总体规划作为土地宏观管理的关键措施和土地用途管制的基本依据。按照中央11号文件的要求，国家对《土地管理法》进行了修订，修订后的《土地管理法》确立了土地利用总体规划的法律地位，强化了土地利用总体规划对城乡土地利用的整体调控作用，对土地利用规划的目标、内容和技术方法作了详细的规定。这一新的变化，促使第二轮土地利用总体规划在全国蓬勃开展起来，到2000年底，全国五级规划基本完成，并开始正式实施。

此轮规划已经从第一轮的对所有地类进行指标式的流量控制转向有限目标的管理。为了实现世界上最严格的耕地保护措施，规划围绕耕地总量动态平衡、建设用地总量控制、土地开发整理、土地生态环境改善等核心内容展开。与第一轮规划相比，该轮土地利用总体规划的编制更强调刚性控制，实施土地用途管制，形成自上而下规划指标控制体系。它对于控制建设用地无序扩张、保护耕地、保护生态环境起到了应有的作用。

第二轮土地利用总体规划被社会各界比喻为“真正立起来的土地利用规划”，实质是体现了土地利用总体规划的公共政策特征，但其存在着以下一些问题。

1. 规划目标单一

第二轮土地利用总体规划编制时，国发（1996）18号和中发（1997）11号文件明确提出“严格控制大城市的城市建设用地和人口规模”、“必须严格按照耕地总量动态平衡的要求，做到本地耕地总量只能增加，不能减少”等要求，同时1998年新修订的《土地管理法》明确规定，土地利用总体规划实行从上到下的严格指标控制。规划编制的指导思想体现为：以保护耕地为重点，严格控制城市规模，并服从国家严格的由上而下的建设用地指标控制，同时，为确保规划指导思想的落实，规划编制思路表现为：① 指标逐级分解下达，确保用地规模衔接；② 力保耕地，超额划定基本农田。

这一编制思想对于遏制耕地数量过快减少的势头、促进土地节约集约利用、实现社会经济可持续发展等方面发挥了重要作用，但由于我国工业化、城市化进程的加快，其不足之处日益显现，主要表现在两个方面：一是片面强调耕地保护的单一目标，对社会经济发展需要的载体——土地利用综合效益缺少综合目标评价；二是规划指标弹性不足，刚性有余，对不同区域、不同经济发展水平、不同人口构成、不同土地自然特性实行了一刀切，不利于地方政府根据各区域土地适宜性和经济发展的具体情况进行调控，以更加合理地集约利用土地资源。由于目标过于单一，导致对未来发展的预见性因素没能予以充分的估计，致使规划实施出现较大的偏差。

2. 多层次、多元规划体系难以相互衔接

我国实施从国家到乡镇五级土地利用总体规划体系，但各级规划职能分工不明确，内容雷同，缺乏分层次的重点考虑。此外，多个部门同时行使规划管理职能，国土资源管理、住房和城乡建设管理、发展与改革管理部门都分别拥有一套规划组织体系。由于各自出发点和侧重点不同，并且很少考虑相互协调，当意愿发生交叉重叠又各自有立法保护时，就造成了规划管理重复、空白甚至相持不下的局面。

3. 规划实施机制不健全

和我国的城市规划相比，土地利用总体规划作为政策出台的时间晚，学科体系至今还处在不断完善和发展过程中，因而为社会各界认知、接受和重视的程度也相对较弱，导致规划权威性不足，参与城市经济与建设管理的影响力较弱。按照传统的建设项目管理程序，土地行政主管部门的意见发表并不处在程序前端，规划实施设想难以得到充分的落实，而规划实施期间恰恰又处在我国投资管理体制改革的过渡时期，土地利用总体规划在社会经济生活中的重要地位尚属于逐步显现阶段。

（四）第三轮土地利用总体规划实践阶段

随着经济社会的快速发展，第二轮土地利用总体规划面临一系列挑战，不能完全解决现阶段快速发展中用地需求与耕地保护的矛盾。2002年6月17日，国土资源部下发了《国土资源部关于开展县级土地利用总体规划修编试点工作的通知》，选择黑龙江省呼兰县等12个县（市、区）为县级规划修编试点单位，揭开了第三轮土地利用总体规划修编的序幕。2003年，国土资源部下发了《国土资源部关于开展市（地）级土地利用总体规划修编试点工作的通知》，选择四川省成都市等14个市（地）为试点城市，这标志着第三轮土地利用规划工作全面启动。国办发（2005）32号文件中明确指出新一轮土地利用总体规划修编要以严格保护耕地为前提，以控制建设用地为重点，以节约、集约利用土地为核心，要开展“四查清、四对照”。同时，强调在土地利用规划修编前期工作中，要严格保护耕地特别是基本农田，重点控制建设用地，大力推行节约和集约用地，统筹规划各类用地，要按照全面落实科学发展观的要求，进一步转变观念，理清思路，创新方法，提高土地利用规划工作水平。

2008年10月国务院批准并颁布《全国土地利用总体规划纲要（2006—2020年）》，规划由土地利用面临的形势、指导原则与目标任务、保护和合理利用农用地、节约集约利用建设用地、协调土地利用与生态建设、统筹区域土地利用、规划实施保障措施等七章内容组成，并确定了约束性指标和预期性指标体系，其中约束性指标包括耕地、基本农田、城乡建设用地规模、人均城镇工矿用地、新增建设用地占用耕地、整理复垦开发补充耕地指标等。

第三节　土地利用总体规划的理论基础简析

作为一个相对年轻的学科，土地利用总体规划理论体系的建设处在不断探索和发展的过程中。本节着重从土地利用总体规划的基础理论、相关理论以及具有创新引导意义的理念等方面进行简析。

一、基础理论

(一) 可持续利用理论

土地资源是由多种要素构成的自然经济综合体，土地利用是人类出于自身需要而对土地资源进行干预的活动。一方面，土地利用具有可持续性的特征，适度利用，其肥力不仅不会减退，而且可以有一定程度的提高。人类祖先使用过的土地至今仍在周而复始地使用，充分证明了土地利用具有可持续性。另一方面，不合理的土地利用会引起土地资源的退化，生产能力的下降乃至丧失。从这个角度来说，土地资源的永续利用又是相对的。因此，土地利用总体规划必须建立在土地可持续利用理论的基础上，其含义和具体内容如下。

1. 土地可持续利用的含义

土地资源作为人类活动、生存和生产的场所与空间，是人类社会赖以生存的基本资源。它具有数量有限性、质量差异性、位置空间性、利用可持续性和属性两重性的特点。可持续发展的重要内容是自然环境的可持续能力。围绕自然环境的持续能力，国际研究的热点之一就是土地资源持续利用。土地是“世代相传的人类所不能出让的生存条件和再生产条件”，是人类生存和社会经济持续发展的物质载体。当今世界人类面临的人口、粮食、能源、环境等问题均或多或少、直接或间接地与土地资源及其利用有关。从一定意义上讲，研究土地资源持续利用问题是资源与环境持续利用和社会经济持续发展的重要课题。

土地数量的有限性和土地需求的增长性构成土地资源持续利用的主要矛盾。通过对土地资源持续利用，人类可以从中获取土地产品和劳务的满足。土地数量的有限性为土地资源持续利用提供了宏观必要性，土地可更新性和利用永续性使土地资源持续利用成为可能。协调土地供给和土地需求是土地资源持续利用的永恒主题，也是土地利用规划的重要内容。

2. 土地可持续利用的内容

土地资源的可持续利用主要体现在生产性、保护性和经济可行性三方面上。

1）生产性

生产性强调保持和加强土地的生产和服务能力。从这个角度出发，持续利用的土地应该是充分发挥其生产潜力，并实现生产力的持续上升，或者至少是维持现有水平。如果土地在利用过程中，土地的生产力在波动中逐渐下降，这样的利用肯定是不持续的。例如，对于农用地而言，治理土地退化、进行土地改良都是持续利用的例子；城市用地中通过基础设施配套等提高土地价值也是持续利用的例子。

由于自然条件、社会、经济等因素的变动，土地生产难免会出现波动，持续利用的土地应该是在一定的时间尺度上将生产力的波动控制在一定的范围内，因此保持生产的稳定性也是可持续利用的重要方面。

2）保护性

保护性要求保护土地资源的潜力和防止土地资源受到人为破坏。持续的土地利用方式应该实现资源的有效利用和适宜的开发。土地资源的保护性一方面包括在当代内对开发利用的资源采取经济、社会、行政、法律等措施，使土地资源保持良性发展；另一方面，是指土地资源实现代际公平分配，如果后代享有比当代更多的资源，或至少不少于当代享有的资源，可以认为是实现土地的持续利用。土地可持续利用以耕地资源、土壤和水体的保护为重点。如农业用地的目标是保护耕地资源，矿业用地的主要目标是延长矿产资源的持续开采时间。

3）经济可行性

经济可行性是指土地利用应具有经济活力。人们利用土地的目的在于获得一定的经济收益，如果某种土地利用方式在当地是可行的，那么这种土地利用方式其收益必须大于投资成本，否则肯定不能存在下去。土地持续利用的经济含义是综合效益，是指土地经济产出和外部经济性的综合效应，并非土地产品的价值。如大搞乡镇企业，虽具有较好的经济效益，但如果带来的生态和社会的外部不经济性大于单纯的经济收益，则这样的土地利用方式仍然是不持续的。

(二) 地租与地价理论

土地不仅仅是一种资源，它更是一种重要的资产，地租与地价就是土地资产价值的表征。一般而言，随着有组织的土地利用和土地所有权与土地使用权的分离就产生了地租。任何社会只要存在着土地所有者和不占有土地的直接生产者，生产者在土地利用中的剩余产物为土地占有者所占有，就存在产生地租的经济基础。当代西方经济学者和土地经济学者将地租分为契约地租（contract rent）和经济地租（economic rent）。契约地租是指主佃双方通过契约的形式，规定佃户按期交给地主的租金款额。经济地租又称纯地租（pure rent），是指利用土地或其他生产资料或因素所得报酬扣除所费成本的余额即超过成本的纯收入。

威廉·配第（Willian Petty）早在300多年前出版的名著《赋税论》中提出，地租是土地上生产的农作物所得的剩余收入。由于土壤肥沃程度和耕作技术水平的差异，以及土地距市场远近的不同，地租也有差异。配第还首次确定了土地价格，即一定年限的地租总额。亚当·斯密（Adam Smith）在1766年出版的著作《国民财富的性质和原因的研究》（简称《国富论》）中指出，地租是“作为使用土地的代价”，“是使用土地而支付的价格”。大卫·李嘉图（David Ricardo）在其1817年出版的名著《政治经济学与赋税原理》中指出：“地租仅只是为了使用土地而付给地主的金额。”李嘉图认为，地租产生必须具备土地数量有限、位置地租和资本地租。地租不是价格的构成部分，不是价格的原因，而是价格的结果。杜能（Thunen Johann）认为，地租不是劳动和投资的产物，而是田庄所处的位置和土地性质的偶然优势带来的。

马克思地租理论不仅建立于劳动价值论，而且紧密联系社会生产关系。马克思认为，一切形态的地租都是土地所有权在经济上的实现，一切地租都是剩余劳动的产物，是以土地所有权的存在为前提的。马克思依据其产生的原因和条件，提出级差地租、绝对地租和垄断地租三种形态。在合理组织土地利用中应遵循地租理论，努力获取最大的地租收入。所谓级差地租，就是利用较好生产条件使土地产生的超额利润。级差地租Ⅰ是由于土地的肥沃程度和土地位置的不同而产生的。级差地租Ⅱ是由于在同一块土地上连续投入等量资本所产生的生产率差别而形成的。

马克思在批判地继承古典政治经济学的地价理论的基础上，提出了以劳动价值论为基础的地价理论，指出土地价格是虚幻形式的价格，称土地价格为“虚幻的价格”，没有价值的物品可以有价格，土地价格是没有价值的价格。马克思把土地区分为土地物质和土地资本，土地价格无非是出租土地的资本化收入，“土地价格是地租的资本化，即：土地价格＝地租/利息率”。

为了获得土地利用的最大经济效益，合理地配置土地资源，必须应用经济杠杆对其加以调节和控制。地租与地价理论对于土地资源的综合和合理开发利用，以及制定土地利用政策具有重要的指导作用。通过合理组织土地利用，不断提高土地肥力和改善土地质量状况，修筑交通运输网络，改变土地的经济地理位置和交通运输条件，追加活劳动和物化劳动的投入，实行土地集约化经营，必将导致土地级差地租形成条件的变化。因此，规划是影响地价的重要因素，地价是规划编制的重要基础，规划应根据地价的空间分布规律合理配置各类用地。

在地租与地价理论的指导下，根据土地用途与地租之间的关系，应把位于和接近城市中心区的土地规划用作高价用地，如商业用地、居住用地等；把其他类型用地，如工业用地、高等院校用地，布局在远离城市中心的地段上。对于农用地而言，应把集约经营用地，如果品、蔬菜等产品生产用地，规划在城市近郊区；而将粗放经营用地，如大田作物生产用地等，规划在远离城市的地段上。从另一角度而言，土地利用规划条件是影响土地价格形成的重要因素。在土地条件一定的情况下，不同的土地用途对地租地价有着重大的影响。通常商业用地的地价最高，农业用地的地价最低。规定用途对地价的影响在城市郊区表现得尤为显著。在城市郊区由于城市发展而使郊区某些适宜土地作为城市用地，但因政府规定只能维持农业用途，地价必然很低，一旦政府允许改变土地用途，地价则会成倍上涨。

(三) 区位理论

区位源于德文的standort，1886年被译为英文location。区位的主要含义是某事物占有的场所，从现代区位理论的角度看，区位是人类活动所占有的场所。区位理论则是研究人类活动的空间选择及空间内人类活动的组合，主要探索人类活动的一般空间法则。

区位是指人类行为活动的空间。具体而言，区位可以解释为地球上某一事物的空间几何位置，还可以解释为自然界的各种地理要素和人类经济社会活动之间的相互联系和相互作用在空间位置上的反映。区位就是自然地理区位、经济地理区位和交通地理区位在空间地域上有机结合的具体表现。区位主体是指与人类相关的经济和社会活动，如企业经营活动、公共团体活动、个人活动等。区位主体在空间区位中的相互运行关系称为区位关联度。区位关联度影响投资者和使用者的区位选择。一般来说，投资者或使用者都力图选择总成本最小的区位，即地租和累计运输成本总和最小的地方。

任何经济活动都需要以一定的空间作为依托，而作为承载万物的土地，是人类一切生产和生活的场所和空间，所以土地因子是影响经济区位的最基本因素。土地一般以两种基本方式参与经济活动：第一种是作为劳动对象，如农业生产用地，在这种土地利用状态中，土地的自然特征起着决定性的作用；第二种是作为作业的空间或活动场所，如工业、交通以及城市建设土地利用等，在这种土地利用状态中，土地所处的经济区位起决定性作用，土地利用的空间竞争显得格外显著。土地利用的分区组织就是利用土地的区位特点，对土地在空间上进行科学布局并合理利用的过程。区位理论是土地利用的基本原理之一，是关于人类活动的空间分布及其空间中的相互关系的学说。具体地讲，是研究人类经济行为的空间区位选择及空间区位内经济活动优化组合的理论。

区位既然是人类活动所占有的场所，那么人类活动的领域和空间的扩展必然导致区位的发展与变化。因此，对于区位的理解与把握也必须从动态和发展的角度入手。在农业经济时代，人类如何选择作为其主要经济活动——农业活动的场所是社会面临的问题，由此产生了杜能的农业区位理论；在工业经济时代早期，工业生产活动的场所主要取决于生产成本的大小，运费作为一个影响空间成本的重要因子，受到格外关注，因此最早出现了以成本（主要是运费）最小的韦伯工业区位理论；随着工业经济社会的发展，社会生产更多地受到市场的直接制约，市场因子备受关注，因此就有了廖什的市场区位理论；第二次世界大战以后，人类的生活方式和价值观进一步多样化，仅考虑单一的经济因素已不能全面反映工厂区位选择的目标，从而重视非经济区位因子以及行为因素的新的区位理论应运而生。另外，在消费和流通活动中的区位问题也越来越受到重视，从而出现了反映作为人类生活基本场所的城市和聚落的空间配置规律的理论，如中心地理论。进而，由于人类经济活动组织形式的重大变化，对于企业组织的空间规律探索的多部门企业区位理论随之出现。至今，区位理论仍在不断得到更新与发展。

区位理论为土地最佳使用提供了基础，根据区域发展的需要，能更合理地确定土地利用方向和结构，将有限数量的土地资源科学地分配到农业、工业、交通运输业、建筑业等的用途上。因此，土地利用规划实践应全面系统地应用区位理论。

（四）地域分异规律

地域分异是自然地理环境各组成成分及其构成的自然综合体在地表沿一定方向分异或分布的规律性现象，它是进行土地利用分区管制的理论基础。

目前，对地域分异规律的认识，尚不完全一致，但有几种分异规律已为人所共识：因太阳辐射按纬度分布不均引起的纬度地带性；大地构造和大地形引起的地域分异；海陆相互作用引起的从海岸向大陆中心发生变化的干湿度地带性，又称经度地带性；随山地高度而产生的垂直带性；由地方地形、地面组成物质以及地下水埋深不同引起的地方性分异。对地域分异规律认识的主要分歧是对地带性与非地带性广义和狭义的认识问题。

地域分异规律按规模和作用范围不同，可分为四个等级：① 全球性规模的分异规律，如全球性的热量带，一般划分为寒带、亚寒带、温带、亚热带、热带。② 大陆和大洋规模的分异规律，如横贯整个大陆的纬度自然地带和海洋上的自然带。③ 区域性规模的分异规律，如在温带从沿海向内陆因干湿度变化而产生的森林带、草原带和荒漠带；山地所表现的自然景观及其组成要素随海拔高度递变的垂直带性。④ 地方性分异，有两类：一是由地方地形、地面组成物质和地下水埋藏深度的不同所引起的系列性地域分异；二是由地形的不同所引起的坡向上的地域分异。

研究地域分异规律不仅是认识自然地理环境特征的重要途径，也是合理利用自然资源、因地制宜进行生产布局的重要方法。例如我国耕作业、林业和牧业的分布界线，我国稻、麦等粮食作物的布局，在很大程度上受地带性规律的影响。

二、相关理论

土地利用总体规划不仅涉及土地的空间配置、土地的可持续利用，而且还涉及城市的社会、经济、生态发展等诸多方面，是一个综合性很强的规划。其内容是一个复杂的系统，除了基础理论外，还需要土地发展权、系统工程理论、生态经济理论等相关理论的支撑。

（一）土地发展权理论

土地发展权（也称为土地开发权），最初源于采矿权与土地所有权分离而单独出售和支配。土地发展权，就是发展（开发）土地的权利，是一种可以和土地所有权分割而单独处分的财产权。土地发展权制度始于1947年英国《城乡规划法》，该法规定，一切私有土地将来的发展权移转归国家所有；

美国则在分区制（zoning）的基础上，创立了可转移的发展权（TDR）制度，美国的土地发展权归属土地所有者，是一项可定量化的、可转让的财产权。法国、德国、意大利、加拿大、新加坡、韩国以及我国台湾地区等都有类似的制度。

1992年，我国国家土地管理局在引介各国土地制度的研究中，就提出“所谓土地发展权，就是土地变更为不同性质使用之权，如农地变为城市建设用地，或对土地原有的使用的集约度升高。创立土地发展权后，其他一切土地的财产权或所有权是以目前已经编定的正常使用的价值为限，也即土地所有权的范围，是以现在已经依法取得的既有权利为限。至于此后变更土地使用类别的决定权则属于发展权”。胡兰玲（2002年）则认为，所谓土地发展权，是对土地在利用上进行再发展的权利，即空间上向纵深方向发展、在使用时变更土地用途之权。它包括空间（高空、地下）建筑权和土地开发权。如将临近城市的农地变更为商业用地或对土地原使用集约程度的提高等。李世平（2002年）定义狭义的土地发展权：就是将土地变更为不同使用性质的权利，它既可以与土地所有权合为一体由土地所有者支配，也可以由只拥有土地发展权而不拥有土地所有权者支配。它是土地处分权中最重要的权利。而孙弘（2004年）则认为，土地发展权是为土地使用管制和多元化立体开发利用的需要而设立的，改变土地现状用途与利用强度等利用方式的权利，是一项可以独立支配的财产权，并具有六个层次的要义：① 土地发展权的设立，需要以相关法律制度的规定为前提，否则，如何改变土地利用方式的行为，仅是一种客观存在，而不能成为一项独立的权利。② 土地发展权因土地使用管制和多元化立体开发利用的需要而创设。在没有土地使用管制需要和立体开发利用矛盾冲突的区域，则没有设立土地发展权的必要。③ 土地发展权是以现状土地利用为基础，是对未来可能或许可发生的土地利用物质形态与价值形态变化的量的规定。④ 土地发展权的主体包括国家主体和土地所有者主体两类，确定归属哪一类主体所有，取决于土地开发管制的严格程度和发展权收益归属的制度安排。⑤ 因土地使用管制，土地开发的可能性与规定性之间往往存在差异，其中普遍的“可能”超过“规定”的部分构成虚拟的差异。⑥ 建立土地发展权的一种重要目的是保护农地资源。从农地向非农建设用地转化受到严格限制的情况下，这种土地性质转化的权利往往也被称为农地发展权，受到特别的关注。仔细分析，土地发展权具有如下特点：一是因土地用途管制和利用强度许可而产生的一种财产权，是对土地开发或再开发的权利；二是可独立于土地所有权之外，也可隶属于土地所有权，制度设计取决于土地开发或再开发收益的归属；三是土地发展权设置的重要目的在于保护农地、保护资源、保护生态环境、保护社会公共利益。

从土地权利是否可以流转的角度分析我国土地权利设置的框架，可以认为，我国现行的土地管理制度设置了这样的一种发展权体系：国有建设用地拥有土地发展权，集体建设用地拥有有限的土地发展权（主要是受益主体存在特定对象的限定），集体非建设用地则未设置土地发展权（即不允许进行土地的开发行为）。其中，最容易产生矛盾的在于农村集体建设用地，它拥有有限的、隐性的土地发展权，是一种权利被固化、不可流动并具有最大数量的资源群体。对农村集体建设用地土地发展权设置的缺位，引发了一系列土地管理的问题。

(二）系统工程理论

系统工程（system engineering）是系统科学的一个应用分支学科，是一门综合性组织管理技术，是以大型的、复杂的系统为研究对象，并有目的地对其进行规划、研究、设计和管理，以期达到总体最优的效果。

“系统”（system）一词由来已久，早在古希腊时代就被一些哲学家们所使用，但是将它用于科学领域，并赋予特殊含义则是近年来的事。20世纪40年代初，系统的观点与方法开始应用于工程设计领域，1947年生物学家贝塔朗菲（Bertalanffy）首创普通系统论（general system theory），使对系统问题的研究真正走上科学发展的轨道。之后，相继出现了“系统方式”（system approach）和“系统分析”（system analysis）等概念，一般认为，系统工程作为一门新兴学科是在20世纪60年代前后才开始形成体系的。1969年美国阿波罗飞船登月计划的实现，被认为是系统工程成功的范例。系统工程当今已被广泛应用于土地利用、城镇建设、交通运输、生态环境、资源开发和人口控制等社会经济领域，在资源环境管理等方面发挥着有效的作用。

系统工程的技术内容颇为广泛，它要研究各类系统的共性与特性，可视作是各专业组织管理技术的总称。系统工程依据其研究对象的不同派生出各专业的系统工程，如农业系统工程、军事系统工程、能源系统工程、土地利用系统工程、区域规划系统工程等。一般来讲，系统工程技术内容有：① 运筹学，是研究在既定条件下对系统进行全面规划、统筹兼顾、合理利用资源，以期达到最优目标的数学方法；② 概率论，是研究大量随机事件的基本规律；③ 数理统计学，是研究取得数据、分析数据、整理数据和建立数学模型的方法；④ 控制论，是研究各种控制系统的共同控制规律，探讨系统状态的动态优化；⑤ 信息论，是应用电子计算机研究信息的提取、传递、变换、存储和流通。

系统工程方法论为研究方法上的整体化、技术应用上的综合化、组织管理上的科学化。系统工程把对象系统看成是一个整体，同时把研究过程也视作为一个整体。人们把系统作为若干子系统有机结合成整体来设计，对每个子系统的技术要求都首先从实现整体技术协调的观点来考虑，对研究过程中子系统与子系统之间的矛盾或子系统与系统整体之间的矛盾都要从总体协调的需要来选择解决方案。同时，把系统作为它所从属的更大系统的组成部分来研究，对它的所有技术要求，都尽可能从实现这个更大系统技术协调的观点来考虑。如对于土地资源十分紧缺的地区，有限的土地资源如何分配给各个产业和部门，就需要从全局来协调考虑。在实践中，某项技术措施从子系统来看效果很好，但从全局来看就不一定好，同样有些技术措施从局部看效果不太理想，但从整体来看却有应用的价值。因此，为了保证系统的整体性效益，就需要用系统工程方法来统筹规划，综合平衡，以期取得最大的效益。

（三）生态经济理论

生态经济学是20世纪50年代由生态学和经济学相互交叉而形成的一门边缘学科，它是从经济学角度，研究生态经济复合系统的结构、功能及其演绎规律的一门学科，为研究生态环境和土地利用经济问题提供了有力的工具。

生态学（Ecology）源于希腊文Oikos，含家庭、住所之意，是德国动物学家海克尔（E. Haeckle）于1866年在《有机体普通形态学》一书中提出来的。他认为，生态学是研究生物与无机和有机环境之间相互关系的科学。由于地球上生物不可能单独存在，而是彼此联系共同生活在一起组成了生物的社会，即生物群落。英国生态学家坦斯利（Tansley A.G.）于1935年提出生物群落与环境共同组成的自然整体称为生态系统（ecosystem），这与原苏联森林植物群落学家苏卡乔夫于1944年提出的“生物地理群落（geobiocoenosis）＝生物群落＋生境”是相同的概念。根据上述概念，任何生物群体与其环境组成的自然体都可被称为生态系统，或生物地理群落，如一块草地、一片森林、一片沙漠、一个水池、一座山脉等自然生态系统和水库、渠道、城市、农田等人工生态系统。地球上所有生物（包括人类在内）与其生态环境组成的总体即生物圈就是一个巨大的生态系统。随着社会发展和科技进步，许多综合性问题亟待研究解决，使生态学与许多相关学科形成多重交叉和层次综合，其中景观生态学和生态经济学对于研究土地利用及其经济问题有着重大的作用。

土地资源是无法替代的重要的自然环境资源，它既是环境的组成部分，又是其他自然环境资源和社会经济资源的载体。土地本身是由自然、社会、经济、技术等要素组成的一个多重结构的生态经济系统。土地利用不仅是自然技术问题和社会经济问题，而且也是一个资源合理利用和环境保护的生态经济问题，同时它受客观存在的自然、经济和生态规律的制约。

土地生态经济系统是由土地生态系统与土地经济系统在特定的地域空间里耦合而成的生态经济复合系统。土地生态经济系统及其组成部分以及与周围生态环境共同组成一个有机整体，其中任何一种因素的变化都会引起其他因素的相应变化，影响系统的整体功能。因此，人类利用土地资源时，必须以整体观念、全局观念和系统观念来考虑土地生态经济系统内部和外部的各种相互关系，不能只考虑对土地的利用，而忽视土地的开发、整治和利用对系统内其他要素和周围生态环境的不利影响；不能只考虑局部地区的土地资源的利用，而忽视整个地区或更大范围内对土地资源的合理利用。

三、创新性理念

随着城市的不断发展，土地利用总体规划需要解决的问题不断增加，许多新的理念被纳入到土地利用总体规划体系中来，使得其理论体系更加完善。

（一）循环经济理念

"循环经济"一词是美国经济学家K·波尔丁在20世纪60年代提出的。我国从20世纪90年代开始引入关于循环经济的思想。所谓循环经济，就是把清洁生产和对废弃物的综合利用融为一体的经济，本质上是一种生态经济，它要求运用生态学规律来指导人类社会的经济活动。它是一种以资源的高效利用和循环利用为核心，以"减量化、资源化、再利用"为原则，以低消耗、低排放、高效率为基本特征，符合可持续发展理念的经济增长模式，是对"大量生产、大量消费、大量废弃"的传统增长模式的根本变革。循环经济作为一种科学的发展观，倡导的是一种资源环境和谐的经济发展模式。

循环经济为土地资源由传统利用方式转向可持续发展利用方式提供了战略性的理论范式。加快发展循环经济，必须摒弃传统的发展思维和发展模式，把发展观统一到以人为本，全面、协调、可持续的科学发展观上来，在发展思路上彻底改变重开发、轻节约，重速度、轻效益，重外延发展、轻内涵发展，片面追求增加建设用地指标、忽视资源和环境的倾向。具体体现在以下几个方面。

1. 土地循环利用——土地利用中发展循环经济的关键环节

根据循环经济的思想，土地循环利用大致有两种情况：一种是原级循环，它要求土地在生产物品、完成其一次使用功能后，能保证其具有持续利用的能力，依次进入下一个阶段反复利用。这需要采取有效措施，严禁破坏与损毁土地、防止土地过度开发、注重用地与养地相协调，使土地资源能够多次使用。另一种是次级循环，根据再利用原则，采取土地整理、生态恢复等综合整治措施，将已被破坏的土地资源转化成其他利用类型，或将临时转化为其他用途的土地恢复其原有利用类型，对因土地沙化、水土流失、地质灾害、工程建设、矿产开发等导致使用价值丧失的土地进行治理与恢复，尽可能恢复其土地生产能力，进入新的循环利用过程。

2. 土地紧凑利用——土地利用中发展循环经济的重要途径

土地紧凑利用主要体现在建设用地方面，城镇村居民点用地、商服用地、工矿仓储用地、住宅用地等要把握住紧凑发展的原则。就城市建设而言，城市的紧凑发展，要考虑资源约束，寻求集约紧凑的布局模式，防止“摊大饼式”的城市发展方向，强调内涵发展；要在合理布局的前提下，掌握城市用地的标准和比例；要根据特定区域的实际条件，研究适合于当地的土地利用技术。

3. 土地适当混合利用——土地利用中发展循环经济的有效方式

在确保土地生态系统的结构功能和运行机制保持良性循环的基础上，各土地利用类型可以适当混合布局，做到地尽其用，这有利于保持土地生态系统的平衡，建立和谐的土地生态环境。比如，提倡就近就业，居住地与工作场所之间的距离应尽可能接近，避免出现工作与居住明显分区的现象；合理布局商业网点、交通设施，方便人们的生活，缓解交通压力，降低开发成本和环境成本；在土地利用强度较高的地区，可以考虑向地下和空中拓展，形成土地利用的立体布局。

(二）精明增长理念

精明增长理念（smart growth）兴起于20世纪90年代中期，是一项将交通和土地利用综合考虑的发展模式，其产生是为了应对大城市无序扩张蔓延，不断侵占农田的情况。精明增长政策突出“混合土地利用”（mixed land uses），“保护开放空间、农地、自然景观和重要的环境敏感区”等原则，涉及社会经济发展规划、城市规划空间与环境规划的制定与实施、公共政策的选择以及强调密集型发展模式和农地保护，关注城市发展的特征和土地利用关系。其实现主要依赖于制定有效的规划法规和大量的实施条例、划定开发保护区及城市增长边界等方式。美国波特兰市制定的《波特兰都市区长远交通和土地利用规划（Portland Region 2040）》，是实现精明增长理念的一项实验。规划中将公共交通作为公共运输工具的同时也作为引导城市发展、清洁空气、城市中心复兴以及与大规模高速公路建设相抗衡的工具。主要手段包括设置城市增长边界（urban growth boundary，缩写为UGB），创建多模式的交通系统，鼓励填充式开发（infill development），采取以交通为导向（TOD）的土地开发模式。土地利用总体规划运用“精明增长”理念，对于提高土地规划的科学性和可行性，促进社会发展，保护耕地具有重要作用。

城市增长边界作为与精明增长相适应的理念之一，是区分城乡土地利用、遏制城市蔓延、保护生态和农地的重要界线。强调城市的发展应融入区域整体生态系统的平衡和公平中。划定城市增长边界有利于满足城市增长和土地资源合理配置的双重要求，有利于解决我国城市总体规划与土地利用总体规划存在的矛盾，使城市总体规划在城市增长边界以内合理安排城市规模和增长方向，城市总体规划确定的城镇用地规模和城镇建设占用耕地面积，均小于或等于土地利用总体规划确定的城镇用地规模和分配给城镇的耕地供应量。

(三）新城市主义

从二战时期开始，美国人为了拥有私密性、机动性、安全性和私有住宅的梦想而大规模迁往郊区。在经历了近半个世纪以郊区蔓延为主要方式的增长过程后，美国大都市地区的经济、社会和环境已发生了深刻的变化，郊区蔓延的发展模式越来越不能适应现实生活的要求，因而出现了增长的危机。因此，在20世纪80年代的北美，基于对郊区蔓延的反思，一种被称为“新城市主义”的城市及社区设计方法孕育而生，并在20世纪90年代达到高潮。新城市主义主张借鉴二战后美国小城镇和城镇规划的优秀传统，塑造具有城镇生活氛围的、紧凑的社区，以取代郊区蔓延的发展模式，在一定程度上影响了当今北美的城市设计。新城市主义理论观点流派众多，但着眼点和出发点都基本一致，即从工业革命前后时期的城市规划和设计概念中发掘灵感，在当今城市中建立公共聚集中心，形成以步行为度量尺度的居住社区。其主要模式有两种：一种是传统邻里发展模式（TND）；另一种是以公交为导向的TOD模式。后者偏重于整个大都市区域层面的重塑，这种规划思想是由彼得·卡尔索普在“步行口袋”的基础上进一步发展而来，最后再在1993年发表的《新一代美国大城市》一书中确立。其以区域性公共交通站点为中心，使用从一个核心出发的放射式道路系统，在以适宜的步行距离为半径的范围内，包含高密度住宅和配套的各种服务功能社区。TOD模式的目的是建立一个有核心、紧凑的、可以步行的社区，使人们可以在不完全依赖汽车的情况下得到高质量的生活。

1999年11月22日，总部位于美国洛杉矶的“新城市主义大会”（The Congress for the New Urbanism）发表了“新城市主义宪章”，对“新城市主义”的内涵、手段和意义进行了比较全面的表述。新城市主义的任务是：修复大城市区域现存的市镇中心，恢复、强化其核心作用；整合、重构松散的郊区，使之成为真正的邻里社区和多样化的地区；保护自然环境；珍存建筑遗产。其最终目的是要消除扭转郊区化无序蔓延所造成的不良后果，重建宜人的家园。为此，新城市主义提出自己的规划设计主张。核心思想为：重视区域规划，强调从区域整体的高度看待和尊重历史与自然，强调规划设计与自然、人文、历史环境的和谐性。

新城市主义提出如下的区域规划要点：承认城市增长的必要性，允许其增长；建立永久性乡村保护区（带），确保其今后不会被城市发展所侵吞；建立临时性乡村储备区（带），以备将来高质量的城市发展之用；明确设定区域性廊道（铁路、高速公路、水道、绿带、野生动物通道等），作为区域内不同地方之间的联系纽带或分隔界限，形成区域基本架构；以区域性公共交通站或大的交会点为中心组织空间开发，形成节点状布局、整体有序的网络结构；正视郊区化蔓延的既成事实，设法修补、填充、整合松散、破裂的现有郊区；在与中心社区毗邻的边缘地段，应按照城市内部邻里街坊的模式组织空间开发，而在更远的外围地区，则按照镇或村的模式进行，每个镇或村都有各自清晰的核心与边缘，基本功能齐备；注意某地住宅开发量与当地工作机会、教育设施条件之间的平衡；注意这些要素在区域内不同地方之间的平衡；尽可能顺应地形、保持地貌、避免大兴土木，以减轻对自然环境的扰动。

(四）动态发展理念

随着信息化的发展和后工业时代的到来，传统区域发展理念中的自然资源决定论逐渐受到质疑和挑战，区域的智力资源、信息化水平、综合社会环境等成为区域发展的新的决定因素，综合竞争优势取代了自然资源的单一优势。与之相关的是，区域发展不再依赖于“所有”，而更依赖于“所能”，这种“所能”就是区域的核心竞争力。因此，以竞争优势为核心的动态发展理念成为支配区域发展的新的理念。而且在竞争优势取代资源优势主导区域发展的推动下，区域发展日益动态化，区域自身的发展动力与优势、区域之间的竞争态势和比较优势在不断地此消彼长和演替变化。

这种以竞争优势为核心的动态区域发展理念，也相应地要求规划必须具有高度的弹性和切实的可操作性。弹性是为了满足区域社会经济发展过程中可能出现的各种不确定性。区域发展受外界多方面条件影响，如政治因素、人为因素、自然因素等，有可能发展快，超过预期目标；也有可能发展慢，达不到预期目标。因此在规划时，应以开放的视角考虑问题，不做封闭的“区域范围内”规划。区域作为由城市、乡村组成的社会经济环境系统，是一个开放的、不断与外界进行着相互作用的区域。在当今科学技术日新月异的时代，这种交流表现得更加频繁，对区域的发展影响更大。应将区域作为更大区域范围内的一个点来看待，以开放的角度来考虑分析区域内的问题和现象。这种方式下的区域规划才更能适应千变万化的现实环境，找到适合自己的发展规律。在空间上采取开放式结构，在时间上强调发展阶段性和时序性。此外，规划方案应保持较大的弹性，人口规模、空间布局、基础设施布局等，都应留有余地。可操作性即经过努力可以达到的规划实施可能性，包括经济上可能，技术上可行，政策上符合、允许等。强调规划的可操作性，在区域空间布局上体现从现状—近期—规划期—远期可以实现顺利过渡，不存在前后冲突矛盾。在相对一致的规划目标下，通过规划各个步骤、各个环节的不断反馈循环，对规划及时加以修正。

第二章

土地利用总体规划的地位与体系

第一节　土地利用总体规划与相关法定规划的关系

一、我国主要法定空间规划的职能和地位

随着我国社会经济发展和市场经济体制的逐渐完善，规划工作的重要性日益凸显，从建国初期初步探索开始，各类规划实践在工作中不断丰富和完善，形成了国民经济和社会发展规划、国土规划、区域规划、土地利用规划、城市总体规划等规划。有关部门和许多专家学者已把土地利用总体规划与国民经济和社会发展规划、城市总体规划并列为我国现行法定的空间规划体系。

（一）国民经济和社会发展规划

国民经济和社会发展规划的期限为五年，各行业的职能部门在其总体目标框架下，制定各行业的五年规划（图2-1）。

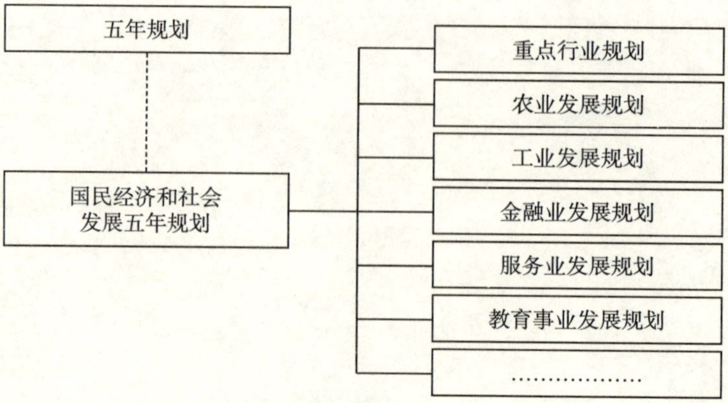

图2-1　国民经济和社会发展规划体系

“五年规划”是国民经济管理体系的重要组成部分，主要是对区域和城市重大建设项目、生产力布局和国民经济重要比例关系等作出规划，为一定时期国民经济发展规定目标和方向。“五年规划”的实施是通过国民经济和社会发展年度计划和固定资产投资计划对主要重点项目分时段进行落实的。我国自1949年以来，已经编制过十个“五年计划”，最近的一个将“计划”改为“规划”，即“十一五规划”，并提出了“主体功能区”的概念，将国土空间划分为“优化开发区”、“重点开发区”、“限制开发区”、“禁止开发区”四类。

（二）城乡规划体系

我国的城市总体规划主要是在20世纪50年代初期随着国家大规模建设开展而发展起来的。根据最新的城市规划编制办法，编制城市规划要妥善处理城乡关系，引导城镇化的健康发展，体现布局合理、资源节约、环境友好的原则，保护自然与文化资源，体现城市特色，考虑城市安全和国防建设需要；编制城市规划，对涉及城市发展长期保障的资源利用和环境保护、区域协调发展、风景名胜资源管理、自然与文化遗产保护、公共安全和公众利益等方面的内容，应当确定为必须严格执行的强制性内容。[①] 2007年10月28日，全国人大常委会通过了我国第一部覆盖整个城乡范围的《中华人民共和国城乡规划法》，它标志着我国的城乡规划发展进入了一个城乡一体、统筹和谐发展的新阶段。

我国的城乡规划包括城镇体系规划、城市规划、镇规划、乡规划和村庄规划。其中，城市规划涉及宏观层次的市域城镇体系规划、中观层次的中心城区规划（二者合为城市总体规划），以及微观层次的详细规划（图2-2）。

（三）土地利用总体规划体系

土地利用总体规划的任务是通过对规划期内土地供求关系等诸多因素分析，协调人地关系，确定规划期内各类用地的数量指标，优化土地利用结构和空间布局。按照行政等级的划分，我国土地利用总体规划自上而下已经形成了全国、省、市、县、乡五级规划体系。有学者认为土地利用总体规划任务和内容应由宏观逐渐向中观，进而向微观转变。全国规划、省级规划等高层次规划，要突出其战略性、宏观性和政策性，统筹协调经济与社会、城市与乡村、产业与空间以及区域之间的发展。市级以下规划，要突出其针对性、操作性和地方特色，避免与上位规划雷同，内容应更贴近本级政府负责的领域。土

① 中华人民共和国建设部，《城市规划编制办法》，2006年4月颁布实施。

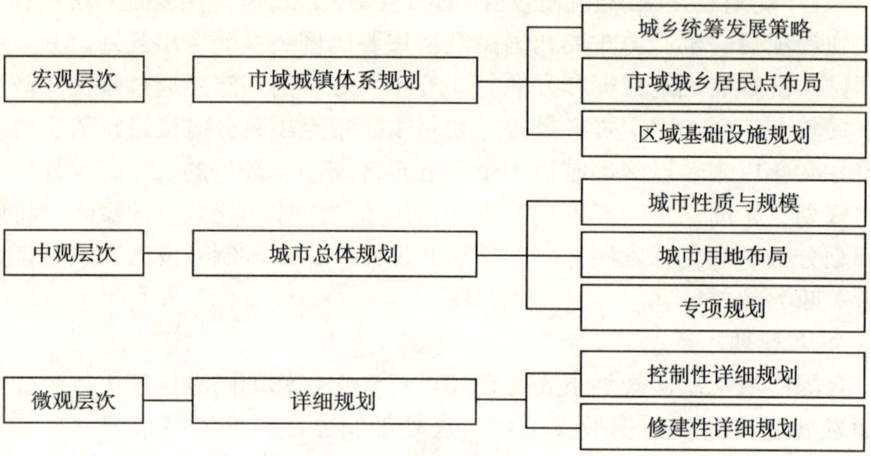

图2-2 城乡规划空间层次

地利用总体规划应根据政府职能转变情况分为总体规划、专项规划和详细规划三个层次，这一划分有利于明确和实施土地利用总体规划的任务和内容。

二、土地利用总体规划与国民经济和社会发展五年规划、城市总体规划之间的关系

土地的空间属性使得大部分空间规划最终都要落实到土地上来，而由于各类规划所对应的空间层次并未界定清楚，各规划部门的事权范围没有明确的划分，导致各类规划相互脱节甚至相互冲突的现象屡见不鲜。因此，协调土地利用总体规划与国民经济和社会发展五年规划、城市总体规划等法定空间规划的关系就显得十分重要。

（一）三大规划体系的共性分析

三大规划体系无论从规划层次、规划原则，还是规划方法都具有趋同性，在内容上属于综合性规划。国民经济和社会发展五年规划的核心是保障社会经济发展，主要发展目标涉及经济、社会、环境保护等多个领域，包括总产值、经济结构、主导产业、人口与城市化、进出口和外资利用、社会保障等方面。其内容由过去重点关注经济发展向城乡建设功能分区、环境保护与资源节约等方面扩展。土地利用总体规划是以城乡范围内的全部土地资源作为对象，统筹考虑人口、经济发展与土地资源的关系，合理安排农业、林业、牧业、工矿、城镇、交通等各类用地的布局，促进社会经济各部门协

调发展。其主要任务是保证土地总供需的综合平衡，优化土地利用结构，确定土地利用的宏观布局。城市总体规划从区域经济社会发展的角度研究城市定位和发展战略，统筹城乡发展与建设，引导人口、产业合理集聚，按照有效配置公共资源、改善人居环境的要求，合理确定城乡空间布局，促进区域经济社会全面、协调和可持续发展，充分发挥中心城市的区域辐射和带动作用。城市总体规划的期限一般为20年，近期建设规划期限为5年，与国民经济和社会五年规划一致。

因此，随着社会经济的发展，三大规划体系关注的内容越来越广泛，综合性越来越强，都强调经济发展、城乡统筹和资源配置。因此，三大规划体系各司其职，增强规划的实施操作性，才能使各类规划更好地衔接。

（二）三大规划体系的规划期限

从规划期限和对应的规划层面划分，三大规划体系依时限长短可分为三个层面（图2-3）：一是以15～20年为期限的远期规划或总体规划层面；二是以5年为期限的五年规划或近期规划层面；三是以1年为期限的年度计划层面。三个层面分别对应规划的宏观调控、中观调控和微观调控。上位规划指导约束下位规划，下位规划对上位规划进行细化和落实。在三个年度计划中，固定资产投资计划对项目提出安排，而土地供应计划则对项目的用地起到控制和引导作用。其中，对增量建设用地的控制同样也限制着固定资产投资计划的项目规模，而当项目用地需求量大时，需要土地部门供应更多的建设用地，此时存量建设用地的挖潜可以有效补充项目用地的不足，促进固定资产投资计划的实现。

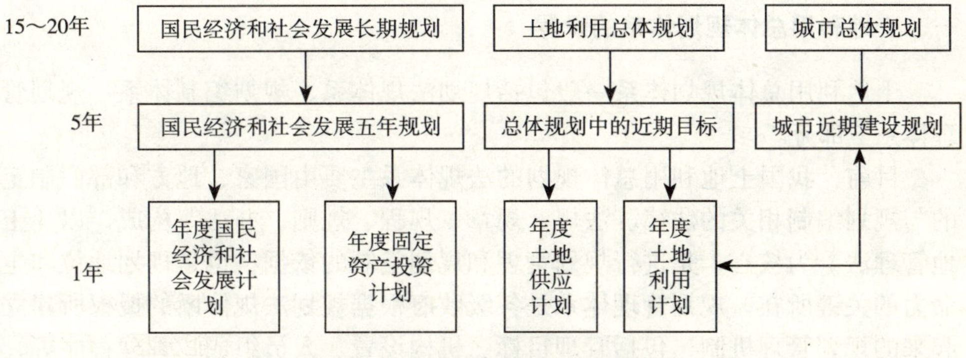

图2-3　三大规划体系的时间耦合关系

（三）三大规划体系的主要差异

长期以来，由于对象和职能分工的不同导致三大规划体系各有侧重。从各自关注的内容重点看，国民经济和社会发展五年规划的核心是保障社会经济发展，尤其是国民经济和社会发展的中期规划。城市总体规划关注的重点是城乡发展的空间格局。土地利用总体规划的重点是以城市行政管辖范围内的全部土地资源作为对象，统筹考虑人口、经济发展与土地资源的关系，合理安排农业、林业、牧业、工矿、城镇、交通等各类用地的布局，促进社会经济各部门协调发展（表2-1）。

国民经济和社会发展规划、土地利用总体规划、城市总体规划对照表 表2-1

规划名称	国民经济和社会发展规划	土地利用总体规划	城市总体规划
规划主管部门	发展与改革管理部门	国土资源管理部门	城市规划管理部门
法律依据	《宪法》	《土地管理法》	《城乡规划法》
规划范围	市域	市域	市域或规划区
核心任务	保障社会经济发展	协调发展与保护的关系	城乡统筹发展
关注内容	经济发展 社会发展 资源环境的利用保护	土地利用结构与布局 耕地与基本农田保护 建设用地需求 土地开发整理复垦	城乡建设格局 人口空间配置 基础设施配置 生态保育空间

第二节　土地利用总体规划的体系与主要内容

一、土地利用总体规划体系的设置

土地利用总体规划体系一般包括规划法规体系、规划编制体系、规划管理体系三部分。

目前，我国土地利用总体规划的法规体系主要由国家、地方和部门制定的与规划编制相关的法律、法规、规章、规程、规则、办法等构成，以《土地管理法》为核心，是进行规划管理和规划编制的依据，也是规划地位和生命力的关键所在。规划管理体系是各级政府根据规划法规体系的授权所建立起来的规划管理机制，包括管理目标、机构设置、人员组成、管理程序等，主要由各级国土资源管理部门构成，包括国土资源部、国土资源厅、国土资源局等。规划编制体系是依据规划法规体系针对规划目的和任务的不同所建立起来的由若干层次规划所组成的有机整体，各层次规划之间相互联系，上一层次规划是下一层次规划的依据和指导，下一层次规划是对上一层次规划的细化和具体落实，是规划技术层面的内容，其科学性和完善程度将直接决定规划的作用和效果。

土地利用总体规划的核心任务是通过对规划期内土地供求关系的诸多因素分析，协调人地关系，确定规划期内各种用地的数量指标，优化土地利用结构和空间布局，是指导编制其他规划层次的依据。目前，我国土地利用总体规划按照行政级别分为国家级（覆盖全国土地）、省级（覆盖省级行政辖区）、市级（覆盖市级行政辖区）、县级和乡级五个层级。

二、不同层级的土地利用总体规划内容要求

不同层级的土地利用总体规划需要解决的问题不同，其规划的内容也不一样。高一层级的土地利用总体规划是下一级土地利用总体规划的依据。其中全国、省级、地市级土地利用总体规划属宏观控制性规划，重点在于强化规划指标控制，主要任务是在确保耕地总量动态平衡和严格控制城市、集镇和村庄用地规模的前提下，将土地资源在各产业部门间和地域间进行调整和合理配置。县、乡级规划是实施性、管理性规划，重点是把上级规划下达的各项指标落实到土地空间上，即划定土地功能区、土地管制区，编定土地用途，落实土地用途管制的要求。

(一) 全国土地利用总体规划的主要内容

全国土地利用总体规划的主要内容为：

（1）确定对全国有指导意义的土地开发、利用、整治、保护的方针政策及目标和措施；

（2）协调各省、自治区、直辖市之间的土地利用关系；

（3）根据全国的生产力总体布局与用地需求，划分不同的土地利用地域区；

（4）制定各省（自治区、直辖市）主要用地控制指标，确定土地资源保护、利用、整治、开发的重点区域和重大工程；

（5）拟定提高土地利用率和生产力、保护和改善生态环境、调整土地利用结构的政策措施。

(二) 省级土地利用总体规划的主要内容

依据全国土地利用总体规划修编委员会2008年3月制定的《省级土地利用总体规划编制守则》，省级土地利用总体规划需要完成以下主要内容：

（1）在历年土地利用变更数据基础上，开展“四查清、四对照”，确定规划基数，理清土地利用现状。对照经济社会和环境发展要求，诊断重大土地利用问题及其成因，形成规划编制的基本思路。

（2）依据省域经济社会历史变化数据和相关规划，预测经济发展水平、产业结构与规模、公共建设投资等的变化趋势，分析人口、资源与环境等相互关系的未来发展态势，研究判断土地资源保护与利用面临的挑战与机遇，总结各种有利与不利条件，提出未来土地利用管理的基本战略。

（3）根据《全国土地利用总体规划纲要》的要求，立足社会经济发展趋势和主要的土地利用问题，确定规划修编的指导思想、基本方针和原则，提出未来土地利用要实现的战略目标、调控指标及政策导向。

（4）通过调查评价存量建设用地潜力，研究提高土地集约利用水平的时序和空间变化规律，确定规划期内各项建设用地的集约化利用目标。

（5）确定土地利用规模与结构调整方案。

（6）根据自然、经济和人口、资源、环境相互关系的空间差异，把省域土地划分为不同的区域类型，针对每一区域类型制定统一的用地管理与调控政策。

（7）按照土地利用分区和区域土地利用政策，把土地利用主要调控指标分解到各地、市，确保省级规划目标得到落实。

（8）保障能源、交通、水利等重大基础设施项目用地。

（9）围绕土地开发整理复垦任务，划定省级重点开发整理复垦区域，确定省级支持的重大工程与重点项目，制定有关土地开发整理的管理措施。

（10）按照《环境影响评价法》的有关要求，在规划编制过程中开展对各类土地利用方案或政策建议的战略性环境影响评价，提出预防或者减轻不良环境影响的对策措施。

（11）制定规划实施的行政、经济、社会、法律方面的保障政策与措施。

(三) 地市级土地利用总体规划的主要内容

地市级土地利用总体规划的主要内容包括：

（1）根据省级土地利用总体规划的要求，结合本地区土地资源特点、社会经济条件和国民经济发展的需要，提出本地区土地利用的目标与方针，分解落实省（自治区、直辖市）下达的控制性指标。

（2）围绕规划目标，对市域土地利用结构进行调整，完善各类用地布局，并妥善安排主要用地规模。

（3）根据规划目标和市域内各县土地资源特点，确定各县土地利用方向和目标。

（4）在与相关规划协调的基础上，按照土地的主导功能划分各类土地利用区，并制定措施加强区域土地利用在此基础上进行建设用地管制分区，并明确管制规则。

（5）加强中心城市土地利用控制，确定中心城市（包括主城、组团、卫星城）建设用地规模和范围，对范围内土地进行建设用地管制分区或土地用途分区，制定管制规则。

（6）统筹安排区域基础设施、社会设施、环境治理等重点建设项目用地。

（7）制定包括建设用地整理、农用地整理、土地复垦、土地开发等土地整治方案，并安排到各县（区）。

（8）制定实施规划的有关政策和措施。

（9）对规划可能造成的环境影响进行评价。

(四) 县级土地利用总体规划的主要内容

县级土地利用总体规划的主要内容包括：

（1）根据地市级土地利用总体规划的要求，结合本县的实际情况，确定本县土地利用规划的目标与任务，制定土地利用的方针，落实上级规划下达的任务。

（2）合理调整土地利用结构和布局，制定全县各类用地指标，重点落实耕地和基本农田、生态用地、基础设施用地、城镇用地等的规模和范围。

（3）提出分阶段的土地整理、复垦、开发、保护任务，并确定土地整治的规模、范围和重点区域。

（4）按照土地的基本用途划分土地用途区，并制定分区土地用途管制规则。

（5）结合建设用地空间布局安排，划定建设用地管制区，对建设用地进行空间管制。

（6）安排能源、交通、水利等重点建设项目用地。

（7）明确区域内各乡镇土地利用的方向和有关政策，将全县土地利用调控指标分解到乡（镇）。

（8）编制近期规划，拟定实施规划的措施。

(五) 乡（镇）级土地利用总体规划的主要内容

乡（镇）级土地利用总体规划是最基层的土地利用总体规划，在县级土地利用总体规划指导下单独进行编制，主要任务是落实县级土地利用总体规划。主要内容包括：

（1）根据县级土地利用总体规划的要求及本乡（镇）的土地资源特点，确定乡（镇）土地利用的目标和方向，落实上级规划下达的任务。

（2）制定土地利用结构和布局调整方案，重点落实耕地保有量和确定基本农田保护任务，安排各类生态用地、环境保护用地和建设用地等。

（3）具体确定并落实县级规划中各类土地用途区的范围与界线，制定管制规划，控制土地用途改变。

（4）制定土地整治方案，安排土地整治项目。

（5）制定村土地利用控制方案。

（6）明确近期用地安排，制定可行的规划实施措施。

第三章

土地利用总体规划关注的重点问题

第一节　传统土地利用总体规划关注的主要问题

一、土地利用总体规划的编制原则和程序

(一) 土地利用总体规划编制的基本原则

《中华人民共和国土地管理法》第十九条确定了土地利用总体规划的编制原则，包括：

（1）严格保护基本农田，控制非农建设占用农地；

（2）提高土地利用率；

（3）统筹安排各类、各区域用地；

（4）保护和改善生态环境，保障土地的可持续利用；

（5）占用耕地与开发复垦相平衡。其中，省、自治区、直辖市人民政府编制的土地利用总体规划应当确保本行政区域内耕地总量不减少。

(二) 土地利用总体规划编制的程序

土地利用总体规划编制程序可因各地具体条件不同，所采用的规划模式不同而有差异，但一般可按下述步骤进行：

（1）准备工作。成立规划领导小组和规划办公室，制订工作计划、工作方案，落实经费和人员，进行业务培训等。工作计划是对编制规划的任务、时间、经费、人员等方面的统一安排。工作方案主要是明确规划的目的、内容、方法、技术路线、工作步骤、成果要求以及领导小组和工作班子的组成等。其中编制规划任务书和工作计划是两个重要的内容。

（2）调查研究。收集和分析有关文件、资料，如上位土地利用总体规划、国民经济和社会发展规划、国土规划、相关规划以及土地利用的资料和

数据，在此基础上，进行专项或专题研究，并根据需要进行外业调查核实。通过上述工作，要对规划范围内的土地利用状况、利用潜力、各项建设对土地的需求和土地供应能力作出确切的分析，明确土地利用上存在的主要问题和应采取的对策。

（3）编制方案和协调论证。在专项或专题研究的基础上，结合国家及地区对土地利用的宏观控制指标与调控方向，综合拟定规划供选方案，在多方案比较的基础上，拟定规划方案，编写规划文本及说明，绘制规划图件，形成征求意见稿。将规划征求意见稿征求有关部门、各地市县、有关专家和社会各界的意见，组织论证和协调；综合各方面意见，修改、完善，形成规划送审稿。

（4）规划报批和公布实施。规划成果编写完成以后，根据审批手续，规划报告必须提交同级人民政府通过，报省级以上人民政府审批，最后由同级人民政府正式公布实施。

（5）更新规划数据库。规划编制完成后，应及时整理规划成果，更新、完善规划数据库，强化信息管理功能。

二、传统土地利用总体规划关注的主要问题

在第三轮土地利用总体规划以前的规划中，土地利用总体规划关注的问题一般分为以下两类（吴次芳，2000年）：① 基础研究；②方案编制。

（一）基础研究关注的主要问题

基础研究包括土地利用现状分析、土地适宜性评价、土地开发利用潜力分析、土地需求量预测、土地供应量预测，以及土地利用战略研究等。具体如下：

（1）土地利用现状分析：作为规划编制的基础和依据，土地利用现状分析是对规划区域现时土地资源的特点、利用结构与布局、利用程度、利用效果及存在问题进行分析。

（2）土地适宜性评价：它是指通过对土地的自然、经济属性的综合评述，阐明土地属性所具有的生产潜力，以及对农、林、牧等各业的适宜性及其程度差异的评定，主要为土地利用规划和区划等提供依据。

（3）土地开发利用潜力分析：土地利用潜力是指在一定条件下，在一定时期内，针对某种用途，土地所具有的潜在生产能力或使用能力。对土地利用潜力进行分析是进行各项用地预测、土地利用规划分区和规划方案综合平衡的重要依据。土地开发利用潜力分析主要从土地利用结构与布局调整潜力、后备土地资源开发利用潜力和土地资源再开发潜力三方面进行。

（4）土地需求量预测：它是土地利用总体规划基础研究的重点。主要根据规划区域的社会、经济发展和土地资源条件，研究分析远景土地利用总的趋势，对各行业用地面积在规划期内的增减变化情况及对总用地规模进行测算，为有计划、因地制宜合理安排各类用地提供依据。土地需求量的预测是否科学准确，直接关系到总体规划方案是否合理和实用。土地需求量预测包括人口预测、农业生产用地（如耕地、园地、牧草地、林地及水产养殖用地等）需求量预测、建设用地（如城乡居民点用地、工业用地、交通运输用地、水利用地等）需求量预测。

（5）土地供应量预测：某种用地的供给量，可根据土地利用潜力分析和土地适宜性评价结果进行测算，即可规划基期该种用地面积，减去规划期间由于受到某种因素影响需要减少的面积，再加上规划期间土地开发用于该项用地发展的面积。土地供应量预测的重点在于耕地补充规模预测、农用地补充规模预测。

（6）土地利用战略研究：作为统领土地利用总体规划的重要环节，土地利用战略研究往往包括以下内容：确定土地利用目标和任务；制定土地利用基本方针；制定土地利用战略措施。

(二) 方案编制关注的主要问题

在方案编制阶段，主要涉及的问题有：方案编制、土地利用分区编制、方案评价和优化等。按照第二轮土地利用总体规划的做法，考虑问题的重点如下：

（1）方案编制：包括确定土地利用调整指标和土地利用布局。土地利用调整指标包括规划期末各类用地的规模及规划期内各类用地与未利用地增减变化的调整指标，尤其是建设用地、耕地、基本农田等关键指标；在土地利用调整指标以及土地利用结构确定之后，应当进一步在空间上加以落实，以达到全面实施土地资源的合理配置，土地利用布局的落实主要通过土地利用分区及线性工程用地的配置来实现。

（2）土地利用分区：根据分区依据和作用的不同，在实际工作中土地利用分区分为土地利用地域分区和土地用途分区两种不同性质的分区。地域分区是根据土地的自然与社会经济条件的差异性，土地利用中存在问题的共同性，保持县、乡或村的行政界线的完整性，将区域分成若干地域，并确定各地域的土地利用基本方针及土地利用结构调整原则。划分土地利用地域是高层次的规划，其作用是指导下一层次规划的用地布局和结构调整，从宏观上控制区域土地利用。而用途分区是依据土地的基本（主导）用途和土地保护、利用、开发、整治措施的不同所作的分区，如：城镇建设用地区、村镇用地区、基本农田保护区、一般农地区等，用途分区主要在县、乡两级规划得到较普遍的应用。

（3）方案的评价与优化：方案的优化是指对各供选方案依据上述各项指标进行综合评价，从而选择其中一方案作为推荐方案，相当于多目标决策的过程。一般包括：① 规划方案的技术可行性评价，如基础资料和数据是否翔实；分析、评价、预测的各项技术指标和参数是否准确可靠；土地利用指标的确定和利用分区的划定依据是否充分；规划方案对于规划目标和任务满足程度如何，等等。② 规划方案的组织可行性评价，如：管理体制、运行机制是否有利于规划方案的实施；部门和公众代表对规划方案接受的程度；实施规划的措施是否切实可行等。③ 规划实施的效益评价，包括社会效益、经济效益和生态效益的评价。

第二节　第三轮土地利用总体规划关注重点的变化

一、第三轮土地利用总体规划面临的挑战

随着我国经济的快速发展，第三轮的土地利用总体规划面临着一系列挑战。

（一）现有规划体系不能适应社会主义市场经济的需要

在市场瞬息万变和科技迅猛发展的今天，经济全球化和信息化浪潮对土地利用规划的影响日益增大，促使土地利用规划理论不断完善，方法在不断更新，内容在不断丰富。土地利用总体规划日益强调视角的多维性和涉猎问题的综合性，并且由关注单要素转向关注多要素的相互联系。换言之，土地利用总体规划正从人口、资源、环境与发展等物质实体规划转向包括政策、法律、法规等非物质实体为内容的综合性规划，强调人与环境的和谐、经济结构的优化、防灾与资源环境保护、区际间的协调发展，以及积极参与全球性的合作与交流等。

随着我国经济体制转型的完成，新形势下土地利用总体规划逐渐由以行政手段为主的计划型向市场经济引导型转变，认真研究市场对资源配置的基础性作用和对企业的引导作用，围绕“依据、决策、服务”的原则，紧密结合功能，协调人口、资源、环境与经济发展的关系，更好地为地区经济和社会发展服务。

（二）资源利用与环境保护问题突出

与经济快速增长相伴而生的是城乡居民的生存环境遭受到不同程度破

坏，如生态恶化、环境污染、水资源短缺、土地退化等，人口问题、资源环境问题已成为经济社会能否可持续发展的重要因素。因此，研究不同区域资源合理开发利用、保护与治理环境的方向、途径；研究与国土开发整治相关的社会经济建设在地域空间的总体布局；协调人口、资源与社会经济发展的关系；提出区域资源开发与国民经济发展的空间格局，以及重大资源、发展与环境问题的策略等都将是新形势下土地利用总体规划所面临的突出问题。

（三）建设用地增长与粮食安全矛盾加剧

随着城镇化与工业化速度加快，建设用地增长的需求强劲，对耕地的占用是不可避免的。2005年全国土地利用变更调查显示，我国耕地面积为1.22亿hm^2，比上年净减少36.16万hm^2，全国人均耕地由上年的0.094 hm^2降为0.093 hm^2。2005年减少的耕地面积中，建设占用21.22万hm^2，灾毁耕地5.35万hm^2，生态退耕39.03万hm^2，农业结构调整减少耕地仅有1.23万hm^2，四项合计共减少耕地66.83万hm^2，而同期补充耕地30.67万hm^2。“十五”期间，由于我国经济社会快速发展和生态建设力度加大，加之农业结构调整频繁，全国年均减少耕地123.2万hm^2。粮食安全是个世界性话题，对广大发展中国家更是一个普遍性难题。就人多地少、农业基础尚薄弱的我国而言，粮食安全问题更是关系社会稳定、经济安全乃至国家安全的战略大事，不可掉以轻心。

二、新时期土地利用总体规划的作用

在新的经济社会形势下，由于土地具备资源和资产两个基本属性，因此，土地利用总体规划就成为合理分配空间资源、合理调配资产权利的重要手段。对一个地区而言，空间意味着发展的基础，资产蕴涵着发展的机会。从国际发展趋势来看，国家与城市的发展越来越多地演变为区域竞争，土地利用总体规划通过对区域城乡用地的统筹优化，达到合理引导区域产业布局、优化区域土地利用结构、保护区域生态环境的目的，从而提高对区域发展的基础支撑能力，提升区域综合竞争力。因此，当代土地利用总体规划具有明显的公共政策的作用，主要体现在以下几个方面。

（一）管理控制作用

土地利用总体规划是目前国内公认执行最严格的规划之一。我国人多地少，耕地资源严重不足。随着国民经济的发展，各部门、各行业都需要占用土地，这势必加剧人地矛盾。为了保持人口与土地，特别是人口与耕地的平衡关系，国家必须通过土地利用总体规划，控制用地结构和规模，对土地利用实行有效的管理。土地管理的目的就是有效利用和节约土地，使这项不可再生资源能长期为发展经济和提高人民生活水平发挥作用。土地利用总体规划是实现土地管理职能必不可少的手段，没有科学的土地利用总体规划，就会导致土地管理职能的缺失和整个管理工作的失败，从而严重影响经济的持续发展和人民生活水平的提高，最终使基本国策无法得到贯彻和落实。因此，从综合的角度来讲，土地利用总体规划是实现土地管理目标的前提，是土地管理的核心，也是土地管理职能得以实施的重要手段。

（二）组织协调作用

统筹、合理安排各类用地是土地利用总体规划最基本的功能。土地利用总体规划的组织协调作用表现在：宏观上，通过土地利用总体规划给国民经济各部门、各行业合理分配土地资源，并在用地上加以具体落实，正确处理土地开发、利用、整治、保护间的关系，并通过法律形式予以确定，成为国民经济各部门、各行业共同遵照执行依据。通过土地利用总体规划，解决国民经济各部门、各行业土地需求的矛盾，保证各产业之间的协调发展。微观上，通过土地利用总体规划的具体安排，指导专项土地利用规划的编制，并对各部门的土地保护、利用、开发等方面进行监督和检查。

（三）空间引导作用

首先，土地利用总体规划通过对土地的合理配置，引导城镇空间发展和产业布局，已成为国民经济宏观调控的重要手段；其次，土地利用总体规划对人类赖以生存发展的空间在时间上进行保护和安排，使土地资源的利用具有可持续性，为子孙后代的发展奠定了基础；第三，土地利用总体规划通过对特殊土地类型和区域的保护和控制，有效地抑制市场盲目追求最高土地资产价值的土地利用活动，从而使得耕地、基本农田、生态敏感区等空间单元得到有效的保护，是实现“两型社会”等重大国家发展战略的重要途径；第四，土地利用总体规划通过对土地投放量的合理安排，对土地市场适当地调控，在一定程度上促进了区域和社会公平的实现。总的来说，土地利用总体规划以土地为本，有效地引导和调控土地所承载的产业、空间和社会活动，使土地利用能够更加健康合理地发展，从而真正实现可持续发展。

三、土地利用总体规划编制思路的变化

为充分发挥土地利用总体规划在社会经济生活中的作用，新一轮土地利用总体规划的编制思路也在不断地调整和变化之中，主要体现在以下几方面。

（一）**由单一目标规划转变为多目标规划**

与第一、二轮规划相比，新一轮规划呈现由单一目标向多目标转变的变化，即保障可持续发展，保障社会可承受性、经济有效性和生态合理性之间的多重协调。规划目标的多元化，又导致了规划修编的复杂性。同样，在编制过程中突出表现为多个目标、多种利益的相互博弈。规划要同时兼顾国家耕地保护政策、地方经济发展、民众意愿等多种需求。

（二）**指标控制与空间管制并重**

以指标控制为主的数量调控在前两轮土地利用总体规划中显得尤其重要，对保护耕地、调控其他各类土地数量也发挥了一定作用。然而，由于缺乏空间控制手段，在规划实施中也暴露出“管得住数量、管不住空间”的问题。对比新一轮土地利用总体规划的调控职能将向空间管制和开发时序、环境容量、建设标准控制转变，规划体系由以经济社会发展规划为主体向经济社会发展规划与空间规划相结合并逐步加强空间规划的方向转变。通过指标控制与空间管制，完善了各类用地布局整合、结构优化和用途管制的内容。

（三）**耕地保护与其他土地资源保护同步实施**

实行最严格的土地管理制度，不仅包括耕地的保护，还包括各项与资源环境相关的保护内容。新一轮土地利用总体规划面对区域内的全部土地，在协调各个部门的土地利用活动的基础上，对耕地资源、生态林地、水资源、湿地、自然保护区、文物古迹、重要矿产等影响经济社会可持续发展的各类土地资源进行严格的保护，实现对各类土地开发、利用、整治、保护的综合安排。

（四）**建设用地总量控制以内涵挖潜为主要途径**

在我国人地矛盾日益突出的今天，建设用地总量控制已经成为土地利用总体规划的重要目标。新一轮土地利用总体规划要求建设发展将重点从规模增长转为内涵挖潜，集约利用土地的思想已成为这一轮土地利用总体规划的主旋律，也是提高土地对经济社会可持续发展保障能力的重要措施。

（五）**充分强调规划的弹性和可操作性**

新时期的土地利用总体规划已经从不同地类之间的协调进一步扩展到不同利益主体之间的博弈，协调不同利益集团之间的矛盾冲突是规划管理工作需要解决的重点问题，因此新一轮土地利用总体规划必须刚性与弹性并重，禁止与引导相结合，在严格保护耕地数量、生态环境、土地资源质量等前提下，为各类用地活动留下一定的弹性空间，平衡各部门利益，实现社会经济的协调发展。

（六）**注重基础研究工作与空间信息技术的应用**

科学分析是编制好规划的重要基础。新一轮规划修编强化基础研究的作用，扩展专题研究的内容和视角，在加强和提高土地利用现状分析、土地资源潜力分析、用地需求预测等原有专题研究的基础上，要求因地制宜地对一些有特色、对本地规划修编有重要影响的专题进行研究。此外，对于地理信息系统等空间信息技术的应用也得到普遍的关注。

四、第三轮土地利用总体规划关注的重点问题

针对土地利用总体规划作为城乡建设、土地管理的纲领性文件的要求，编制土地利用总体规划，必须从节约和集约用地、严格保护耕地的根本指导方针和实现“五个统筹”的要求出发，围绕落实规划修编的基本原则和目标，有针对性地开展若干重大问题的政策研究。根据《国务院办公厅转发国土资源部关于做好土地利用总体规划修编前期工作意见的通知》（国办发[2005]32号），新一轮规划重点关注的问题主要包括研究如何加强耕地和基本农田保护，如何促进节约和集约利用土地，如何优化城乡用地结构和布局，如何统筹区域土地利用，如何协调土地与生态环境建设，以及如何强化规划管理保障措施。

上述六个重点问题实质反映了土地利用总体规划“要以严格保护耕地为前提，以严格控制建设用地为重点，以节约和集约利用土地为核心”的思想，归纳起来，需要研究吃饭、建设和生态环境保护的关系，即耕地和基本农田保护问题、建设用地节约集约利用和结构布局优化问题、土地生态环境保护问题、土地利用空间管制和区域统筹问题、规划实施保障措施问题。

与此同时，国办发[2005]32号文件还指出，在土地利用总体规划推进过程中要充分重视规划的实施评价工作。“通过对规划实施情况的系统评价，做到‘四查清、四对照’，即查清规划期内新增建设用地总量，与国民经济和社会发展规划确定的发展目标对照检查；查清闲置土地和低效用地数量，与规划确定的节约用地挖潜目标对照检查；查清耕地和基本农田保有量，与规划保护目标对照检查；查清违法用地数量和处理情况，与违法用地的处理要求对照检查。严格核定土地利用总体规划修编的各项基础数据。”

针对国家加强规划前期研究的要求，结合编者的研究方向与研究基础，为充分体现新时期土地利用总体规划作为公共政策的作用，本书将选取“土地利用总体规划实施评价研究”、“耕地与基本农田保护研究”、“建设用地节约集约利用研究”、“土地利用总体规划生态研究”、“土地分区引导与管制研究”五方面内容，展示我们对土地利用总体规划的认识与探索。

第四章
土地利用总体规划实施评价研究

第一节　土地利用总体规划实施评价概述

一、土地利用总体规划实施评价的含义与作用

土地利用总体规划实施评价，是指根据一定的标准，运用一定的方法，对土地利用总体规划执行的效果进行分析、比较与综合后所作出的一种价值判断；是土地利用总体规划执行阶段的重要环节，既是对尚在执行中的规划实施情况的总结，也是进行规划修编和实施措施调整的依据。

规划的科学性、合理性要在具体的规划实施实践中，在具体的社会经济环境下才能得以体现。第三轮规划修编要求对现行的土地利用总体规划实施情况进行评价，目的是通过全面分析规划实施效果，明确规划修编的意义和改进的方向，只有通过规划实施评价才能使新一轮的总体规划编制变得有的放矢，才能对新一轮规划主要控制指标的制定提供有益的借鉴。

二、土地利用总体规划实施评价的实践要求与研究探索

(一) 国家对土地利用总体规划实施评价的基本要求

早在2004年，国土资源部就下发《关于开展土地利用总体规划实施评价和修编前期调研工作的通知》（国土资发[2004]133号），要求开展规划实施评价，并明确规划实施评价是修编规划的前提。文件要求报国务院审批的省级和城市土地利用总体规划凡提出修编的，必须先对规划实施情况进行全面评估，报国土资源部审查同意后，才能开展规划修编工作。其他土地利用总体规划的修编，也要参照上述要求，建立规划实施评价制度。同时，该文件

明确提出规划实施评价的主要任务包括：① 规划的执行情况，包括规划目标以及主要用地指标、用地布局调整的实现程度，违反规划和调整、修改规划的情况（包括案例数、面积、发生频率、原因等），规划项目和实施政策、措施的落实情况。② 规划实施的效益，包括土地利用的经济效益、社会效益和生态效益，土地集约利用程度等应尽可能量化。③ 规划的社会影响，包括公众对规划的认知和接受程度等。通过评价，提出改进规划编制和实施管理的对策建议，对是否修编规划提出明确意见并阐明其理由。

而2005年，国务院办公厅发布《国务院办公厅转发国土资源部关于做好土地利用总体规划修编前期工作意见的通知》（国办发[2005]32号），国土资源部进一步发出《关于做好土地利用总体规划修编前期工作中“四查清、四对照”工作有关问题的通知》（国土资发[2005]182号），明确指出，要扎实做好“四查清、四对照”工作，为依法、科学修编土地利用总体规划奠定坚实基础。有关“四查清、四对照”的要求如下。

1. 对照、查清新增建设用地总量

各地要以土地利用变更调查或更新调查为基础，将现行规划实施期间的城镇（含各类开发区）、农村居民点、独立工矿、交通、水利等各类建设用地数量、结构、分布、占用耕地情况与土地利用总体规划及年度计划确定的相关指标进行对比，检查分析建设用地总规模和各类用地规模是否存在突破规划、超计划用地问题；与当地国民经济和社会发展规划确定的国内生产总值（或二、三产业产值）、固定资产投资规模、人口总规模、人口城镇化水平等发展目标进行对比，检查分析建设用地总量及各类用地规模扩大是否与当地经济社会发展情况相衔接，是否控制在合理增长幅度以内。

通过全面对照分析，查清规划实施以来以上各类建设用地的新增数量、分布及来源情况，并对存在问题特别是建设用地中不合理扩展的部分要逐项说明原因。

2. 对照、查清闲置土地与低效用地

在各类开发区（园区）清理、城镇存量建设用地调查等基础上，与土地利用总体规划提出的节约集约用地的目标进行对比，查清行政辖区内各类建设用地中闲置、空闲、批而未供的土地和低效用地的数量、构成、分布等情况，并评价建设用地集约利用的总体水平和各类建设用地的节约、集约利用程度，检查分析是否存在浪费、粗放利用土地的现象，从产业结构、经济增长方式和土地利用方式以及征地、供地管理等方面，深入分析存在的问题及其原因。

3. 对照、查清耕地与基本农田总量

在土地利用变更调查和基本农田保护大检查等基础上，与土地利用总体规划确定的保护目标和措施进行对比，查清行政辖区内1997~2004年耕地和基本农田面积增减变化情况，现有耕地和基本农田的面积、构成、分布和质量状况，并检查分析耕地和基本农田保护目标和各项保护措施是否严格落实，分析影响耕地和基本农田数量与质量变化的主要因素，以及耕地和基本农田数量与质量变化对农业综合生产能力的影响。对违反有关规定、政策和规划造成耕地和基本农田数量减少、质量降低的，要进一步分析原因。

4. 对照、查清违法用地及处理情况

在土地市场治理整顿、土地执法检查等基础上，与违法用地的有关处理要求进行对比，查清行政辖区内违法批地、用地，主要是违反土地利用总体规划和年度计划批地、用地的数量及其处理情况，并检查分析违法用地是否按规定进行了处理，超占土地的复耕是否落实，安置补偿、占补平衡、上缴新增建设用地土地有偿使用费等措施是否到位，是否存在通过修改土地利用现状数据、未取得计划指标就补办手续等使建设占用耕地和基本农田“合法化”等行为。对存在问题的，要查明原因，并提出整改意见。

因此，“四查清、四对照”内容实际涉及规划实施评价的主要方面，各地也相应开展了有关工作。

（二）土地利用总体规划实施评价的研究与探索

根据国家的有关要求，通过研究与实践，我国不少学者对规划实施评价的内容和方法进行探讨。如：刘明皓、邱道持（2006年）从结构、规模、布局、时序、效益、实施措施、社会影响评价七个方面，建立了土地利用总体规划综合评价模型；张治良（2005年）以福建省的土地利用总体规划为研究对象，依次从上轮规划的修编特色，规划的实施成效和规划实施中出现的主要问题等方面综合评价了土地利用总体规划的实施效果；苏秀琴、张永福（2007年）对新疆喀什市的土地利用总体规划实施情况进行了评价，对规划提出的指标完成情况，各类用途的土地利用情况依次进行了分析，从规划目标的设定、规划管理、规划目标实现情况作出了评价；牛海鹏（2006年）指出规划实施的评估应当包括规划实施情况的分析评估，规划实施存在问题的根源探究，改进规划编制和实施管理的对策建议；陈秋林（2007年）将生态足迹的理论引入到了土地规划实施的评价当中去，在以常德市鼎城区为对象的案例分析中，得出了城市的发展开发对土地的影响已经超过了土地的承载力，当前的发展已经以消耗自然资本为代价处于一种不可持续状态的结论；

任奎（2008年）在基于可持续度的连云港市土地规划实施评价中，通过构建由经济指标、资源指标、环境指标以及社会指标四个大类的指标体系对连云港市的土地利用总体规划的实施情况进行了评价，得出了连云港市的土地利用可持续度处于上升状态，目前位于中等水平的结论；孙华芬（2007年）将GIS技术引入了实施评价；华波（2006年）认为土地规划的实施评价不仅仅包括规划实施层面的评价，还包括规划本身的评价，并将对镇江的土地利用实施评价分为这两个层次进行研究。

作为规划实施评价的核心问题——规划执行情况评价，国外有不少的研究，但主要是集中在城市规划领域（Talen、Emily，1996年）。国内对规划执行情况评价的研究开展较少，孙施文、周宇（2003年）从规划实施评价的角度对有关国外城市规划执行情况进行相关的理论综述。赵小敏、郭熙（2003年）、郑新奇、李宁和孙凯（2006年）、夏春云和严金明（2006年）等从土地利用总体规划实施评价方法以及评价的指标体系等对规划执行情况评价进行相关研究。

综上所述，近年我国土地利用总体规划执行情况评价的研究工作才刚刚起步，开展土地利用总体规划执行情况的评价多是定性或半定量的分析或评价，而对规划执行情况定量和定位的研究就更为少见，今后还需要对其内容、技术与方法进行更深入的研究，才能使之在土地利用规划编制和实施过程中发挥更大的作用。

第二节　全国尺度的土地利用总体规划实施评价
——基于用地状态偏离度的研究

目前，新一轮（第三轮）土地利用总体规划的修编工作已经在全国逐步展开，如何客观评价上轮土地利用总体规划（规划期为1997～2010年）的实施状况，已成为科学合理编制新一轮规划的重要环节。在业已开展的有关上轮规划实施评价研究中，关注点主要集中在地（市）、县（市）的管辖范围，评价内容、指标设计多围绕在规划实施的效果、效益、效力等方面，缺乏全国尺度和省级尺度的评价研究及方法探索。然而，依照我国有关法律规定，上位规划对下一层次的规划有调控作用，因此，对各省域（即省、自治区、直辖市）上轮规划的实施状况进行比较分析，将有助于从宏观层面上加强对规划实施状况的认识。

本节结合第二轮土地利用总体规划的调控要求，设计了用地状态偏离度指标，用来评价1997~2004年间各省域土地利用总体规划实施状况的差异，并分析出现差异的原因，为新一轮规划的编制提供参考。

一、第二轮全国土地利用总体规划的调控目标简析

该轮规划编制时，我国的土地资源面临保证粮食生产稳定增长和国民经济持续、快速、健康发展的双重挑战，规划确定了以保持耕地为核心的规划目标（鹿心社，2001年）：① 农用地，特别是耕地得到有效保护和综合整治。耕地面积保持平衡，到2010年保持在12801万hm^2（19.20亿亩）以上，其中基本农田面积保持在10856万hm^2（16.28亿亩）以上。林地、牧草地面积有所增加（表4–1）。② 在保障重点建设项目和基础设施用地的前提下，建设用地总量得到控制。规划期间（即1997~2010年），新增建设用地不超过340.80万hm^2（5112万亩），其中，占用耕地面积不超过196.67万hm^2（2950万亩）。此外，规划对土地开发整理复垦、土地生态环境保护也提出相应的要求。根据全国规划有关具体目标，对各个省域规划的编制进行了目标分解和调控。

全国第二轮土地利用总体规划确定的主要规划指标（万hm^2）　　表4–1

耕地	林地	牧草地	居民点及工矿用地	交通用地	水利设施用地	新增建设用地	新增建设占用耕地
12801	24999	26867	2404	608	694	341	197

上述目标在全国或各省域的实现，实质上是在有限的土地资源中，在保护耕地总量动态平衡的基本前提下，如何对各类用地规模进行合理配置，即土地利用结构的合理优化问题。从这一角度出发，选择规划调控的主要用地类型，分析某一时间点的土地利用状况与规划预期的差异，其结果将是规划实施状况的反映。

二、用地状态偏离度的指标设计与技术处理

用地状态偏离度是指土地利用的现状规模与规划预计规模的偏离程度。本研究设定的现状年份为2004年，对应年份的各省域各种类型土地面积作为

现状用地规模，而2004年的规划预计实现目标则需要根据规划设计的用地规模变化量进行推算。由于上轮省域规划一直到2001年才全部获得批准，此时已经过了近期目标年，因此，采用上轮规划确定的基期年（1996年）和规划目标年（2010年）之间年均用地规模量来推算2004年的规划预计用地规模。具体计算公式为：

$$d_i = (Y_{ti} - Y_{i1}) / 14 \quad (4\text{–}1)$$

$$Y_{gi} = Y_{i1} + d_i \times 8 \quad (4\text{–}2)$$

$$P_i = (Y_{xi} / Y_{gi} - 1) \times 100\% \quad (4\text{–}3)$$

其中：P_i为某地类的用地状态偏离度；Y_{i1}为1996年某地类用地规模；Y_{ti}为规划2010年某地类用地规模；Y_{gi}为规划预计2004年某地类用地规模；Y_{xi}为2004年某地类用地实际规模；d_i为1996~2004年某地类年均变化量。

用地状态偏离度的正负号表示现状用地规模与规划目标的偏离方向，绝对值表示与规划目标的偏离程度。由于上轮规划对于各种地类的调控方向不同，所以正负号所表示的意义也有所不同。譬如，对于耕地而言，规划要求耕地保有量不低于规划目标，因此，偏离度小于0表示耕地保有量没有达到规划要求，偏离度大于0则说明规划目标的落实情况较好；而对于建设用地则恰恰相反，偏离度小于0说明规划目标的落实情况较好，偏离度大于0说明建设用地的增长已经突破了规划目标。

结合上轮规划严格保护耕地、控制建设用地规模的主旨，用地结构优化的基本落脚点是耕地占补平衡，并且需要从宏观上体现农用地、建设用地、未利用地的用途管制差异。因此，研究中选取了耕地、林地、牧草地、居民点及工矿用地、交通用地、未利用地六种用地类型，对比分析2004年各类用地实际用地规模与规划预计目标的偏离程度，进而反映各省域上轮土地利用总体规划的实施状况。

三、省域土地利用总体规划的实施状况差异分析

（一）全国土地利用总体规划的实施总体状况简析

截至2004年年底，全国农用地规模低于规划预计目标2.22%，而建设用地、未利用地规模分别超出预计目标3.18%和5.57%。在农用地中，耕地、林地、牧草地和预计目标存在明显的差距，分别相差4.99%、2.23%和1.81%；建设用地则恰恰相反，除水利设施用地外，居民点及工矿用地、交通用地都远大于规划预计目标，分别高出6.93%和4.04%。

上述情况表明，1997～2004年间，农用地尤其是耕地减少、建设用地增长的速度都要大于上轮规划的预期。

(二) 各省域土地利用总体规划的实施状况差异分析

1. 耕地保护目标的规划实施效果空间地带性明显，呈现“黑滇线”沿线较好、东西两翼较差的“沟谷”状格局

在全国31个省域单元中，所有省域的耕地偏离度都小于0，说明无一省域的耕地保有量达到了规划预计目标。其中，有7个省域的状态偏离度低于-10%，偏离程度最多的北京达-31%。

从空间分布看，以黑龙江和云南两省连线（简称“黑滇线”）为界，耕地状态偏离度呈现明显的沿线低、两翼高的“沟谷”状格局（图4-1*a*）。“黑滇线”沿线省域以及西藏，耕地状态偏离度绝对值相对较小；“黑滇线”以西，自内蒙古向西至新疆，向南至四川，包括河北、山西等在内的12个省域，是我国耕地偏离度绝对值较高的地带，并且各省域之间相差较大，偏离幅度最高的北京是相对较低的甘肃省的5倍；“黑滇线”以东地区，包括广东、福建、浙江、江苏等11个省域，偏离度介于“黑滇线”沿线和该线以西的省域之间，属于二级高地。此外，北京、天津、上海三大传统直辖市的耕地状态偏离度绝对值要明显大于周边省域。

2. 多数省份的林地未达到规划目标，黄河中游沿线诸省规划实施相对较好；牧草地实施效果以“黑滇线”为界，西优东劣

从林地的规划实施情况来看，多达20个省域没有达到规划预计目标，其中偏离程度较大的省域主要包括环渤海地区的北京、天津、河北、山东，西南的广西、云南、贵州，以及内蒙古、江西和青海，而黄河中游沿线的河南、山西、陕西和宁夏等省域规划实施相对较好（图4-1*b*）。

就牧草地而言，只有青海、河北、宁夏、浙江四个省域达到规划预计目标。从空间分布上来看，牧草地状态偏离度呈现以“黑滇线”为界，东高西低的格局，“黑滇线”以西规划实施相对较好，而该边界线以东省域，集中了所有偏离度小于-10%的省域，除浙江、福建、安徽外，其余所有省域偏离度的绝对值都高于“黑滇线”以西地区（图4-1*c*）。

3. 居民点及工矿用地普遍超出规划预计目标，偏离度沿东部沿海和长江所构筑的“T”字轴向外逐步减小

从居民点及工矿用地来看，多达22个省域的用地规模突破相应目标。如图4-1-（*d*）所示，居民点及工矿用地状态偏离度的空间分布，明显是由东向西、由沿海向内陆逐渐降低的趋势，并以长江为横轴，呈“T”字形衰减。超出

规划预计目标幅度最大的前6个省域全部分布在东部及东南部沿海地区，中部地区的偏离度略低于东部，但长江沿线省域的状态偏离度要明显高于南北两侧其他省域；未超出规划预计目标的主要集中在中国的北部和西部地区，包括东北三省，中部的内蒙古，西北的甘肃、陕西、青海以及西南的西藏、广西等省域。

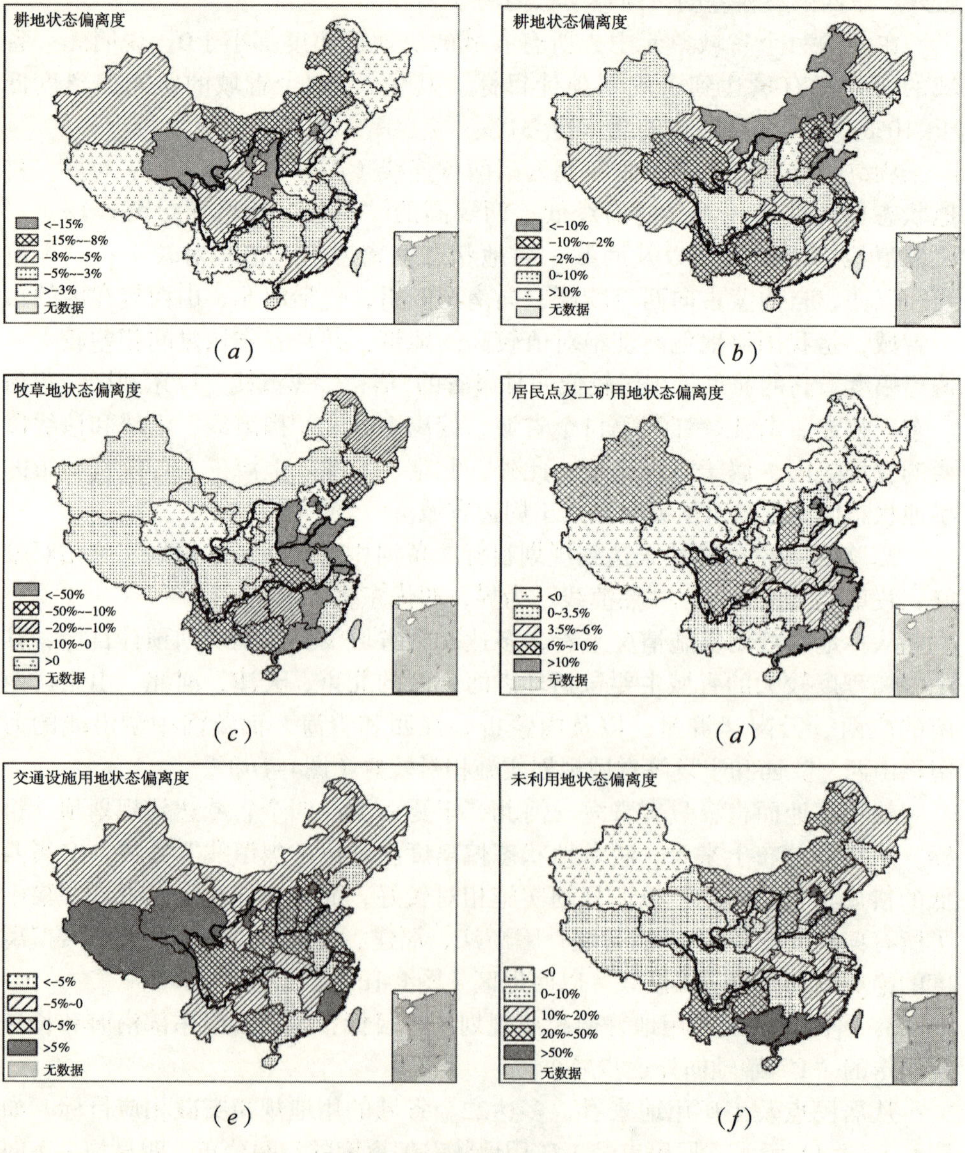

图4-1 各省域不同类型用地的状态偏离度分析图

4. 北部和中南地区交通用地的规划落实较好，东部沿海地区和北纬35°线附近省域偏离度较大

就交通运输用地而言，有14个省域未突破规划预计目标，在空间分布上以北部和中南两大区域为主，主要包括自东北三省向西的北部国界线沿线的内蒙古、甘肃、新疆，以及湖北、湖南、安徽、江西、贵州、云南、广东和海南等省域。

超出规划设想的省份，主要包括东部沿海的福建、浙江、上海、江苏、山东、河北、天津，以及自北京、河北向西，分布于北纬35°线附近的陕西、河南、山西、宁夏、四川、重庆、青海和西藏等省域。中西部地区交通用地的快速增长是上轮规划实施的重要特点，偏离度较大的前5个省域中有3个位于中国西部，平均偏离度高达8.4%（图4–1*e*）。

5. 未利用地开发力度不足，偏离度较大的省域集中分布于全国的南北两端

虽然上轮规划将补充耕地列为主要规划目标之一，但作为主要补充来源的未利用地开发，规划实施效果并不理想，全国仅有新疆、上海两地达到预计目标。从未利用地状态偏离度的空间分布看，数值超过20%的省域主要包括南部的广东、广西、云南、贵州、海南，以及北部的北京、天津、内蒙古、山西和山东，基本上集中分布于中国的南北两端（图4–1*f*）。

(三）省域土地利用总体规划实施的类型分区

在单项指标分析的基础上，利用SPSS软件，以耕地、林地、牧草地、居民点及工矿用地、交通运输用地和未利用地的用地状态偏离度作为变量，运用基于欧式距离的离差平方和法，对31个省域进行空间聚类分析，从而形成依类归并的结果，由此反映出我国上轮规划在全国不同地域的实施情况以及相应类型的主要特点。经过聚类分析，将全国各省域归为4个类型区（图4–2）。

（1）第一类型区：包括东北的黑龙江、吉林，东部的河北、福建、浙江，中部的安徽、湖南，西部的西藏、重庆、四川、贵州、新疆、甘肃等13个省域，国土总面积占全国的57%，该类区域各类用地指标的状态偏离度相对较低，除未利用地偏离度稍大，其余各类用地的平均偏离度绝对值都在5%以下。需要说明的是浙江、福建、安徽三省域，虽然被划入这一类型区，但其居民点及工矿用地的状态偏离度却很高，如果单就这一用地而言，其规划实施效果并不理想，而从本书研究所选六类用地的综合情况来看，规划实施与规划预期较为接近。

（2）第二类型区：包括辽宁、湖北、广西、海南和云南5个省域，国土总面积占全国的10%，其规划实施的共同特点是未利用地开发不足、牧

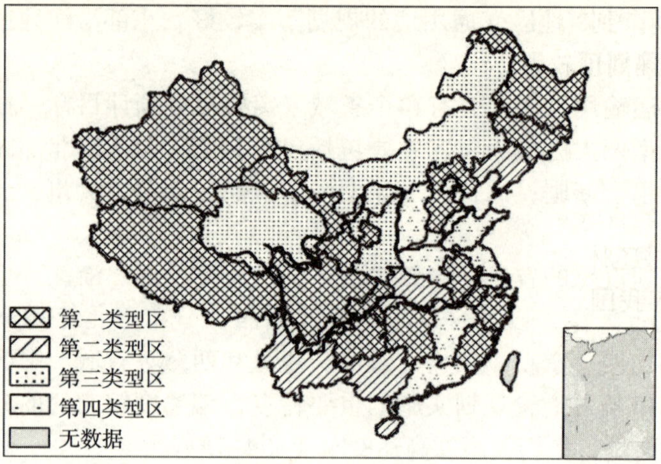

图4-2　各省域土地利用总体规划实施效果分区图

草地与规划预期有差距，但都处在第二梯队。根据上轮规划对1997～2004年间的估计，这些省域应开发未利用地450万hm^2，但实际只开发了60万hm^2，仅占规划目标的13%，同时也略好于天津、广东（仅实现规划目标的3.6%）；牧草地规划预计增加97.8万hm^2，而实际却减少12.1万hm^2，状态偏离度在-48.2%～49.2%之间，但仍要稍好于第四类型区（所有省域牧草地偏离度都小于-60%）。

（3）第三类型区：包括内蒙古、陕西、青海和宁夏4个省域，主要位于中国北部地区，国土总面积占全国的22%，区域内耕地规划实施情况较差，平均状态偏离度达-16%，耕地减少速度远远超出规划设想。按照上轮规划，到2004年末区内4个省域单元耕地保有量应维持在1489万hm^2左右，而实际已减少到1278万hm^2。

（4）第四类型区：主要位于中国的东部地区，包括广东、江苏、山东、北京、上海、天津、河南、山西、江西9个省域，国土总面积占全国的10%，区域内各类用地指标的状态偏离度普遍比较高，建设用地超出规划实施与农用地、未利用地未达到规划设想的现象并存，规划的实施效果和预计目标相差较大。2004年，这些省域居民点及工矿用地合计880万hm^2，比1996年增长78万hm^2，超出规划指标9.6%。与建设用地的快速增长恰恰相反，耕地和牧草地规模逐渐减小，到2004年已分别降至3124万hm^2和75万hm^2，低于规划的4.9%和64%；林地保有量也不太理想，除山西、上海、河南外，其余省域林地保有量均未达到规划要求。同时，未利用地开发也未达到规划要求，按照上轮规划，到2004年末开发未利用地291万hm^2，而实际上仅仅完成了40万hm^2，不足规划预计的14%。

四、省域土地利用总体规划实施差异的成因分析

分析上轮省域土地利用总体规划实施状况差异的原因，主要集中在以下方面。

1. 退耕还林（草）政策的实施导致我国西部和西北部地区耕地大量减少

1998年我国长江、松花江、嫩江发生特大洪灾后，我国“积极推行封山育林，对过度开垦的土地，有计划、有步骤地退耕还林，加快林草植被的恢复与重建”（高国雄，2007年）。1999年退耕还林（草）工作在陕西、甘肃、四川三省率先展开试点，并于2002年在全国25个省、自治区、直辖市和新疆生产建设兵团全面启动，我国的北部、西部和西北部地区正是退耕还林（草）工作的重点地区。

1999～2004年间，全国大部分省域耕地减少的主要原因在于退耕还林（草），而这种影响表现为由东往西逐步增大的趋势。这六年间，“黑滇线”以西的12个省域，由耕地转为林地和牧草地的面积分别为329万hm^2和106万hm^2，合计达435万hm^2，共占该地域同期耕地减少总规模的75.4%，其中青海和宁夏分别高达96.3%和95.8%。

2. 社会经济的快速发展推动了建设用地的迅速扩张，加大了耕地数量的减少

在上轮规划实施的“九五”和“十五”时期，全国平均经济增长速度分别达到8.3%和9.5%，高出规划预期0.3个和2.5个百分点，受社会经济快速发展的影响，建设用地规模也不断扩大。据统计，2004年GDP总量排在全国前10位的省份，其1996～2004年居民点及工矿用地增长占全国总增量的60%，而前5位的省份所占比例高达44%。进一步对省域的居民点及工矿用地状态偏离度、偏差量与GDP增量、人均GDP增量、总人口增量分别进行相关分析，发现居民点及工矿用地偏差量与GDP增量之间的相关性最高，偏离度则与人均GDP增量之间具有较高的相关性（表4-2），表明经济发展是导致居民点及工矿用地与规划预计目标产生偏差的最主要原因。

与建设用地的快速扩张相对应，社会经济快速发展地区的耕地保有量也在不断减少，这在“黑滇线”以东表现得尤为明显。仅1998～2004年间，这些地区共有30.9%的耕地减少是由于建设占用造成的，高出全国平均水平75%，其中上海市高达73.9%，福建省和江苏省也分别达到57.2%和47.6%。

全国居民点及工矿用地的偏差量、偏离度与相关社会经济因素的相关性分析　表4-2

内容	居民点及工矿用地偏差量	居民点及工矿用地偏离度
GDP增量	0.7620	0.5289
人均GDP增量	0.1384	0.5498
总人口增量	0.5749	0.3016

3. 土地开发力度与规划预期差距大，耕地补充规模偏小

按照上轮规划的要求，应通过土地的开发整理复垦，保证耕地总量的动态平衡，然而，在规划实施期间，这项要求并没有完全得到落实，全国未利用地的规划实施偏离度将近6%，土地开发力度不足，仅上海和新疆两地达到了规划要求，其余省域的未利用地开发规模均低于规划目标。耕地补充规模严重不足，在一定程度上造成各省的耕地总量不断下降。

4. 土地利用年度计划的适时调整也对土地利用总体规划的实施带来一定的影响

土地利用总体规划的规划期一般为15～20年，虽然在编制规划时，编制者会对未来社会经济的发展变化进行考虑，但由于规划期限长，并且缺乏更具实际指导意义的近期规划，往往导致规划设想与近期内的社会经济发展不能完全衔接。为此，在历年的土地利用年度计划执行中，需要对土地利用总体规划进行相应的调整，在一定程度上影响了规划的实施。

对比分析1997～2004年实际下达给各省域的农用地转用指标和规划预计的建设用地新增规模，可以发现，共有23个省域的转用指标低于规划预计增量，其余8个省域则超出了规划设想；在偏离幅度上，仅有5个省域的偏离幅度在10%以内，有一半的省域偏离幅度超过30%。进一步分析历年建设占用耕地指标与规划预计的新增建设占用耕地规模之间的差异，只有6个省域的占用耕地指标没有超出规划设想，其余省域均突破规划控制目标，土地利用年度计划与土地利用总体规划之间存在一定的差距。

第三节　地方尺度的土地利用总体规划实施评价
——以北京市为例

北京市行政辖区面积16410km^2，截至2004年，北京市共辖16个区、2个

县、42个乡、142个镇、127个街道办事处，3974个村民委员会、2514个社区居委会。北京市域总人口1492.7万人，其中户籍人口1162.9万人，居住半年以上的外来人口329.8万人。传统的城区包括东城、西城、崇文、宣武4区，近郊区包括海淀、朝阳、丰台和石景山4区，远郊区包括顺义、通州、大兴、房山、昌平、门头沟、怀柔和平谷8区及密云和延庆2县。本节研究的范围主要是北京14个郊区县，特别是近郊区和远郊平原区，同时也涉及城区。

《北京市土地利用总体规划（1997—2010年）》于2000年通过国务院批复，规划编制的基本原则是：从我国基本国情和北京市实际情况出发，贯彻落实十分珍惜、合理利用土地和切实保护耕地的基本国策；严格保护基本农田，控制非农业建设占用农用地；走节约用地和内涵挖潜的路子，统筹安排各类、各区域用地；保护和改善生态环境，保障土地的可持续利用；坚持占用耕地和开发整理复垦耕地相平衡。

规划确定的总目标是：统筹安排各类用地，在保护生态环境的前提下，保持耕地总量动态平衡，土地利用方式逐步向集约化转变，土地利用结构和布局进一步改善，土地利用的经济效益、社会效益、生态效益都有比较明显的提高，为保障首都的发展建设和各项职能的充分发挥，以及实现北京市跨世纪经济和社会发展目标提供土地保障。规划以1996年为基期，2010年为规划期，并展望2030年的土地利用。

本节主要作了两项分析：一是结合北京市“四查清、四对照”的成果，对《北京市土地利用总体规划（1997—2010年）》实施情况进行总体分析；二是运用空间分析方法，对1997～2004年间规划执行情况进行评价。

一、《北京市土地利用总体规划（1997—2010年）》实施总体情况分析

结合“四查清、四对照”工作，分析1997～2005年间北京市土地利用总体规划的实施状况，主要结论有以下几方面。

1. 农用地保护得到重视，具体指标有所突破

具体表现为耕地减少数量较大，耕地保有量低于上轮规划所确定的基本农田保护目标。2005年耕地保有量仅为2334 km^2，低于上轮规划确定的耕地保有量目标3440 km^2，也低于上轮规划基本农田保护要求2994 km^2。部分农用地土地利用结构和上轮规划目标距离存在逐渐拉大的趋势。

2. 重点建设项目得到实施，建设用地规模与布局均突破规划

一是建设用地规模超出规划控制指标。2005年建设用地达3230 km^2，超

出规划263 km^2。居民点用地规划实施不容乐观。比较各类居民点建设用地，只有城镇用地没有超过规划指标，其他各项均有突破。其中，农村居民点用地规模不减反增，1996~2005年间增加了6 km^2，与规划预先设想减少140 km^{2}的目标相差较大。此外，中心城区蔓延集中发展，分散集团模式已不存在。

二是用地指标未落实与超出规划并存。将六环路以内地区分东、南、西、北四个象限，应用地理信息系统对新增建设用地规划实施状况进行空间统计分析，发现完成规划指标最好的是西北部地区，但也仅完成了规划指标的59%，而超出规划最多的是东北部地区，超出规划用地占实际总用地的比例高达66%；对北京八大交通廊道中心线两侧1000 m范围内的用地实施情况进行空间统计分析，也存在同样的问题。

3. 集约利用水平逐步提高，土地利用效率尚有提高空间

城市建成区建设用地集约程度显著提高，但仍有增加潜力，尤其是整体上呈现内紧外松格局，远郊区县建设用地集约利用程度有待提高。农用地经济效益逐步提高，远郊区县单产高于近郊区。

4. 土地生态环境明显改善，敏感地带建设用地仍须加以控制

仅1997～2005年间，北京市林地面积比例增加3.6%，有林地面积比例增加1.9%，土地开发利用率提高了3.4%。市域森林覆盖率明显提高，城市绿化覆盖率增加，城市生态环境质量明显改善。但是，平原、山区过渡地区等敏感地带的建设需要进一步加以有效控制。

5. 规划实施保障措施逐步完善，规划管理工作衔接仍须加强

结合国家宏观政策变化和首都经济发展的要求，北京市稳步推进经营性项目用地公开入市交易工作，积极开展集体建设用地土地使用权流转试点和建设用地整理，盘活集体存量建设用地，同时结合土地市场秩序开展清理整顿工作，重点清理整顿各类开发区。但是，上下位规划的衔接，土地利用变更调查、土地利用计划与规划应加强。由于上下位规划的基础数据和编制时间不同，下位规划对上位规划作了较大调整，如建设占用耕地面积增加、耕地保有量目标明显减少、土地开发整理目标加大、基本农田面积有所减少。

二、《北京市土地利用总体规划（1997—2010年）》执行情况评价

（一）土地利用总体规划执行情况评价的基本思路

1. 规划实施评价与规划执行情况评价的关系

土地利用总体规划是在一定区域内，根据国家社会经济可持续发展的要

求和当地自然、经济、社会条件，对土地开发、利用、保护在空间上、时间上所作的总体安排和布局。土地利用总体规划实施评价是指根据一定的标准，运用一定的方法对土地利用总体规划执行的效果进行分析、比较与综合所作出的一种价值判断。对于土地利用总体实施评价的内容，赵小敏（2003年）将其总结为三个方面：① 对土地利用总体结果的评价，指对土地利用总体规划执行后的结果是否实现其目标及实现程度的评价；② 土地利用总体规划效益评价，指对土地利用总体规划结果和土地利用总体规划投入之间的关系的评价；③ 土地利用总体规划效力评价，指土地利用总体规划执行后对规划对象及其环境所产生的影响的评价。作为一项规划政策措施的评价，由于经济系统的运行有它自己内生动力，评价其效益和效力关键是要从以下几个方面考虑：第一是考虑如果没有规划，其效率和效力是多少；第二是考虑如果有规划，其效率和效力是多少；第三是通过对有否存在规划的仔细考察和比较，才能最终确定规划所产生的效率和效力。但从现阶段所能采集到的相关数据资料来看，对于确定是否存在规划实施所获得的利益和所花的成本很难以度量，对其评价仅能停留在定性的层面进行分析。因此，此处着重讨论土地利用总体规划执行后的结果是否实现其目标及实现程度，即土地利用总体规划执行情况进行评价，对规划实施的效益和实施的影响不作为本研究的重点。

2. 土地利用总体规划执行情况评价的主要指标

土地利用总体规划的编制是政府行为。国家依照土地利用总体规划规定土地用途，实施土地利用分区管制。通过土地利用总体规划，国家将土地资源在各产业部门间进行合理配置，确定了每块土地的农用地使用权和建设用地使用权。因此，土地用途分区管制强调的是土地利用的一种微观、具体的秩序。具体土地用途分区管制的实施，强调对上一级规划的具体落实、强调对每一地块用途都做到定性、定量、定位和定序（王万茂，2002年）。因此，对基于土地用途分区管制的土地利用总体规划的执行情况的评价，其重点应强调土地用途分区指标的空间落实和执行状况的分析。

其实，对土地利用总体规划执行情况的评价指标，土地管理法也明确规定：“地方各级人民政府编制的土地利用总体规划中的建设用地不得超过上一级土地利用总体规划确定的控制指标、耕地保有量不得低于上一级土地利用总体规划确定的控制指标；国家保护耕地，严格控制耕地转为非耕地，国家实行占用耕地补偿制度”。因此，土地利用总体规划执行情况评价工作重点是妥善处理建设用地扩展和耕地保护的矛盾。主要评价的指标涉及：① 建设用地规模、新增建设用地规模、新增建设用地占用耕地规模；② 耕地保有量、基本农田数量以及土地开发整理等补充耕地情况。

3. 土地利用总体规划执行情况评价的基本思路

基于前面对土地利用总体规划执行情况评价的目标和内容定位，其任务关键是要对规划执行情况进行定位和定量的空间分析，摸索建设用地和耕地的变化规律，为新一轮土地利用总体规划修编提供支持。因此，在执行情况评价中应重点从以下几个方面进行分析：一是通过空间识别，理解和分析判断上轮规划的战略意图；二是从整体上分析建设用地扩展和耕地保护的协调问题；三是在区域上分析县区和重点地区的建设用地扩展、耕地的增减空间变化和规划执行情况。

（二）土地利用总体规划执行情况评价的研究方法和技术路线

1. 土地利用总体规划执行情况评价的方法

规划执行情况评价需要对照比较规划期内土地利用变化的状况。对于土地利用变化的研究，传统的办法主要是采用土地利用类型动态度模型。其具体的含义是：假设一较短时段内，土地利用年变化为线性变化，则土地利用类型变化率可表达区域内一定时期内某种土地利用类型的数量变化情况（傅伯杰等，2004年），公式为：

$$K=\frac{U_b-U_a}{U_a}\times\frac{1}{T}\times100\% \qquad (4\text{–}4)$$

式（4–4）中K为研究时段内某一土地利用类型的年变化率；U_a、U_b分别为研究初期及末期土地利用类型的数量，T为研究时段长。

这种传统规划执行情况的评价，将土地利用现状的数据表和土地利用规划目标数据表进行对照，具有直接、简单反映土地利用数量的变化等优点，但其不足是忽略了土地利用变化的区位、数量、质量特征，容易得出一些错误的结论。比如在城市周边的1000亩的优质菜地被开发区建设占用，而在偏远的地方增加了1000亩的坡耕地，土地质量很差。从数量上看耕地没有变化，但其结论是不全面的，忽略了耕地变化空间问题。因此，在规划执行情况的评价中，需要从空间角度分析土地利用的动态变化。

关于土地利用动态变化的空间含义，刘盛和与何书金（2002年）给出从研究初期到研究末期土地利用变化类型的定义。如图4–3所示，假设只有两种土地利用类型，耕地和建设用地，T_1和T_2是研究初期和研究末期的土地利用状况，耕地（黄色）图像值是1，建设用地（红色）图像值是0；为了提取从研究初期（T_1）到研究末期（T_2）的土地利用变化（T_0），运用地图的代数运算法则，首先将研究初期（T_1）图像值乘以10，得到耕地图像值是10，建设用地图像值是0；然后将T_1减去T_2便可以得到研究初期（T_1）到研究末期（T_2）土地利用变化（T_0），其计算结果分别是：① 耕地变为建设用地（图像值10）；② 耕地没有变化（图像值9）；③ 建设用地变为耕地（图像值-1）；④ 建设用地没有变化（图像值0）。

对土地利用总体规划执行情况评价的研究，同样可以借用类似的方法提取土地利用动态变化的要素。

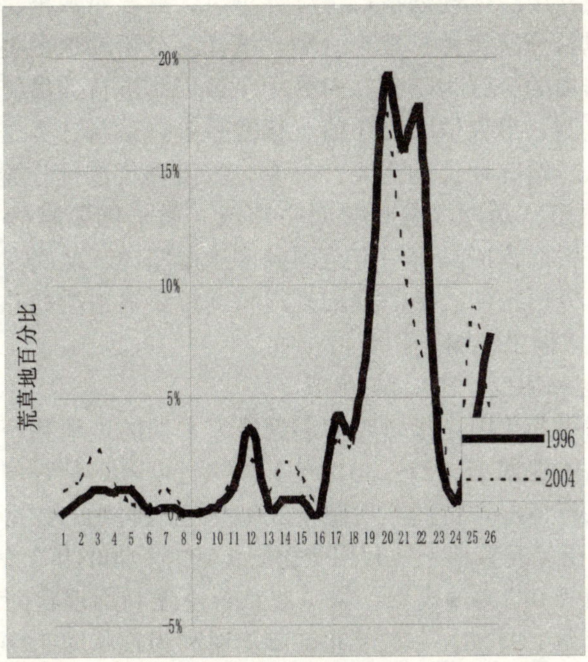

图4–3　土地利用动态变化要素提取示意图

2. 规划执行情况评价的步骤和技术路线

1）土地利用基础图件的处理

在进行规划执行情况评价研究时，应先将不同时段的土地利用现状图、土地利用规划进行数字化处理，同时利用地形图进行投影和坐标的纠正等空间配准和逻辑配准。

2）土地利用分类和编码

在矢量格式的土地利用现状图或规划图的属性表中，根据土地利用现状分类的地类码或土地利用规划分类的地类码字段，按照规划执行情况评价的要求进行分类和编码。

将分类以后的矢量格式土地现状图或土地利用规划图，进行栅格化操作，可以得到一系列二值化（0，1）图像，例如基期耕地分布图、基期建设用地分布图、基期基本农田分布图，规划耕地分布图、规划建设用地分布图、规划基本农田分布图等一系列的栅格图件，栅格像元尺寸根据评价的精度要求。

3）数据的空间分析

在进行土地利用总体规划执行情况评价时，需要对数据进行空间分析，主要空间分析包括分区统计、重新分类、缓冲区分析和地图叠加。分区统计是指以一个数据集的分区为基础，对另一个数据集进行数值统计分析，包括计算数值取值范围、最大值、最小值、标准差等。重新分类是指基于原有数值，根据规划执行情况评价的需要，对原有数值重新进行分类整理，从而得到一组新值并输出。缓冲区分析是对一组或一类地图要素按设定的距离条件，围绕这组要素而形成具有一定范围的多边形实体，从而实现数据在二维空间扩展的信息分析方法。地图叠加是指将两幅要素地图的几何形状和属性组合在一起而生成输出地图。

4）实际土地利用变化图层1的生成

实际土地利用变化图是指研究初期到研究末期的土地利用变化，以《北京市土地利用总体规划（1997—2010年）》执行情况评价为例，研究初期是1996年，规划执行情况评价的年份基于2003年土地利用的数据，因此实际土地利用变化图是指《北京市土地利用变化图（1996—2003年）》。

利用ARCGIS9.0的叠加模型，将《北京市土地利用现状图（2003年）》［二值化图像值为（0，1）］与《北京市土地利用现状图（1996年）》［二值化图像值为（0，1）］进行地图代数减法运算，得到《北京市土地利用变化图（1996—2003年）》［图像值（–1，0，1）］，记为图层1，并形成相关的属性数据库。其中图像值0表示用途没有发生变化的地块，图像值1表示实际新增地块，图像值–1表示用途转移成其他地类的地块。

5）土地利用规划用途变化图层2的生成

土地利用规划用途变化图是指规划期内土地用途发生变化的图层，以《北京市土地利用总体规划（1997—2010年）》执行情况评价为例，《北京市土地利用规划用途变化图（1997—2010年）》是指将《北京市土地利用总体规划图（1997—2010年）》与《北京市土地利用现状图（1996年）》进行地图叠加，土地用途发生变化的图层。

利用ArcGIS9.0的地图叠加模型，将《北京市土地利用总体规划图（1997—2010年）》［二值化图像值为（0，1）］与《北京市土地利用状况图（1996年）》［二值化图像值为（0，1）］进行地图代数减法运算，得到《北京市土地利用规划用途变化图（1997—2010年）》［图像值（-1，0，1）］，记为图层2，并形成相关的属性数据库。其中图像值0表示规划地块用途没有发生变化，图像值1表示规划新增地块，图像值-1表示规划用途转移地块。

6）土地利用总体规划执行情况评价图层3的生成

土地利用总体规划执行情况评价图是指将实际土地利用变化图与土地利用规划用途变化图进行地图叠加所得的图层。以《北京市土地利用总体规划（1997—2010年）》执行情况评价为例，将《北京市土地利用变化图（1996—2003年）》与《北京市土地利用规划用途变化图（1997—2010年）》进行地图叠加得到《北京市土地利用总体规划执行情况评价图（1997—2003年）》。

利用ArcGIS9.0的叠加模型，将《北京市土地利用变化图（1996—2003年）》（图层1）和《北京市土地利用规划用途变化图（1997—2010年）》（图层2）进行地图代数运算，得到《北京市土地利用总体规划执行情况评价图（1997—2003年）》，记为图层3，并形成相关的属性数据库。其具体的计算方法是利用ArcGIS9.0的地空间分析功能，将图层1进行重新分类可以得到实际新增地块二值化（0，1）图像；将图层2进行重新分类可以得到规划新增地块二值化（0，1）图像；将规划新增地块二值化（0，1）图像与实际新增地块二值化（0，1）图像进行地图代数减法运算，可以得到规划执行情况评价图层［图像值（-1，0，1）］。其中图像值0表示符合规划的地块，图像值1表示规划未实施的地块，图像值-1表示超出规划或是违法规划的地块。借用交通信号灯的表达方式，对于符合规划地块用绿颜色表示，规划未实施的地块用黄颜色表示，超出规划或是违法规划的地块用红颜色表示。具体技术路线见图4-4。

（三）《北京市土地利用总体规划（1997—2010年）》执行情况评价

1. 基础数据

《北京市土地利用总体规划（1997—2010年）》规划执行情况评价的文本资料包括：

（1）北京市土地利用总体规划（1997—2010年）文本、说明、专题研究；北京市各区县和乡镇土地利用总体规划（2001—2010年）文本、说明、

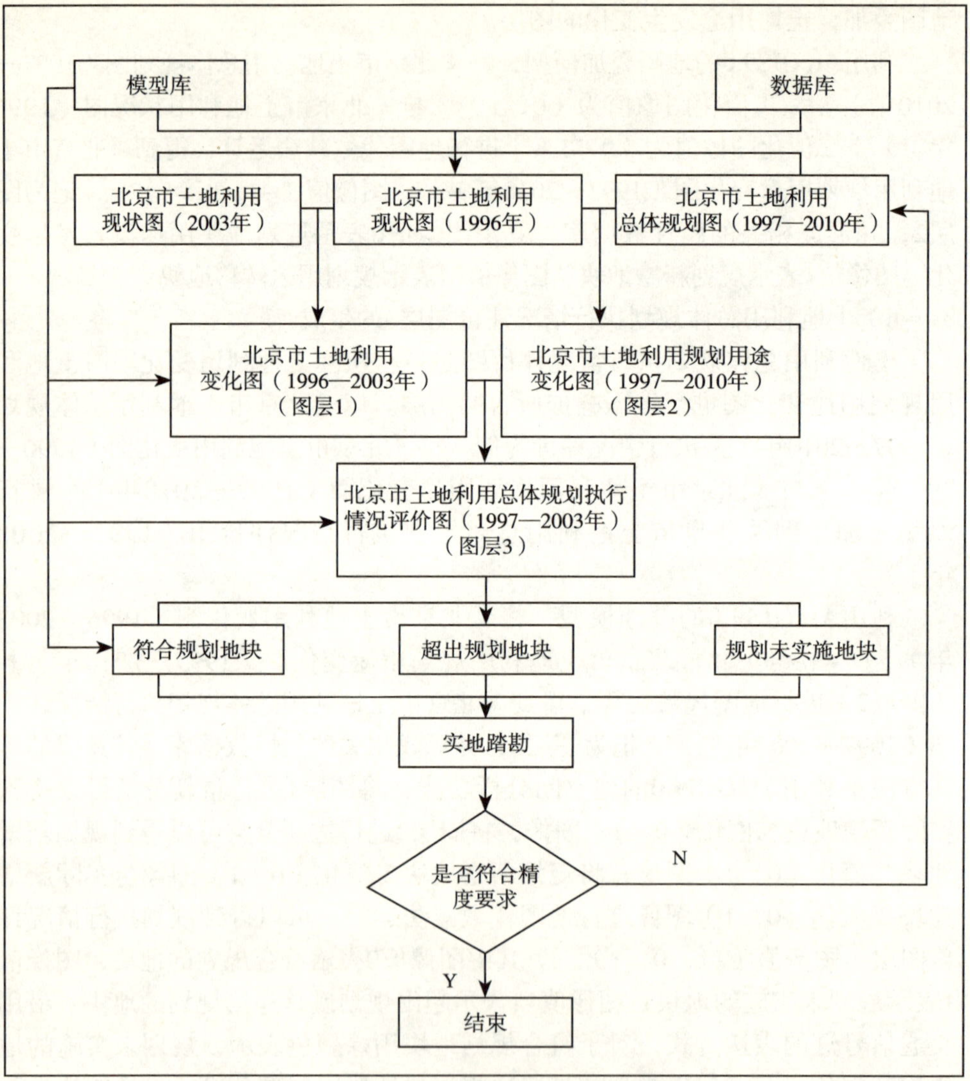

图4-4　北京市土地利用总体规划执行情况评价技术路线图

专题研究资料汇编。

（2）北京市年度土地变更调查汇总数据（1996—2003年）。

（3）北京市基准地价（2002年）。

（4）北京市地质灾害防治总体规划（2001—2015年）。

（5）北京市国土资源和房屋管理法规汇编（2004年）；北京市用地政策

法规汇编等其他相关资料。

规划执行情况评价的空间信息资料见表4-3。

北京市土地利用总体规划执行情况评价的空间信息数据　　表4-3

数据类型	数据名称	格式	说明
土地利用总体规划图	北京市土地利用总体规划图（1997—2010年）	ArcInfo格式	
基础数据	北京市1：1万/1：5万地形图	DLG	
	行政区划矢量图		
	交通线路矢量图		
现状图	北京市土地利用现状图（1996年）	ArcInfo格式	
	北京市土地利用现状图（2003年）	MapGIS格式	
采样数据	地面采样调查数据		确定最后需要的土地利用类型后，对每一个类型进行实地测量。测量内容包括：地理坐标（经纬度），土地利用类型，土地变更状况及原因

2. 规划执行情况评价的重点

从上一轮北京市土地利用总体规划实施以来，在1996～2003年7年间，北京市建设用地平均每年增长约70 km^2，按此简单趋势推至2020年，可得2020年北京市建设用地总量将达到4320 km^2。按照《北京市城市总体规划（2004年—2020年）》测算，北京适宜建设用地7138 km^2，其中已经建设3157 km^2，现状需要保护的绿色空间3500 km^2，新增建设用地的理论潜力为481 km^2。建设用地供给远远无法满足建设用地需求增长的需要，控制建设用地的增长是北京城市发展面临的关键问题。因此规划执行情况评价重点是摸索北京市建设用地的变化规律，为土地利用总体规划的修编提供依据。

3. 规划执行情况评价的结果

根据上文提出的研究方法、步骤和技术路线，利用ArcGIS9.0的分区统计、重新分类、缓冲区分析和地图叠加等空间分析功能，制作形成北京市土地利用总体规划执行情况评价图（图4-5）。图中绿颜色表示符合规划地块，黄颜色表示规划未实施的地块，红颜色表示超出规划或是违反规划的地块。

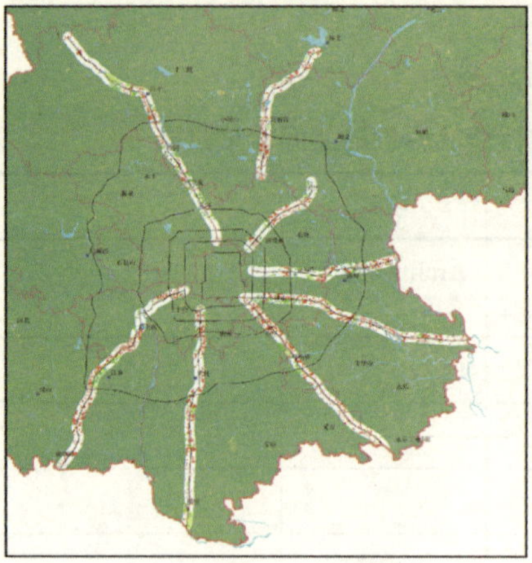

主要交通廊道规划执行情况评价图

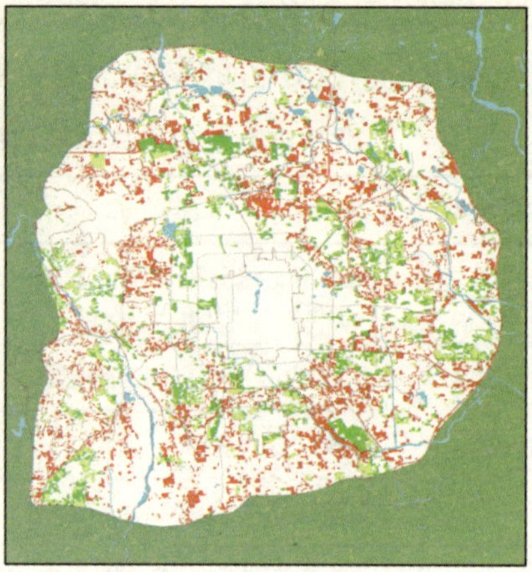

六环以内规划执行情况评价图

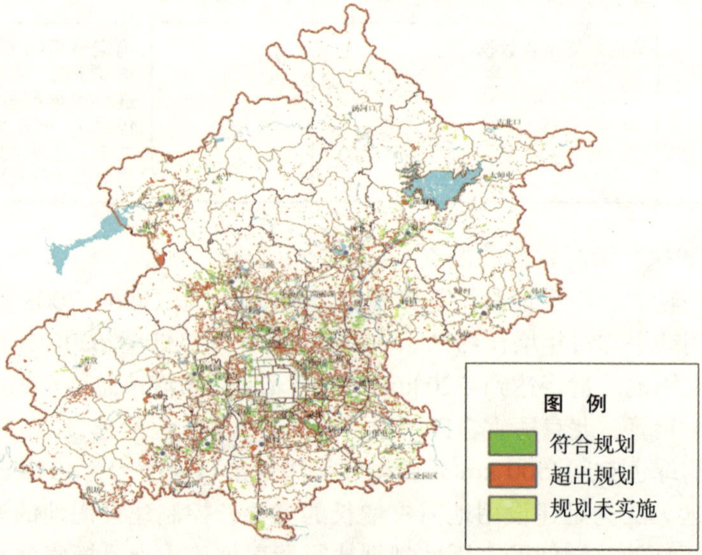

图4–5　北京市土地利用总体规划执行情况评价图

从图4–5可以得出以下结论：

（1）分析规划执行情况评价图，全市规划新增建设用地约60%没有实施。其中实际新增建设用地仅约30%符合规划，其余则因规划调整或超出规划范围实施。

（2）以中轴线、长安街及其延长线为轴线，五环路、六环路为环线，可以看出各方向超出规划现象严重，绿化隔离带被蚕食严重，特别是五环和六环之间的西南和东北方向规划调整或超出规划范围严重。

（3）观察各主要交通廊道沿线1000 m范围内的用地情况，规划得到实施的用地主要分布在京昌高速和机场高速沿线，而京津唐高速、京承高速沿线规划未实施比例大。超出规划最多的是在京承高速和京津唐高速沿线。

第五章
耕地与基本农田保护研究

第一节　耕地与基本农田保护研究概述

一、耕地与基本农田保护概述

（一）耕地与基本农田的含义

根据《全国土地利用现状分类》（2007年），耕地是指种植农作物的土地，包括熟地，新开发、复垦、整理地，休闲地（含轮歇地、轮作地）；以种植农作物（含蔬菜）为主，间有零星果树、桑树或其他树木的土地；平均每年能保证收获一季的已垦滩地和海涂。耕地中包括南方宽度小于1.0 m、北方宽度小于2.0 m的固定的沟、渠、路和地坎（埂）；临时种植药材、草皮、花卉、苗木等的耕地，以及其他临时改变用途的耕地。

根据《基本农田保护条例》，“基本农田是指依据国民经济和社会发展以及规划人口增长的需求，依法划定、特殊保护、长期稳定的耕地，本条例所称耕地是指种植粮食、油料、蔬菜、饲料以及其他农作物的土地”。

（二）相关研究情况

目前，对耕地和基本农田的研究主要集中在政策研究、实施保障及保护区划定等方面。

1. 政策法规层面

美国20世纪60年代便着手制定了一系列公有土地管理法规，规范公有土地分类、评价利用和转化。1976年正式提出基本农田的概念，并对其内涵进行了严格界定。到20世纪80年代，美国农地保护更加深入，1981年美国联邦政府提出《农地保护政策法》，作为农地保护的法律依据。为响应联邦政府保护农地的行动，原美国农业部土壤保持局与州、县政府合作，提出“土地评价与立地分析”系统（LESA, Land Evaluation and Site Assessment），用以确定农地保护的类型和范围，并被广泛地应用到农地保护的实践中。

随着农地保护工作全方位地展开，美国已经形成包括立法、规划、税收等手段在内的农地保护综合体系，具体内容主要包括：① 划定农业区，规定区内仅能进行木材、谷物或其他植物生产；② 税收政策，对非农用地，按土地价值和土地收益双重收税，而对农地则减收税款，鼓励和保护土地私有者进行农业生产的积极性；③ 政府出资购买土地私有者的土地发展权，限制农地的非农化利用；④ 将农用土地划分为保护带和过渡带，只允许土地所有者在过渡带改变农地用途。

加拿大某些省份划分农地保护区，有效保护农地，如在农地保护区内转变土地用途，必须经过复杂的法律和行政程序方可转变。

法国1960年制定《农业指导法》，决定哪些土地可以提供给非农利用，并规定所划入农业区域的土地保证至少在土地规划公布十年内，不会受到非农化的威胁。

日本为保障农地有效利用，分别在1967年和1974年制定了《农业振兴区域整备法》和《国土计划法》，宗旨是划定农业振兴区域，并在区域内划定农用地区和其他用地区，规定农业用地要集中连片，不允许转为非农业利用，如果农用地区与划定的市街化调整区相重复，也要优先用于农业开发。

韩国则划分了“农业地域”，包括耕地地区和聚落地区，作为土地用途管制的依据。

2. 具体实施层面

不同学者开展了大量的研究。李宪文、林培（2001年）较系统地总结了国内外耕地保护相关的理论及研究进展，分析了耕地保护的科学基础和历史演变过程；指出土地生产力是制定耕地保护数量的科学依据，土地评价是耕地保护规划的科学基础，土地规划、法规体系的落实是耕地保护顺利实施的保障。陈百明（2003年）认为首先应当调整保护耕地的调控机制。要着重依靠市场机制的经济杠杆来自发调节建设占地的问题，才能真正实现基本农田的保护。他认为，依靠土地利用总体规划等直接控制的方法，实际上依然要承受利益驱动下建设用地占地的压力。应当从努力提高耕地利用的比较效益着手，一是将耕地价值的指标评价重新丰富化，一方面提高耕地的质量从而提高产出，另一方面必须明确耕地在经济、生态、可持续发展上的多方面价值；二是将土地损失的外部成本“内部化”，提高占地者的补偿；赵丽红、陈文波（2006年）提出要建立补充耕地质量评价制度。其中耕地评价划分有自然质量等和利用等，在具体的衡量中要以利用等，即耕地的实际生产能力为基础评价更为合理；殷鹏飞等（2007年）根据黄山市的实际情况，提出了保护基本农田要以注重“质量为主，数量为辅，动态平衡”的原则。在具体实行过程中，要从农业产业内部的结构和技术出发，提高基本农田的质量，从而提高产出，唤起农民的农业生产积极性，用技术的手段保护基本农田。同时在黄山市后备耕地资源稀少的情况下，利用GIS等技术建立后备耕地资源的调查评价数据库，以满足耕地占补平衡；路振华等（2008年）指出了“耕地占补平衡”制度的不完善，认为耕地占补平衡不仅仅局限在数量上相等，应当保障质的相等甚至提高。为此，他提出要建立补充耕地质量评价制度，将补充耕地划为四个等级，以补充耕地的生产能力为具体依据。他总结“实现耕地总量动态平衡的目标，不仅是简单的数量和质量上的占补平衡，而且应包括数量平衡、质量平衡、生态平衡、结构平衡、产出平衡”。

3. 基本农田保护区的划定

李宪文、林培（2001年）在对国内外耕地保护的研究中总结，美国基本农田的划定主要是依据原美国土壤保持局提出的土地生产潜力系统，把适宜和潜在适宜的已利用农业土地和未利用土地作为基本农田的范畴，其划分的基本农田既包括目前种植农作物的土地即耕地，同时也包括园艺用地和潜在适宜农业利用的未利用土地，这也就是说美国比较强调农地的本质属性（即进行生物生产的功能），对不丧失农地本质属性的利用方式选择上并不过多加以限制而是予以保护。

基本农田与一般耕地相比有三个内涵：一是强调基本农田与一般耕地的内在肥力差异；二是明确基本农田与一般耕地所处区位不同；三是应当反映一定时段内人地关系状况。据此，杨树佳、郑新奇等（2007年）在以济南市基本农田的划分案例实践中，根据以下的决策因素确定耕地为基本农田：耕地的质量状况，即质量综合最优的耕地优先入选基本农田；耕地的区位条件，如铁路、公路等交通沿线，城市和村庄、集镇建设用地区周边的耕地应优先划为基本农田；以及耕地的政策属性。

其他研究者也有许多建议和尝试。许福涛（2005年）提出建立一个信息管理系统，该系统以对耕地质量的量化评价为基础，以“3S”技术为手段，实现对耕地质量的动态监测；钱鑫（2006年）将GIS技术引入基本农田的管理与保护工作中，充分利用GIS技术的空间信息管理功能，有效地管理、维护和更新基本农田的空间信息资料，也可以综合考虑、正确判断基本农田中的空间综合影响因素；赵丽红（2006年）认为，应该根据农用地分等成果，对基本农田进行质量的空间落实，划定基本农田弹性控制区，耕地与基本农田之间存在一个弹性的动态的规划；朱德举等学者（2006年）提出了一种新的方法——属性层次模型，他将基本农田保护区布局优化分成了耕地综合质量排序和耕地入选两个决策过程，在此基础上，以MapGIS为二次开发平台，编制了基本农田保护区布局优化决策系统，并进行实证研究。

二、耕地与基本农田保护的意义与原则

(一) 耕地与基本农田保护的意义

耕地是人类社会生存、繁衍和发展的基础。我国一贯强调保护耕地对我国社会稳定和持续发展的重要性，从立法、司法、行政、制度、教育、惩治违法等方面采取了一系列重大措施，实行最严格的耕地保护制度。从长期耕地保护的效果来看，进行耕地保护具有突出的社会效益，主要表现在以下几个方面。

1. 保障农业生产与粮食安全

无农不稳，粮食生产是社会发展的头等大事，是国泰民安的基础，是任何时候都不能忽视的问题。“民以食为天”，没有稳定的耕地面积，就没有粮食总产的稳定增长。只有保持稳定的耕地面积和质量才能保护农业生产持续稳定发展，这对社会发展乃至中华民族子孙后代的生存与发展都将产生深远的影响。资料显示，人类生命活动80%以上的热量、75%以上的蛋白质和88%的食物来自于耕地，95%以上的肉蛋奶产量由耕地农副产品转化而来。因此，保障粮食稳定、充足供应就是保障人民的生命安全，以基本农田保护确保耕地规模是现行保障粮食安全的重要形式。

2. 维护农民权益及社会稳定

在我国，虽然城市社会保障体系已逐步完善，但在农村，这方面建设还远远不足。耕地对农民来讲具有重要的社会保障功能。依靠土地，可以解决广大农村人口的吃饭、就业、养老等问题。农民失去土地，就意味着社会保障能力的最终丧失，这关系到农村的经济发展，关系到社会稳定。我国大部分人口都集中在农村，所以社会的稳定在一定程度上取决于农民的稳定。如果侵占了农民的耕地，造成大量的种田无地、就业无岗、社保无份的“三无”游民，农民失地又失业，生存问题受到挑战，将对社会稳定带来极大影响。保护好耕地，等于为社会的稳定打下了坚实的基础，具体表现为两

个层面：

第一个层面是为农民提供最基本的生活保障。现阶段，我国仍有一部分农民极大程度地依附于土地之上，从其他途径取得收益的机会较少。在农村社会保障体系不能完全覆盖的情况下，耕地可为农民带来稳定的收入及基本生活需要的粮食和蔬菜等，实现农民自给。

第二个层面是保障社会的稳定。失地对于农民而言并不可怕，可怕的是失地之后又没有转而从事其他行业的机会，不能保证稳定的收入来源，由此产生的失落感、仇富心理会带来诸如贫困、治安等一系列社会问题，严重影响农村及城市的社会稳定，威胁到社会主义和谐社会的建设。因此，只有保持一定量的基本农田面积才能保证农业生产持续稳定发展，才能保证社会的稳定。

3. 远期城镇发展的储备用地

土地资源的稀缺性决定了土地是城市发展最重要的资源之一。中国经济社会可持续发展有赖于土地资源的可持续利用，而土地资源可持续利用的核心是耕地资源的可持续利用。因此，保护耕地是保证经济社会可持续发展的重要前提条件。在我国新的经济发展形势下，城市建设加快，土地需求量加大，在存量建设用地开发成本高的大城市，开发经济成本相对较低的耕地就成为建设发展的主要供地对象。

从战略性角度考虑，对于具有规划建设预期的耕地而言，如何通过调控，在保障城市有序发展的前提下，实现耕地转用的经济价值最优至关重要。而通过基本农田形式进行土地储备可有力调控供地时序，实现不同区位土地有序开发，达到社会与经济价值最大化。

4. 调控城市空间无序蔓延

《中华人民共和国土地管理法》第十九条规定：严格保护基本农田，控制非农业建设占用农用地；第四十五条规定：（建设）征用基本农田由国务院批准。2004年底颁发的国务院第28号文件《国务院关于深化改革严格土地管理的决定》重申了国家保护基本农田的决心，在第十一条中规定：“严格保护基本农田。基本农田一经划定，任何单位和个人不得擅自占用，或者擅自改变用途”。这是不可逾越的“红线”。

正是由于基本农田具有这强制性的“红线”特征，因此，在各城市组团间划定一定面积的成片的基本农田，以基本农田作为绿色开敞空间，保持各组团之间的隔离性，可以有效遏制城市“摊大饼式”地盲目扩张，调控建设用地发展方向，促进城市形成“分散式”集中的空间布局，保障城市的健康发展。

5. 构筑城市生态屏障

对于城市而言，由乔灌木构成的绿化隔离带的建设可有效促进城市生态系统的稳定，但同时也具有消极影响，尤其在人口密度极高的大都市，城市废气排放量巨大，乔灌木绿化隔离带的存在不利于城市内部废气向外疏解。对于植株相对低矮的基本农田而言，可有效促进空气的自由流通，缓解空气污染。

同时，基本农田还具有很强的吸烟滞尘、净化空气、涵养水源等功能，与同等面积的乔灌木绿化隔离带相比，基本农田在吸附二氧化碳、释放氧气等方面具有优势。因此，基本农田生态功能输出对于保障城市生态安全具有重要的意义。具体而言，若以开敞的基本农田代替乔灌木作为各城市组团之间的隔离带，甚至将基本农田作为“绿肺”深入城市内部，亦可起到乔灌木绿地的作用，既能改善城市环境，还可以丰富城市景观的多样性。

6. 构造城市游憩空间

耕地尤其是划为基本农田的耕地往往是光、热、水、土组合条件最优的土地资源，具有显著的空间异质性。与城市景观相比，基本农田具有人类活动弱等特征。因此，通过塑造宁静和谐、质朴淡雅的农田环境，或带有强烈视觉冲击力的一望无垠的农田场面，可激发人们审美的兴奋点，满足人们多元化的审美需求。

近年兴起的农业旅游使基本农田的旅游功能得到充分发挥：一是农田观光旅游，即通过深入挖掘农田优美的自然及人文风光，使游人摆脱城市快节奏的生活方式，达到身心彻底放松的旅游方式；二是农业体验旅游，即通过开辟特色大田、果园、菜园等，让游客入内耕作、采摘，体验农业生产劳动及农民生活，享用农业劳动成果，体味返璞归真乐趣的旅游方式。

（二）耕地与基本农田保护的原则

耕地和基本农田保护是为了满足国家计划和区域可持续发展的需要，维持区域人地关系在一定的时间内，一定的社会经济、科学技术和人民生活水平下协调发展所必须具有的较高的生产能力、适宜的生态环境、优越的土地条件、直接服务于农业生产的农田以及立法、管理、监测等手段的总和。耕地和基本农田的保护必须遵循以下原则。

1. 确保粮食安全

“十分珍惜和合理利用每寸土地，切实保护耕地”是我国的一项基本国策。只有保护好耕地资源，特别是满足人口高峰年对耕地的需求，才能确保本地的粮食安全。耕地数量有限，后备资源不足，是我国的实际情况。宏观来看，保护耕地并不仅仅是保护耕地资源，而是保护中国的经济安全和社会稳定；微观来看，耕地承受着中国经济快速发展带来的巨大压力，承受着人口增长对粮食需求的巨大压力。因此，加强耕地和基本农田的保护和管理，确保本地粮食安全，是实现可持续发展之必需，更是中华民族长远发展的根本大计。

2. 数量质量并重

耕地和基本农田不仅具有经济产出功能，还具有重要的社会保障和生态建设的功能。然而近十几年来，由于经济与城市化的发展，耕地转化为非耕地的速度明显加快，造成了耕地锐减。因此国家提出耕地要实行“占补平衡”机制，确保耕地总量的动态平衡。但是，只有数量上的平衡是不够的，仅为了数量上的平衡而忽略了质量上的平衡，耕地和基本农田的社会、生态功能仍然得不到保障。因此近年来，国家提出耕地的占补平衡要做到确保耕地数量不减少，质量不下降。只有这样，才能切实地保护好我国的耕地和基本农田。

3. 因地制宜保护

我国各地区自然和社会经济条件千差万别，直接影响着土地利用方向、方式、深度和广度，使土地利用具有显著的地域差异。不同的土地利用环境不仅反映土地本身的适宜性和限制性，而且反映当前生产力发展水平和对土地的改造能力和利用程度。因此，耕地和基本农田的保护必须遵循因地制宜的原则，把耕地和基本农田利用的潜在可能性变为现实生产力。

第二节　北京市基本农田保护研究

一、北京市基本农田保护的基本思路及技术过程

基本农田保护是一项公共政策的制定过程。关于公共政策内涵的界定，其经典定义应该是戴维·伊斯顿（David. Easton）提出的，他认为公共政策是“对全社会的价值作权威性的分配”。我国学者陈庆云认为“从一般意义上来讲，公共政策是由政府、非政府公共组织和民众，为实现特定时期的目标，在对社会公共事务实施共同管理过程中所制订的行为准则”，同时根据戴维·伊斯顿的定义，结合中国实际情况，认为公共政策的本质是“政府

对社会利益实行的权威性分配”。基本农田保护政策正是政府为保障粮食安全、为保护农地而对所涉及的利益主体的行为进行权威性管制所制订的行为准则。

公共政策的拟定过程主要分为四个步骤，即界定问题、明确政策目标、构建政策指标和标准以及确定备选方案。相应地，基本农田划定过程也可以分为以下几部分：第一，分析现状基本农田保护与管理中存在的问题，为基本农田划定提供依据；第二，提出新时期基本农田保护战略，从战略高度构建未来基本农田保护蓝图；第三，明确基本农田保护的目标，为基本农田划定指引方向；第四，构建基本农田划定的指标体系，通过不同因素详细分析，研究基本农田划定的标准；第五，根据基本农田保护的不同目标，拟定多个备选方案，并通过方案比较，抉择最优；第六，在新划定的基本农田的基础上，划定不同层次基本农田保护区，强化集中保护（图5-1）。

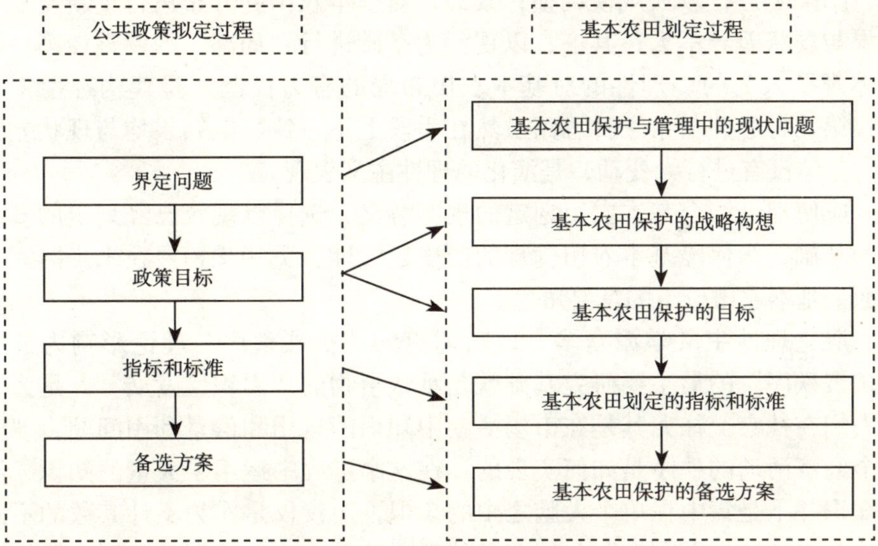

图5-1　基本农田划定技术流程图

二、北京市基本农田保护的战略思维与目标

（一）北京市基本农田保护的战略思维

1. 从“路径依赖”到“主动调整”

随着统筹考虑保护与发展关系思想的深入，基本农田的定位不断深化，基本农田的多功能性日益显现，由以前的单一生产功能向保障生产、生态、

社会及城市可持续发展综合功能转变，呈现出多功能分异发展、相辅相成的局面。

路径依赖是指一旦走上了某一条路径，就会一直沿着既定的路径发展，而基本农田就是在这种路径依赖中与建设用地矛盾重重，与生态用地搭建了此消彼长的关系，渐渐减弱了其应有的效率。

针对我国基本农田保护与管理的现状特征及存在问题，从问题修正为前提条件出发，综合考虑基本农田功能转移，充分体现基本农田的地域性差异、功能性差异，在承认历史的前提下通过主动调整基本农田的空间布局，改善首都土地的整体空间格局，促进基本农田与建设用地、生态用地协调发展，为基本农田保护寻求突围破解之道，为城市整体协调发展提供支撑。

1）以现状为基础，体现基本农田的历史延续性

基本农田的重新划定有三种思路：其一，对基本农田的分布进行重新规划，结果是进行较大规模调整；其二，对基本农田的分布进行重新规划，但成果与现状差异不大；其三，以现状为基础进行“局部”的调整。第一种思路体现了人为的、理性的对基本农田布局的有力控制，是建构理性主义表现；第二种思路与第三种思路虽然在手段上不一致，但结果均与现状差异不大，主体没有进行大变动，是演化的理性主义表现。

应使理论结合基本农田划定的现实意义，选择以现状已经划定的基本农田为基础，为保障基本农田管理的历史延续性，进一步拓展在未来国家发展层面上基本农田扮演的重要角色。

演化理性主义学派众多，以哈耶克的“扩展秩序”理论影响力最大，“扩展秩序”的最主要研究基础就是承认事物的“累积性发展”，是为了解决人们在社会交往尤其是在市场活动中知识的运用和信息利用问题，“解释整个经济活动的秩序是如何实现的：在这个过程中运用了大量的知识，但这些知识并不是集中在单个人脑之中的知识，而仅仅是作为不计其数的不同个人的分立的知识而存在”。“在各种人际关系中，一系列具有明确目的秩序的生成，是极其复杂但却又条理井然的。然而，这既不是什么设计的结果，也不是发明的结果，而是产生于诸多未明确意识到其所作所为会有此结果的人的各自行动”。

现状基本农田是历史累积的产物，是多方利益的综合体，重新划定必定牵扯到各方利益的转移。因此，应在“路径依赖”理念的指导下，基本农田变动越小，由此产生交易费用也就越容易控制。

2）与城市的空间布局相结合，为社会经济发展提供支撑

随着工业化进程不断推进，城市人口和企业必将大量向周边迁移，城市布局趋于分散，尤其大都市，大部分产生郊区化和逆城市化现象，形成卫星城镇以及城市群和大城市集群。

基本农田保护体现着国家（地区）粮食安全保障，是由土地部门进行管理；而建设用地利用体现着国家（地区）社会经济发展必然要求，由建设部门进行管理。虽然二者的管理部门不同，但都是国家（地区）基本利益的体现，不具有不可调和的矛盾。从制度经济学角度看，建设发展与基本农田保护之间的相互协调关系可看作做一种合约行为，那么，由于分工不同，将不可避免地造成信息的不对称和由此而来的交易费用。双方的交易费用体现为低成本扩张的削弱以及基本农田的空间转移拓展。在一个开放的健全的制度环境中，交易双方通过博弈，努力争取利益的最大化，并达成双方都满意的合约。当发生约束条件变更或者在一个不健全的约束条件下，甚至在合约选择权缺失的情况下，产生的合约必然导致双方的利益不均衡，那么“租值消散”行为将不可避免地发生。如果基本农田施行刚性保护，那么，建设用地合理的扩张将被阻止，社会经济发展将受到挫伤，非法占用基本农田现象将不断发生；如果建设用地不受控制地扩张，必将导致基本农田大量被占，进而触及到国家的根本利益。因此，基本农田的划定应体现促进双方的利益最优，即应统筹考虑基本农田划定与城市空间发展的相互关系，促进社会经济健康发展。

2. 从“技术手段”到“政策工具”

随着近年城市发展的加速，基本农田的保护压力不断加大，基本农田的划定也由国土部门涉及的技术层面，提升到了各部门之间相互协调、统筹规划的经济层面与政治层面。

土地利用总体规划是一种公共政策，既具有发挥其对未来土地利用的导向、调控和分配功能的“技术性”的一面，又具有体现社会公正、多元价值和公民文化的“政治性”的一面，是高度理性、清晰严谨、可执行的；“政治性”和“技术性”统一于规划决策的全过程，体现了其公共政策属性。而公共政策工具是一种制度化的行动模式，为了解决公共问题而规定了公共活动的结构，规定了一组公共行动的权利与义务。新时代背景下，基本农田保护已作为一种公共政策工具，是政策目标和结果之间的桥梁，是为了协调经济与建设、发展与保护中的矛盾而制度化的一种社会活动模式。

基本农田影响着城市整体空间格局的架构。我国地形复杂、条件优越、应当划入基本农田的耕地，通常位于地势平坦、水源丰富、土壤肥沃的地区，而这些地区通常也是交通便利、人口稠密、经济发达、建设用地需求旺盛的区域。在城市规模扩张趋势下，建设用地发展布局与基本农田布局形成大面积重叠，建设用地的扩张就无法不占用基本农田；而基本农田保护政策的出发点又赋予了其不得被占用的属性，因此，基本农田与建设用地形成了此消彼长的局面，二者共同影响着城市空间发展的方向与布局。如何合理布局基本农田、如何协调基本农田与建设用地之间的关系成为影响城市空间格局的首要问题。

基本农田为子孙后代发展预留备用地，促进城市的可持续发展。但近几十年来，经济持续快速增长，城市建设规模不断扩大，建设用地迅速无序蔓延。为了遏制这种势头，必须充分利用基本农田不得被占用的政策优势，从战略性、长远性的角度考虑，划定部分基本农田，为未来长久发展预留备用地，保障首都的可持续发展。

更重要的是，基本农田保护是一项政治战略，是我国的基本国策，其关系到战略安全问题，担负着保障粮食安全的重任。

3. 从“资源识别”到“重新构筑”

上轮划定基本农田的主要特征是全国无差异，即将优质耕地划入基本农田，划定基本农田的思维过程是选择优质耕地的过程，考虑因素单一。这样导致大量基本农田保护的压力集中到了部分地势平坦、自然条件好、以农业生产为主的地区，某种程度上制约着当地经济的多样性发展；而经济发展较好的地区虽然基本农田保护压力相对较小，但耕地数量不足，且土地比较收益差距大、非农用地需求大，这导致优质农田质量难以保证。

因此，划定基本农田要根据各地的地域特征和新时期的功能定位，构筑起基本农田保护的整体框架，进行有重点的保护。在多角度综合分析基本农田历史延续性、城市空间发展方向与基本农田布局关系、生态建设与基本农田布局关系、地貌特征与基本农田布局关系等的基础上，因地制宜地重新构筑基本农田的空间格局。

（二）基本农田保护的目标

基本农田作为一种政策工具，确定其标准时需要经历三个程序：首先要制定基本农田保护的目标。目标是决策者通过政策手段所要取得的东西，是政策的出发点和归宿。基本农田保护目标的订立寓含着一定的价值观和可以实现的理想、信念的预期。保护目标订立的过程在于协调利益集团之间存在的差异，使未来政策的执行主体能够按照明确清晰的方向规范自己的行为。目标可以以指标、标准、规则、图示等方式向所有民众明确告知，也可以通过潜移默化的影响、许可、鼓励、促进，或节制、约束、修正所有主体的行为。

国外普遍认为现代城市规划“是为了应付产业革命后迅速发展的城市问题，保护农地，而从整体上控制市区不断扩大趋势的一种技术来发展的”。因此，农用地保护是制定城市规划的指导思想之一，农地保护的政策目标也不仅是“保障农地的粮食生产能力”，而趋向于多目标化。

因此，应融耕地保护于各项相关工作当中，同时也需要跳出耕地保护进行耕地保护，通过协调、实行各项相关工作的优惠政策，而水到渠成地促进耕地保护。

基本农田保护的目标其一是从战略性的角度出发，协调基本农田和建设用地的空间布局关系，使得二者有机结合，促进经济发展与基本农田保护齐头并进；其二是从历史性、危机性的角度出发，要保障粮食安全，满足一定的粮食自给率；其三是从生态性的角度出发，利用基本农田的政策属性，在粮食生产的同时，为城市居民提供永久的绿色开敞空间；最后，从整体性的角度出发，促进建设用地、基本农田与生态用地合理布局，各得其所，实现社会全面协调可持续地发展。

三、北京市基本农田划定的指标与标准

指标是目标的具体化，是目标的衡量标准。每个重要的或基本的经济社会政策，通常都有若干个具体的指标作为衡量政策目标的尺度。指标具有导向功能，能够起到信息引导的作用，还具有调控功能，能够增强宏观调控的系统性和有效性。

基本农田划定中可以分区域制定标准，划定标准的总体思路是体现功能导向性，反映区县基本农田功能的差异性，分别设置若干项最具代表性和导向性的指标和标准。

在土地评价系统中，土地的自然生产力不是决定土地质量的唯一因素，同时具有决定作用的还有土地的社会经济属性。在基本农田保护目标的指导下，根据国外土地评价与立地分析（LESA，Land Evaluation and Site Assessment）研究，从北京市基本农田保护自然本底条件、社会经济条件及规划发展条件等三方面构建指标体系。结合实际，提出规模、坡度、权属、地类、中心城新城规划、开发区、线状地物绿化以及建制镇等八个评价指标。

(一) **自然本底条件**

从基本农田自身的自然条件来看，应从数量与质量方面综合考虑。

数量方面主要考虑基本农田的最小规模。太小的地块不利于现代化、机械化耕作，不利于规模经营，投入产出比较低，不适应未来农业发展趋势。因此，基本农田应综合考虑各方面因素，明确规模门槛，促进农用地规模经营。

质量方面主要结合农用地分等定级成果，考虑基本农田的坡度。坡度是影响农田耕作的直接因素。同时，由于不同的地形特征，不同区域地形条件不同，可以适当调整坡度要求。

(二) **社会经济条件**

基本农田划定的社会经济条件是人类在农业生产过程中与基本农田之间形成的人地关系，主要从权属、地类等方面考虑。

权属因素主要是考察农地的利用者是哪类人，不同的利用者涉及的利益主体不同，影响到农田的利用方式、利用用途转变的难易等各方面，是基本农田的重要经济人文条件之一。

地类因素主要是考察人类如何利用农地，不同的利用用途产生的效益不同，对未来的影响也不同。基本农田是从长远发展的角度考虑划定的保命田，因此，要求土地的利用用途具有可持续利用的特点。另外，基本农田必须是生产力高的农地，在地类要求方面就有所限制。

(三) **规划发展条件**

基本农田是一项社会公共政策，其必定涉及各职能部分、方方面面的发展规划、计划等，因此，在其划定时要综合考虑相关各部门的规划设想。

在综合各部门的发展规划后，选取其中对基本农田划定影响最大的、最主要的中心城新城规划、开发区、线状地物绿化因素作为划定指标。

中心城与新城的建设发展与基本农田保护的矛盾比较突出，这些地区建设发展强劲，而对于基本农田来说，这些地区的区位比较好，二者之间的矛盾是规划条件中考虑的重点。此外，开发区是占用基本农田的另一主要因素，因此，要合理考虑开发区与基本农田之间的布局关系。

城市规划部门出于生态建设方面的考虑，规划对部分主要线性地物（例如公路干线、铁路干线等）进行大规模绿化建设，这其中涉及大量基本农田，而基本农田本身又具有一定的生态功能，如何结合绿化建设保护基本农田是新时代背景下划定基本农田所面临的一个重要难题。

另外，还应考虑建制镇扩张对基本农田布局的影响。除中心城、新城、开发区外，建制镇是另外一种与基本农田关系密切的建设用地类型。建制镇多处于小区域内区位良好地段，地势平坦，基础设施条件好，农业生产条件优越，因此，其周边农用地较适宜划为基本农田，然而随着经济发展，部分建制镇必将向外扩展，会与基本农田发生冲突，因此，如何协调建制镇与基本农田的关系是在基本农田划定中需要考虑的一个重要因素（表5-1）。

北京市基本农田划定指标体系 　表5-1

指标类型	考虑指标	分析要素	分析结果的应用
自然本底条件	规模	分析规模以下基本农田的数量分布，及其对基本农田保护总规模的影响	制定不同功能区和基本农田保护区内外的规模标准
	坡度	分析不同坡度的基本农田数量分布，及其对基本农田保护总规模的影响	制定不同功能区和基本农田保护区内外的坡度标准
社会经济条件	权属	分析国有农用地现状地类，划为基本农田的国有农用地及其现状地类	制定国有农用地可以划为基本农田的标准
	地类	分析可能划入基本农田的土地利用类型	制定可划入基本农田的地类标准
规划发展条件	中心城、新城规划	规划集中建设区、控制范围和绿化隔离区占用	制定不同范围内基本农田是否保留的标准
	开发区	分析市级开发区占用情况	制定开发区内基本农田是否保留的标准
	线状地物绿化	规划线状地物占用，包括五河十路绿化占用、规划公路铁路绿化占用	制定线状地物两侧缓冲区标准
	建制镇	分析建制镇增长趋势及对基本农田的影响	制定建制镇的缓冲区标准

标准是指标的定量或定性的具体表现形式，同时也为目标的实现程度提供定量的或定性的衡量尺度。通过详细的单因素分析，北京市基本农田的划定标准可以对各指标采取不同的值，从而构建不同的备选方案，分析结果如表5-2所示。

北京市基本农田划定标准综合分析表 　表5-2

类型	因素	调出	调入
基础		现状基本农田	未划入现状基本农田的农用地
自然本底条件	规模	20亩、50亩以下	50亩、100亩、500亩以上

续表

类型	因素	调出	调入
自然本底条件	坡度	6°、15°、25°	6°、15°、25°
经济人文条件	权属	不考虑该因素	优先调入国有农用地
	地类	全部建设用地、未利用地；部分林地、牧草地、其他农用地	耕地、园地、可调整有林地、苗圃、农村道路、农田水利、田坎
规划条件	中心城、新城规划	集中建设区、绿化隔离区、规划范围内	集中建设区范围外、规划范围外
	开发区	市级以上开发区范围内的全部调出	市级以上开发区范围外
	线状地物绿化	城镇建设地区：五河十路、高速公路50 m缓冲区，铁路30 m缓冲区内	五河十路两侧各200 m缓冲区内，其他高速公路、铁路两侧各100 m缓冲区内
其他条件	建制镇	243 m、500 m缓冲区内	243 m、500 m缓冲区外

四、北京市基本农田划定的方案比较

备选方案是决策者解决政策问题的行动过程的选择，或是达成政策目标的可供利用的手段、措施或方法。拟定多个备选方案，是合理决策、提高公共政策制定质量的一个重要条件。只有充分考虑解决问题的可能性，才有可能作充分的比较和择优。

结合北京市基本农田保护的不同目标从不同的角度可以选取多个方案。

（一）从粮食安全的角度拟定高标准方案

基本农田的首要任务是保障粮食安全，至少应包括生产条件好、产量高的所有耕地，因此，应选取各指标的最严格值，拟定高标准要求下的基本农田划定方案。

在历史延续性原则的指导下，基本农田备选方案的具体拟定过程中可以分为调出和调入两部分。在现状基本农田的基础上，从不同指标的角度将不利于现代农业生产方式、不符合新时期基本农田功能属性的部分调出；而在现状基本农田外的农用地中挑选各方面条件优越的部分调入基本农田。为减弱基本农田变更的不可控性，避免“伤筋动骨”式的大变动，每一个因素的调出标准可以适当低于调入标准，即调出要尽可能少，调入要尽可能优（表5–3、图5–2）。

北京市基本农田保护高标准方案的划定标准　　表5-3

因素	调出	调入
基础	现状基本农田	现状基本农田外的农用地
规模	城市功能拓展区和城市发展新区100亩以下全部调出，生态涵养发展区50亩以下全部调出	城市功能拓展区和城市发展新区500亩以上全部调入，生态涵养发展区100亩以上可以调入
坡度	城市功能拓展区、城市发展新区6°以上、生态涵养发展区15°以上全部调出	城市功能拓展区、城市发展新区6°以下、生态涵养发展区15°以下全部调入
地类	全部建设用地、未利用地、除可调整果园外的园地、林地、牧草地、其他农用地调出	中高质量耕地
中心城、新城规划	规划控制范围内的全部调出	规划控制范围外的可以调入
开发区	市级以上开发区范围内的全部调出	市级以上开发区范围外
线状地物绿化	城镇建设地区：五河十路、高速公路、铁路两侧各50 m范围内调出	不考虑该因素
建制镇	缓冲区500 m内全部调出	缓冲区500 m外可以调入

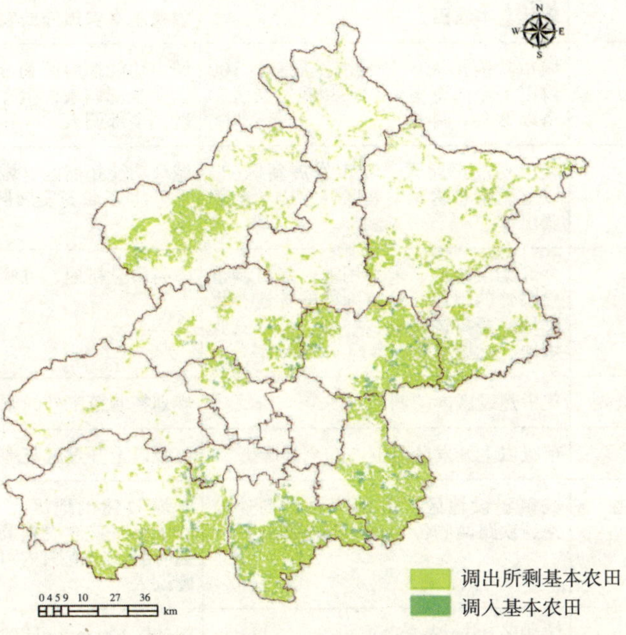

图5-2　北京市市域基本农田保护高标准方案的潜力分布图

（二）从基本农田功能多元化的角度拟定低标准方案

随着市民膳食结构的丰富，对不同类型食物的需求日益增大，基本农田作为供给城市食物的主要来源必须考虑适当丰富其结构；不断多元化发展的基本农田功能也要求应当将所有可以考虑划为基本农田的农用地划为基本农田，严格保护，保持基本农田内的生物多样性，充分发挥基本农田的各种功能，提高基本农田的综合效益，故选取各指标的最宽松值拟定低标准要求下的基本农田划定方案。

（三）从实施可行性方面拟定中间方案

最严格标准只确保了最必要的基本农田，缺乏对其他后备基本农田的考虑；最宽松标准虽然保护了所有可能的基本农田，但其内部结构复杂，各方面指标区间较大，会造成基本农田总规模偏大，在基本农田规模指标既定的情况下不容易管理乡镇具体划定，不易于监督、实施。因此，从标准的实施可行性方面考虑，应综合前两个方案，选取合适的中间标准，拟定基本农田划定的中间方案（表5–4）。

北京市基本农田保护中间方案的划定标准 表5–4

因素	调出	调入
基础	现状基本农田	现状基本农田外的农用地
规模	城市功能拓展区和城市发展新区100亩以下全部调出，生态涵养发展区50亩以下全部调出	城市功能拓展区和城市发展新区500亩以上全部调入，生态涵养发展区100亩以上全部调入
坡度	城市功能拓展区、城市发展新区6°以上、生态涵养发展区15°以上全部调出	城市功能拓展区、城市发展新区6°以下、生态涵养发展区15°以下全部调入
地类	全部建设用地、未利用地、除可调整果园外的园地、除苗圃外的林地、牧草地、畜禽饲养地、谷场、设施农业用地、坑塘水面、养殖水面调出	中高质量耕地、可调整果园、苗圃
中心城、新城规划	集中建设区内的调出	规划控制范围外的调入
开发区	市级以上开发区范围内的全部调出	市级以上开发区范围外
线状地物绿化	城镇建设地区：五河十路、高速公路、铁路两侧各50 m范围内调出	非城镇建设地区：五河十路两侧各200 m、其他规划高速公路、铁路两侧各100 m范围内可调整有林地、苗圃调入
建制镇	缓冲区300 m内全部调出	缓冲区300 m外可以调入

(四) 从未来发展趋势方面拟定前瞻方案

前三个方案关于某些指标的调出、调入标准可能存在不等，即基于体现历史延续性的原则，可能存在调出标准要求较低，调入标准要求较高的现象，虽然满足了一定的适应未来经济发展要求，但这其中必然会引起调整后的基本农田仍然存在不符合未来经济发展要求的问题，可能为将来的基本农田保护埋下隐患，基于此，拟定了前瞻方案，即调出调入标准一致，不符合调入标准的全部调出的方案（表5–5）。

北京市基本农田保护前瞻方案的划定标准　　表5–5

因素	调出	调入
基础	现状基本农田	现状基本农田外的农用地
规模	城市功能拓展区和城市发展新区100亩以下全部调出，生态涵养发展区50亩以下全部调出	城市功能拓展区和城市发展新区100亩以上可以调入，生态涵养发展区50亩以上可以调入
坡度	城市功能拓展区、城市发展新区6°以上、生态涵养发展区15° 以上全部调出	城市功能拓展区、城市发展新区6° 以下、生态涵养发展区15° 以下全部调入
地类	城市发展新区：除耕地、可调整果园外的全部调出	城市发展新区：中高质量耕地、可调整果园
	城市功能拓展区与生态涵养发展区：除耕地、可调整果园以及苗圃外的全部调出	城市功能拓展区与生态涵养发展区：中高质量耕地、可调整果园以及苗圃
中心城、新城规划	规划控制范围内的全部调出	规划控制范围外的可以调入
开发区	市级以上开发区范围内的全部调出	市级以上开发区范围外
线状地物绿化	不考虑该因素	不考虑该因素
建制镇	缓冲区500 m内全部调出	缓冲区500 m外可以调入

第六章
建设用地节约集约利用研究

第一节　建设用地节约集约利用研究概述

一、土地节约集约利用内涵

（一）土地节约利用

节约总是与浪费相对应的，土地节约利用就是针对土地利用过程中出现的浪费土地资源的现象提出的。总体来说，我国浪费土地资源的现象包括两层含义：土地资源利用中“量”上的浪费，包括土地闲置、建设用地盲目求大等；土地资源利用中“质”上的浪费，如土地利用效率较低、建设用地功能布局不合理造成的土地资源浪费等。而土地节约利用是指在土地开发利用过程中，以科学发展观为指导，以理性确定扩张规模为前提，以减少增量土地、挖潜存量土地等措施为实现途径，提高土地利用效率，以较少土地资源消耗，创造尽可能多的经济效益的土地利用行为。土地节约利用既包括减少新增建设用地的内容，也包括存量土地挖潜方面的内容：土地节约利用体现在对新增土地的控制上，这是土地节约利用的第一层次，其实现主要依赖于用地单位节地意识的提高和有关管理部门政策指令的实施；土地节约利用体现在存量土地挖潜方面，这是其内涵的第二层次，也就是说，土地节约利用除了对增量土地加以控制以达到“节约”的目的外，还要针对城区闲置土地、工矿废弃地、低效利用的土地加以再开发和重新利用，充分利用土地资源，提高土地利用率。

（二）土地集约利用

1. 国外的理解

针对集约利用，早在1777年，詹姆斯·安德森（James Anderson，

1739～1808年）等西方经济学家就已经开始讨论粗放和集约这一组概念。而土地集约利用的概念提出较晚，来自于大卫·李嘉图（David Ricardo，1772～1823年）等古典政治经济学家在地租理论中对农业用地的研究，是指在一定面积土地上，集中投入较多的生产资料和劳动，使用先进的技术和管理方法，以求在较小面积土地上获取高额收入的一种农业经营方式。此后，马克思（Karl Marx，1818～1883年）在《资本论》中也对“粗放”和“集约”进行了精辟的分析，他指出“可以耕作的面积很大……对耕作者来说不用花费什么”，这种“只需投资很少的资本，主要的生产要素是劳动和土地”的经营方式就是“粗放经营”，而“在经济学上，所谓耕作集约化，无非是指资本集中在同一土地上，而不是分散在若干毗连的土地上”。马克思还论述了粗放经营向集约经营转变的必然性和意义，他认为“一旦一国的土地全部被占有，一旦土地投资、耕作和人口达到一定水平”，就会实行“耕作的集约化”，粗放经营向集约经营的转变意味着文明的进步，“只要已耕种的土地仍有竞争力，土地上使用的资本越多，一国的农业，一般地说，也就是一国的文明越发展”。著名的土地经济学家理查德·T·伊利（Richard T. Ely，1854～1943年）在其所著的《土地经济学原理》中指出：“对现在已利用的土地增加劳力和资本，这个方法叫做土地利用的集约”。

2. 国内的研究

我国理论界、规划界和政府部门均针对土地集约利用问题开展了广泛的研究，也形成了多种认识和理解，其中，马克伟主编的《土地大辞典》、宋春华等主编的《房地产大辞典》、丘金峰主编的《房地产法辞典》等都对集约利用土地的内涵进行了界定。总结这些观点不难发现，尽管专家学者对土地集约的表述各不相同，但都有一个共同点，即认为土地集约利用就是通过增加在土地上的投入以获得更多产出的土地开发经营方式。专家学者的分歧主要有：在进行土地集约利用研究时是否强调土地利用结构和布局的优化问题；集约利用是粗放利用的对称，土地集约利用是指在兼顾环境效益和社会效益的前提下，通过增加对土地的投入，以达到提高土地的利用效率、增加经济效益、节约用地的目的，属于经济学范畴；土地集约利用不完全是经济范畴，通过增加对土地的投入，除了提高经济效益外，还要提高社会效益和环境效益，即强调土地利用的综合效益。

二、我国土地节约集约利用的实践

在城市规划和建设中，节约用地问题，并非新课题，早在第一个五年计划期间，中央就曾多次强调这个问题的极端重要性，并对浪费土地的种种现象一再提出批评。1978年，我国著名的建筑学家和城市规划专家吴良镛先生在中国建筑学会城市规划学术委员会成立会上，以《"纵得价钱，何处买地"》一文，对城市规划中的土地问题作了论述，并从"地价－土地开发投资－土地利用效率"的角度进行分析，提出土地利用的经济意义和节约用地的对策和途径。20世纪80年代我国开展了城市土地使用制度改革，城市土地价格和土地使用效率的问题逐渐成为社会关注的热点，尤其是在20世纪90年代初"房地产热"和"开发区热"现象出现之后。董黎明等（2000年）专家也呼吁："加强宏观调控机制，提高土地利用效率。"土地集约利用的研究被提上日程，各地对土地集约利用问题日渐重视，不少地区和城市已经将土地集约利用问题作为城市规划、土地利用总体规划专题进行研究，并取得了一定成果。

我国正处在加快推进工业化、城镇化、现代化的发展阶段，需要新增大量建设土地，而人多地少的国情却不允许过多占用耕地，因此，必须把节约土地放在重要位置，提高现有土地利用率，以节约和集约利用土地来保障发展。各地积极采取措施，保障经济持续快速健康发展。一方面是保护耕地特别是基本农田；另一方面是节约集约用地。在两年多土地市场治理整顿的基础上，国土资源部在严把土地闸门的同时，积极推进节约集约用地。各地按照有关规定，大幅度缩减了开发区的数量和面积，这促使开发区从恶性膨胀和竞争中摆脱出来，在节约集约用地中寻找新的出路。标准厂房的建设，入区"门槛"的提高，"飞地工业"的诞生，低效企业退出机制的探索，都是各地结合本地实际推进土地集约利用的创造性实践。

从国内外总的趋势来看，防止城市无限制扩张，集约利用土地正日益成为各国城市发展的战略选择，对土地资源紧张的国家，集约利用是唯一的出路，即使对于美国这样一个土地资源较为丰富的国家，也主张进行增长管理或精明地扩展。但是，由于国情不同，各国所遇到的问题各异，所以，目前关于城市土地集约利用还未形成共同的研究内容和研究体系。市场经济国家和地区，土地管理一直都是在市场环境下运行的，因此，他们主要关心如何控制土地的最大开发强度，即开发上限问题；至于最低的强度，应当是开发商关心的问题。而我国在建国后相当一段时期内，实行的是计划经济体制，土地无偿使用，不讲究土地利用效益，至今仍有许多遗留问题尚未解决，这是市场经济国家和地区从未遇到过的情况。但是，西方国家对控制城市蔓延的某些具体措施研究得比较深入，值得我们借鉴。

第二节　建设用地节约集约利用状况分析

一、我国城镇土地集约利用状况分析：基于城镇存量土地的研究

(一) 概念界定

所谓存量建设用地（简称存量地），是指现有城乡建设用地范围内的闲置未利用土地和利用不充分、不合理、产出低的土地，即具有开发利用潜力的现有城乡建设用地。目前大量存在的包括闲置土地和空闲土地两种。2004年，国土资源部开展了有关城镇存量建设用地资源的专项调查，[①]结果显示，除西藏以外，全国闲置土地和空闲土地规模达到12.42万hm^2，占当年全国土地变更调查中城镇工矿用地总量的近1%。对上述城镇存量用地资源的空间分布格局及其影响的研究，一直是各界关注的问题。

根据1999年4月28日起实施的国土资源部第5号令《闲置土地处置办法》，闲置土地是指土地使用者依法取得土地使用权后，未经原批准用地的人民政府同意，超过规定的期限未动工开发建设的建设用地。

具有下列情形之一的，也可以认定为闲置土地：

（1）国有土地有偿使用合同或者建设用地批准书未规定动工开发建设日期，自国有土地有偿使用合同生效或者土地行政主管部门建设用地批准书颁发之日起满1年未动工开发建设的；

（2）已动工开发建设但开发建设的面积占应动工开发建设总面积不足1/3或者已投资额占总投资额不足25%且未经批准中止开发建设连续满1年的；

（3）法律、行政法规规定的其他情形。

空闲土地，是指原批准使用单位依法撤销、破产或因迁址重建等停止使用的土地，企业停产、关闭或因环保要求限制使用的土地，无主地、废弃地等。

下文将结合2004年城镇存量用地调查及历年土地变更调查结果，选择闲置土地和空闲土地两项指标为代表，以地级单元为基本对象，利用ArcGIS软件，对全国城镇存量用地空间格局的差异进行分析。

本研究以地级单元为主要对象，结合2004年的行政区划和全国城镇存量建设用地专项调查开展的状况，综合直辖市、省辖市、省辖县等因素，共确

① 国土资电发［2004］78号文：《关于开展全国城镇存量建设用地情况专项调查工作的紧急通知》。

定了356个研究单元，包括：北京、天津、上海、重庆行政区划调整前的4个地级单元（原重庆市、原万县地区、原涪陵地区、原黔江地区）、22个省直辖的县级市、县或特区、327个地级单元（其中，西藏只涉及拉萨市，未涉及其他6个地级单元）。其中涉及的东北、东部、中部和西部地区的概念，是根据国家区域政策将31个省（区市）归为4大政策分区。具体为：东北地区包括黑龙江、吉林、辽宁3个省；东部地区包括北京、天津、河北、山东、江苏、上海、浙江、福建、广东、海南10个省市；中部地区包括山西、河南、安徽、江西、湖北、湖南6个省区；西部地区包括广西、重庆、四川、贵州、云南、西藏、陕西、甘肃、宁夏、内蒙古、青海、新疆12个省区市。

(二) 城镇存量用地资源规模的空间分布特征

1. 基本特点

（1）从绝对规模看，城镇存量用地资源具有集中在东部地区、集中在规模列前30位的单元、部分省份集中在省域中心城市的“三集中”特点。

分析中国4大政策区的城镇存量用地资源规模，东部地区明显多于东北、中部和西部地区，其总量占全国总量的54.12%。就存量用地大于500 hm^2的60个研究单元而言，东部地区占35个，东北地区占6个，中部地区占5个，西部地区占14个。而将全国356个研究单元按照绝对规模排序，城镇存量用地的空间分布具有较强的集中性。一方面，前30位地级单元城镇存量用地规模占总规模的比例达到50.05%；另一方面，京津冀地区、长江三角洲地区、珠江三角洲地区、黑龙江南部、山东半岛、成渝地区和雷州半岛地区是规模大且分布相对集中的地区。

针对各个省域而言，不少省域中心城市存量用地资源较省内其他单元大。4个直辖市、15个副省级城市以及其他省会城市的存量用地规模为2.71万 hm^2，占全国总量的22.80%；同时，全国共有16个省会城市的存量用地规模在省内列于前三位（表6–1）。

在本省域存量用地绝对规模居前三位的省会城市　　表6–1

在本省排序	省会城市名称
第一位	哈尔滨、合肥、福州、南昌、长沙、海口、成都、贵阳、昆明、拉萨
第二位	南京、武汉、西安、西宁、银川
第三位	郑州

（2）相对于城镇工矿用地的比例而言，存量用地资源相对规模的空间格

局较为分散，基本呈现中部地区较为均衡，而东北、东部、西部则呈现局部地区较大的态势。

分析所有单元的城镇存量用地相对规模（即某一地级单元内城镇存量用地资源面积占该单元城镇工矿用地面积的百分比）平均值，全国为2.03%，而各省内部研究单元的平均水平高于该数值者分别是：海南、广东、浙江、青海、广西、湖北。

从全国范围分析，城镇存量用地资源相对规模格局呈离散分布状态，中部地区单元的相对规模较为均衡，而东部、西部和东北地区地级单元之间落差较大，少数单元的相对规模远远高于周边地区水平。全国存量用地资源相对规模高于5%的单元有23个，其中东部地区11个，西部地区10个，东北地区1个，中部地区1个。

（3）相对于1996~2004年间城镇工矿用地年均变化规模的比例而言，约1/3数量的单元能够满足1年以上的城镇工矿用地增长需求，整体呈现东北地区比例较高，东部、中部、西部地区比例较低的状况。

从四大政策分区来看，东北地区各单元存量用地规模与城镇工矿用地年均变化量的比例普遍较高，东部、中部、西部的比例较低，特别是东部地区，绝大部分区域比例均比较低，少数的高比例单元集中分布在广东省和海南省。而对存量用地规模与城镇工矿用地年均变化量的比例大于1的研究单元进行统计，全国共有105个，涉及存量用地资源7万余公顷，换言之，盘活这些单元的存量用地资源，至少可以满足其1年以上的城镇工矿用地增长需求。从此类单元分布的区域状况看，东北地区此类单元数量占到本区域单元总数的58%，远远高于东部、中部和西部的水平（图6–1）。

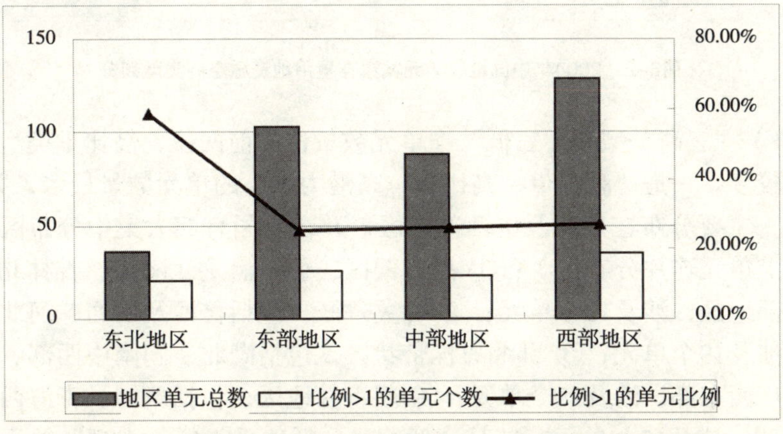

图6–1　城镇存量用地与城镇工矿用地年均变化量比例分区统计图

2. 空间类型分析

根据分析，采用三个指标：城镇存量用地绝对规模、城镇存量用地相对规模和城镇存量用地规模相对于城镇工矿用地年均变化量（1996~2004年）的比例，以全国中位数单元的水平作为基准，城镇存量用地绝对规模高于中位数定义为“高存量”，反之为“低存量”；城镇存量用地相对规模高于中位数定义为“高比重”，反之为“低比重”；城镇存量用地规模相对于城镇工矿用地年均变化量（1996~2004年）的比例高于中位数定义为“高潜力”，反之为“低潜力”，将全国356个单元划分为8种类型（图6–2）。主要分布特点有：

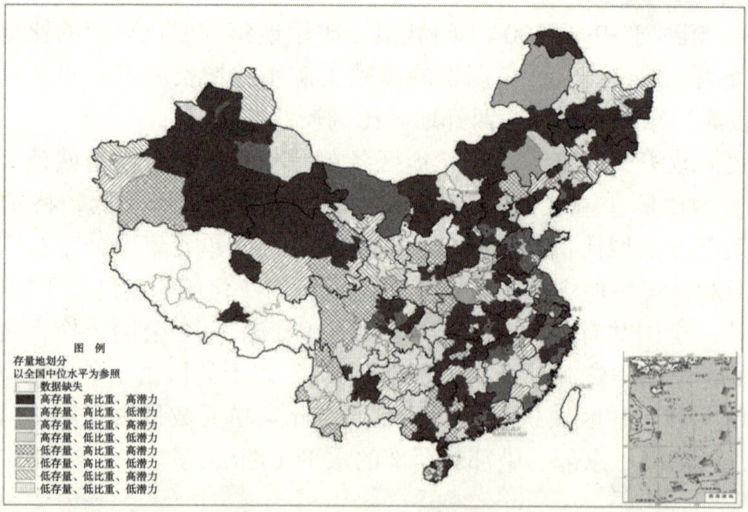

图6–2 2004年中国地级单元城镇存量用地资源空间类型划分

（1）“三高”型和“三低”型单元数量位居前两位，高比重类型的单元数量也较多。一是“高存量、高比重、高潜力型”的单元数量最多，共有115个单元，主要分布在东北及中西部地区，并在全国有四大集中分布区域（即10个以上单元连片分布区）：① 黑吉蒙区，包括黑龙江南部、吉林北部和内蒙古东部地区，涉及12个单元；② 晋冀鲁区，包括鲁西及山西、河北大部分地区，涉及19个单元；③ 鄂湘粤桂带状区，包括湖北、湖南中西部、广东中北部及广西东部，涉及21个单元；④ 新青甘地区，包括新疆、青海西北部、甘肃中部，涉及12个单元。二是“低存量、低比重、低潜力型”单元数量居第二位，有90个单元。此类型单元主要分布在以下五个地区：① 东北地区，包括黑龙江北部、吉林北部、辽宁北部，涉及单元7个；② 陕甘宁地区，包括陕西西部和北部、宁夏中部、甘肃中部和北部，涉及单元10个；③ 豫皖地区，包括河南北部、安徽大部分地区，涉及单元16个；④ 湘赣闽地区，包括湖南东部、江西中部、福建北部地区，涉及单元9个；⑤ 川贵滇地区，包括四川南部、云南中部、贵州大部分地区，涉及单元20个。三是"高比重"单元的数量合计达236个，占全国所有单元数量的66.3%，其中，"高存量、高比重、低潜力型"有48个单元，主要分布在东部沿海地区，并在山东、江苏、浙江呈带状连片分布；而"低存量、高比重、高潜力型"有44个单元，主要分布在西部的青海、陕西、四川、广西和东部的海南，并在陕西、四川、青海呈连片集中分布。

（2）"高存量、高比重、高潜力型"占据城镇存量用地规模最大，"高存量、高比重、低潜力型"紧随其后。"三高"型单元涉及存量城镇用地8.56万hm^2，占全国总量的68.88%，占该类型单元城镇工矿用地总量的3.40%；而"高存量、高比重、低潜力型"涉及城镇存量用地总量达2.32万hm^2，占全国总量的18.64%。

（3）部分特大城市属于"高存量、低比重、低潜力型"。全国共有11个单元属于"高存量、低比重、低潜力型"，涉及北京、天津、原重庆市、沈阳、西安等特大城市。

(三) 城镇存量用地资源结构的分异特征

1. 城镇闲置土地与空闲土地比例的空间特征

根据2004年城镇存量建设用地专项调查结果，当年闲置土地与空闲土地的面积比例为1.37：1。按照研究单元观察，低于上述比例的单元有133个（其中10个单元闲置土地为0），主要分布在各省会城市及其周边经济较发达区域；高于全国平均水平的有223个（其中22个单元空闲土地为0），主要分布在远离省会城市的经济相对落后地区。

2. 城镇闲置土地的用途结构空间差异

若将城镇闲置土地按用途结构分为四种类型：商服用地、住宅用地、工矿仓储用地和其他用地，从全国来看，四类用地的比重为15.83%、19.10%、42.96%和22.11%。本书分别计算各单元中四种类型用地占闲置土地规模的比例，取比例最高的用地类型作为该单元的闲置土地主导类型，以此将全国345个地级单元（不包括闲置土地面积为0的11个单元）划分为四种类型（图6-3）：

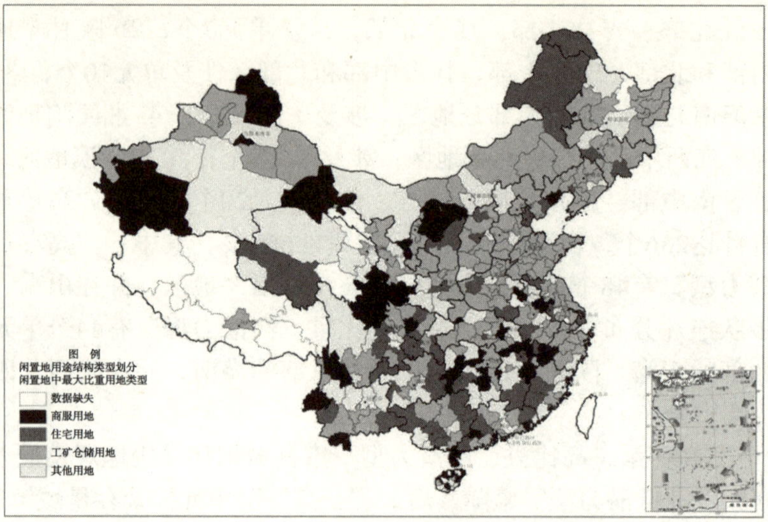

图6-3　2004年中国地级单元闲置土地用途结构类型

（1）商服用地主导型。 共有42个单元，涉及闲置土地0.51万hm^2，各单元商服用地占闲置土地的平均比重为65.47%。主要分布在中部、西部地区和海南，其中在江西、湖南、海南分布较为集中。

（2）住宅用地主导型。全国共有53个单元，涉及闲置土地0.88万hm^2，各单元住宅用地占闲置土地的平均比重为64.50%。主要分布在中部和西部地区，其中在四川、重庆、贵州、广西有集中连片分布现象。

（3）工矿仓储用地主导型。 共有178个单元，涉及闲置土地3.68万hm^2，各单元工矿仓储用地占闲置土地的平均比重为64.51%。主要分布在东北地区、东部和中部的长江以北地区。

（4）其他用地主导型。共有72个单元，涉及闲置土地2.06万hm^2，各单元其他用地占闲置土地的平均比重为63.31%。主要分布于湖南、贵州、云南、青海、新疆等省区。

（四）主要结论

城镇存量用地资源是中国挖掘城镇用地潜力的重要来源，也具有较强的动态性和时限性。分析基于2004年年底为时点的有关调查结果，中国城镇存量用地资源的空间分异特征表现为：

（1）从绝对规模看，城镇存量用地资源主要集中在东部沿海地区，且大部分省会城市存量用地规模在本省内居于前三位；城镇存量用地相对于城镇工矿用地规模的比例而言，分布较为离散，呈现中部地区较为均衡，而东北、东部、西部局部地区高的态势；城镇存量用地相对于1996~2004年城镇工矿用地年均变化量的比例而言，东北地区较其他地区该比例更高，全国约1/3的地级单元能够满足1年以上的城镇工矿用地增长需求。

（2）根据城镇存量用地绝对规模、城镇存量用地规模相对于城镇工矿用地规模的比例和城镇存量用地规模相对于城镇工矿用地年均变化量的比例三个指标，以全国中位数地级单元的水平作为参照，将全国356个研究单元划分为8种类型。从单元数量看，“高存量、高比重、高潜力型”和“低存量、低比重、低潜力型”位居前两位，呈现“两端高、中间低”的格局；而从存量用地资源绝对规模看，“高存量、高比重、高潜力型”单元数量明显占优，加快此类单元存量用地资源的盘活，对推进节约集约用地有重要意义。

（3）分析城镇存量用地资源的内部结构发现，闲置土地与空闲土地的比例较高的单元主要分布在各省会城市及其周边经济较发达区域，低比例单元多在远离省会城市的经济相对落后地区；根据城镇闲置土地的用途结构将单元划分为不同用途主导型发现，工矿仓储用地的影响不可小视。加大工矿仓储用地存量资源的盘整，是中国土地管理和节约集约用地的关键环节，对中国建设资源节约型社会、贯彻和落实科学发展观将会产生重要的影响。

二、农村居民点用地整理潜力研究：以北京市为例

农村居民点是农村人口聚居的场所， 一般可分为农村集镇、中心村和基层村， 即建制镇以下居民点。大多数研究中， 农村居民点整理包括宅基地、公共设施和道路、绿地、取土坑等，一般不包含集镇。农村居民点整理并不单纯是技术问题，还涉及一系列自然科学和社会科学领域的问题，其中，通过整理挖掘农村居民点用地潜力是建设用地节约集约利用的重要途径。因此，农村建设用地集约利用状况分析相当程度上从探讨农村居民点整理潜力角度入手。需要研究农村居民点内在规律，探索配套制度改革，最终要开展农村居民点整理潜力、模式、规划与评价等方面的综合性研究。

（一）相关研究

1. 农村居民点整理的理论支撑与整理模式

严金明、钟金发、池国仁（1998年）、高燕、叶艳姝（2004年）、吴远来、严金明以及李莉莉（2007年）等学者们普遍认为，农村居民点整理的理论依据主要有产权理论、可持续发展理论、土地经济理论、城乡一体化理

论、公众参与理论和区位理论等。周广生、渠丽萍（2003年）等学者还将系统工程理论引入到农村居民点整理中。

农村居民点整理表现出多样性和丰富性，对于不同的农村居民点类型和经济发展水平，可划分不同的应用模式。如：叶艳妹、吴次芳（1998年）按作业模式的不同，总结出农村城镇化、自然村缩并、中心村内调、异地迁移等模式。针对不同类型地区，杨庆媛、田永中等（2004年）将西南丘陵山区分为农林综合开发模式和新村建设模式；吴军（2006年）在对山东邹城村庄的整理中总结了集体搬迁、异地改造、缩并自然村、建设中心村、村庄内部用地改造控制的三种整理模式；杨庆媛、张占录（2003年）又按组织模式的不同分为政府主导型、土地所有者主导型、规划主导型，指出目前多为政府主导型。杨庆媛、田永中、王朝科（2004年）按资金筹集模式的不同总结出地方政府投资主导、“留地于民”与城乡居民联合开发、市场化运作融资模式。

2. 农村居民点整理潜力分析

潜力评价研究主要侧重于指标体系的构建以及潜力的分级。刘咏莲、曲福田等（2004年）选取了新增耕地系数、单位耕地种植业劳动人数、人均国内生产总值以及地形地貌4个指标，运用综合聚类分析和综合评价法，将江苏省农村居民点分为4个整理潜力级；周滔、杨庆媛等（2004年）则从内生潜力指标——农村居民点土地利用现状及土地面积增加潜力等和外生潜力指标——农村居民点整理的外界环境因素及整理效益等方面来构建农村居民点整理综合潜力评价指标体系，并且运用因子分析和聚类分析方法将重庆市渝北区农村居民点划分为3个整理潜力区。

不同学者对农村居民点潜力的分类方式也有所差异，如：师学义等（2003年）总结了整理的潜力包括以下部分：① 农村宅基地超国家标准面积形成的潜力；②废弃建筑物压占土地形成的潜力；③ 由于我国的村庄建设缺乏规划，村庄内部存在许多空闲地；④ 农村居民点内存在零星农用地；⑤ 部分村庄搬迁而形成的整理潜力。

在潜力计算方法方面，也有许多探索。如：在自然潜力计算方面，李宪文等（2004年）使用了人均宅基地标准、整理潜力系数、农村人口数等指标来计算整理潜力；刘筱非（2005年）通过实地调查测算宅基地闲置带来的整理潜力；马锐等（2005年）采用户均宅基地标准方法，又将住宅面积系数和住宅层数加入考虑。在现实潜力计算方面，罗士军（2000年）结合城镇化水平、农村居民的建房愿望、农村经济水平进行潜力修正，宋伟等提出了自然限制性修正系数和经济限制性修正系数；张正峰（2006年）等提出了对外交通便利程度、整理实施可能程度、整理迫切程度的修正指标；肖蓓蓓（2007年）对影响潜力实现的农民行为因素进行了调查。

(二）农村居民点整理潜力研究：以北京市为例

2004年1月，国务院批准《北京城市总体规划（2004—2020年）》。在北京城市总体规划的有关研究中，为适应首都城市化发展的需要，按照《村镇规划规范》的人均村镇建设用地上限标准150 m^2的要求，提出到2020年的全市农村居民点用地规模应控制在300 km^2左右。而在2004年，按照北京市土地利用变更调查结果，全市共有农村居民点用地为885 km^2，分别占北京市辖区面积和建设用地总量的5.4%和27.7%，若照规划实施，北京市在规划期内需要减少农村居民点用地585 km^2。然而，现实的情况是，1996～2004年间，北京市农村居民点用地不减反增，净增长了约12 km^2，与《北京市土地利用总体规划（1997—2010年）》设想的规划期间净减少140 km^2的目标差距极大。因而，在国家积极推进“社会主义新农村建设”和“深化改革严格土地管理”的时代背景下，如何结合北京市社会经济发展的现实及趋势，合理估计北京市农村居民点用地整理潜力，成为首都社会经济持续发展不可回避的命题之一。

1. 北京市农村居民点土地利用与整理面临的主要问题

2004年，北京市共有3965个行政村，从土地利用的现实状况分析，布局、效率、设施、功能、规划、代价和意识等成为北京农村居民点土地利用及开展整理的主要问题。

1）空间分布散

根据2004年遥感影像图像分析，北京市域范围内有近13000个独立的农村居民点斑块，其中显示大于0.03 km^2的农村居民点斑块只有5000个左右，占总量的约40%。北京市村庄规模普遍较小，每村人口平均只有826人，占地规模为0.22 km^2；其中，东部发展区的村均人口规模和占地面积分别为851人和0.22 km^2左右，西部发展区的相应指标分别为723人和0.19 km^2左右，城近郊发展区规模略大，分别为1282人和0.38 km^2（表6–2）。

2）用地效率低

目前，北京农村居民点用地的建筑容积率平均为0.3，2004年农村居民点人均用地达到287 m^2，大大高于国家有关标准，其中宅基地规模大，村民户均宅基地面积为513 m^2，在农村居住的非村民户均住房用地面积也达到320 m^2，都高于北京市户均宅基地200 m^2的标准。

2004年北京市农村居民点的区域差异分析　　表6-2

区域	平均人口规模（人/村）	平均用地规模（km^2/村）
全市	826	0.22
城近郊发展区	1282	0.38
东部发展区	851	0.22
西部发展区	723	0.19

注：表中的区域划分结合北京城市总体规划的“两轴—两带—多中心”布局设想确定。其中，城近郊发展区涉及朝阳、丰台、海淀、石景山；东部发展区涉及顺义、通州、平谷、怀柔、密云；西部发展区涉及大兴、房山、昌平、门头沟、延庆等区县。

3）基础设施差

根据2004年北京市农委与中国农业大学联合调研组对远郊区县100个行政村的调查，100个样本村的基础设施普遍没有达到《村镇规划标准》的要求，基础设施建设严重滞后。

4）内部功能杂

随着农村产业结构的调整，二、三产业收入成为农民的主要收入来源，导致每个乡镇甚至村都有1~2处产业用地，据统计，北京市企业用地占农村居民点总用地的23%，工业用地比重达到18%，存在分散零乱、占地大、经营粗放、土地产出率低等一系列问题。

5）规划严重滞后

据统计，全市近4000个村委会，编制规划的仅占1/3，大量农村居民点没有规划的指导，盲目发展，无序建设。

6）整理成本高

根据有关测算，北京市平均整理每平方公里农村居民点用地需投资44700万元，远远高于地均村级经济收入的17500万元/km^2。如果全部由村级行政单元支付，平均每个行政村要负担8866万元，远远高于北京市村均村级经济收入3862万元，村级经济体和村民难以承受农村居民点用地整理的经济投入。另外，从问卷调查中可以得出资金不足同样是农民新建住房的首要困难，其中以门头沟区最为明显，认为资金不足为新建住房首要困难的村民比例高达66%。新建住房困难的问题导致了农村居民点用地整理规划难以有效实施。

7）守土意识浓

农村居民点的整理、撤并，牵扯大量农村人口的迁移，而受乡土意识影响，多数农民不愿离开世代故居的土地。从问卷统计来看，原宅基地是农民新建住宅的首选位置，尤其是在密云和昌平最为明显，50%的人倾向于选择原宅基地。

2. 北京市农村居民点用地整理模式选择和方案比较

1）影响北京市农村居民点用地整理的主要因素

结合北京市农村居民点用地利用和整理开展的各种问题，进一步研究影响农村居民点用地整理的政策和区域因素，可概括为：

（1）城市空间布局。国务院批准的《北京城市总体规划（2004—2020年）》，确定了到2020年，北京市城镇建设用地规模为1650 km^2。在未来城镇建设用地范围内的农村居民点势必随着北京城市的空间拓展，转化为城镇建设用地。

（2）社会经济发展。人口集聚和经济发展水平是推动社会主义新农村建设的重要因素，同样也是推进北京农村居民点用地整理的基本条件。

（3）基本农田保护。基本农田是落实国家粮食安全的重要手段，开展基本农田整理是新时期国家推进耕地保护的重要举措。加大基本农田重点保护地区的农村居民点用地整理，不但有利于提高土地集约利用水平，也有利于北京市基本农田的集中连片保护。

（4）地形地貌条件。北京市山区面积约10000 km^2，泥石流等地质灾害容易发生，因此，及时将地形地貌条件不适合建设的地区农村居民点搬迁，是确保人民生命和财产安全的重要手段。

（5）历史文化遗存保护。作为具有3000多年建城史和800年建都史的北京，不少农村居民点具有重要的历史文化价值，如北京门头沟区的川底下村是第一批全国十大古村落之一，需要加以妥善保护，才能真正落实北京建设“文化名城”的发展需要。

2）分区——北京市农村居民点用地整理的初始研究分区

根据上述影响北京市农村居民点用地整理的政策和区域因素，结合城市总体规划布局安排，利用2002年ETM+全波段影像和相应精度的高程数据，以北京市行政村为基本单元，将农村居民点用地整理分成以下五类初始研究分区：

（1）城市规划区。位于城市总体规划确定的中心城和新城规划范围以内，规划城镇建设用地面积占行政村面积20%以上的行政村划归其列。

（2）基本农田重点保护区。位于基本农田重点保护区规划范围内的行政村。

（3）坡度大于15° 地区。在上述第1、2类范围以外，将各行政村用地按照坡度不大于6°、坡度大于6°但不大于15°、坡度大于15°三种情形进行分区，其中，当坡度大于15°部分面积比例最高时，将相应行政村划为本类型区。

（4）坡度大于6°但不大于15°地区。处理方法同第3类区域，当坡度大于6°但不大于15°部分面积比例最高时，将相应行政村划为本类型区。

（5）坡度小于6°地区。处理方法同第3类区域，当坡度小于6°的面积比例最高时，将相应行政村划为本类型区。

五类区域的具体发展状况如表6–3所示。

北京市农村居民点用地整理的初始研究分区 **表6–3**

用地整理分区	行政村平均人口规模（人）	行政村平均人均纯收入（元）
城市规划区	1100	9200
基本农田重点保护区	830	6700
坡度大于15°地区	452	6600
坡度6°～15°地区	514	5600
坡度小于6°地区	900	7300

3）分模式和分设标准——北京市农村居民点用地整理的模式选择及相应标准

根据上述分区，结合北京市农村居民点的经济发展状况、人口规模、用地规模等现状条件和政策要求，确定以下几种农村居民点用地整理模式，并按照次序逐一划归类型。

（1）城市规划区村庄改造模式

该模式主要针对位于城市规划建设用地范围内现有的村庄，这一部分村庄将完全转化为城镇建设用地或绿地空间，推进农村居民点向城市社区转化。根据有关信息的空间分析，确定涉及281个行政村，理论整理潜力为118 km^2。

（2）生态搬迁模式

主要针对位于坡度大于15°地区和位于水源保护区、地质灾害易发区的村庄开展，从生态保护角度的考虑，这一类村庄将予以整村搬迁。根据有关信息的空间分析，确定涉及104个行政村，理论整理潜力为12 km^2。

（3）迁移合并模式

针对不在前述两类模式区域内的村庄，一是对就地改造难度大、发展潜力小的农村居民点，实行异地迁移；二是实行合并，对于规模过小、分布不合理的农村居民点，根据经济发展状况，向中心村缩并，或者在多个自然村之间选择最适宜建设居民点的地方，规划建设新型村庄；三是对在中心城、新城以外城镇的规划城镇建设用地内的居民点，积极向城区或镇区靠拢或迁移，将农村居民点用地整理和城镇规划相结合，逐步实行撤村建居。

迁移合并将针对不同区域，选择人口标准和发展条件标准，人口标准的指标为人口规模，发展条件标准的指标为人均收入和二、三产业产值比重，结合区域统计分布状况确定相应标准（表6–4）。此外，作为附加标准，从基本农田集中连片建设的需要出发，对基本农田重点保护区内基本农田面积占行政村面积比重大于90%的行政村实行迁移合并。

北京市农村居民点用地迁移合并标准　　表6–4

用地整理分区	人口标准（人）	发展条件标准	
		人均收入 [元/(人·年)]	二、三产比重
坡度6°～15° 地区	<400	<4000	<30%
基本农田重点保护区	<600	<6000	<40%
坡度小于6° 地区	<500	<5000	<40%

（4）内部改造模式

针对不在前述三类模式区域内的村庄进行，其中，对于人口、用地规模较大、不适宜搬迁合并的村庄，依据合理布局、节约用地的原则，对村内旧住宅、闲散建设用地进行整治改造，提高土地利用集约化水平。

和迁移合并的标准选择方式相似，对于不满足迁移合并标准且人均农村居民点用地大于200 m^2的行政村，从人口标准和发展条件标准角度出发，确定需要进行内部改造的村庄的选择标准（表6–5）。此外，对于基本农田重点保护区内基本农田面积比重大于75%的行政村实行内部改造。

北京市农村居民点用地内部改造标准　　表6–5

用地整理分区	人口标准（人）	发展条件标准	
		人均收入 [元/(人·年)]	二、三产比重
坡度6°～15° 地区	<600	<7000	<70%
基本农田重点保护区	<1200	<10000	<80%
坡度小于6° 地区	<1000	<8000	<80%

（5）内部优化模式

不在前述四类模式内，主要包括现状建设情况良好，用地相对集约，暂时不符合整理标准的居民点，这一部分居民点将不列入本次研究的整理范围，但是应进一步优化内部用地结构，进一步集约利用土地。此外，即便依照有关标准，符合前述四类整理模式要求的历史文化村落，也只能通过适当内部优化，予以更好地保护，促进其可持续发展，而不能选择大拆大建的做法。

4）北京市农村居民点用地整理的方案比较

上述分析表明，农村居民点用地整理潜力以及增加耕地潜力，主要来自于可能实施迁移合并或内部改造的农村居民点。因此，一旦对选择具体行政村归属类型的标准进行调整，将对整个方案产生巨大影响。

为此，在应用有关人口标准和发展条件标准时，进行两种标准模拟：

（1）严格型标准。即人口标准和发展条件标准必须同时满足才能实行。

（2）宽松型标准。即人口标准和发展条件标准必须满足一项就能实行。

迁移合并和内部改造模式模拟结果涉及的行政村数量如表6–6所示，对应不同标准的方案结果如图6–4、图6–5所示。

北京市农村居民点不同整理模式涉及的行政村数量分析（个）　　表6–6

用地整理分区	迁移合并		内部改造	
	严格型标准	宽松型标准	严格型标准	宽松型标准
基本农田重点保护区	245	409	243	217
坡度6° ~15° 地区	79	388	77	66
坡度小于6° 地区	279	298	455	710
总计	603	1095	775	993

3. 北京市农村居民点用地整理潜力估算

1）北京市农村居民点用地整理的理论潜力系数

根据上述整理模式，发现北京市农村居民点用地整理的理论潜力系数因整理模式不同而存在差别，有三种可能性：

（1）潜力系数为100%：涉及城市规划区村庄改造、生态搬迁和迁移合并模式。

（2）潜力系数界于0~100%：主要针对内部改造模式。依据北京市针对

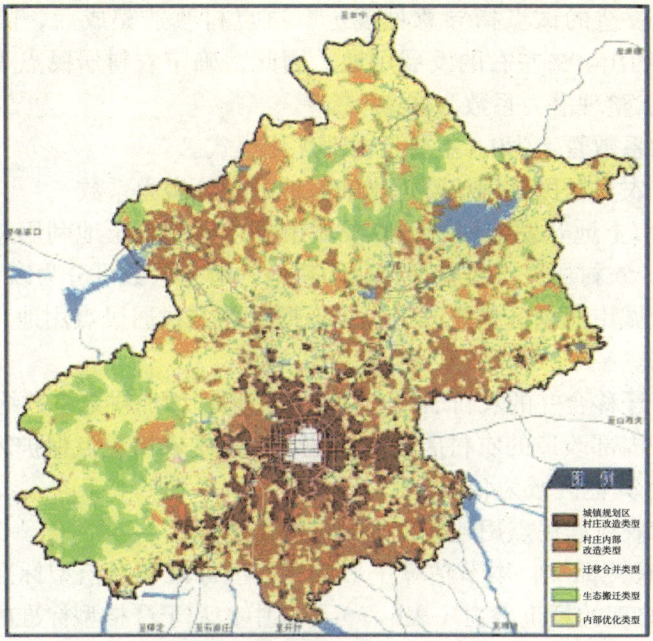

图6–4 北京市农村居民点整理类型分区图（严格型标准方案）

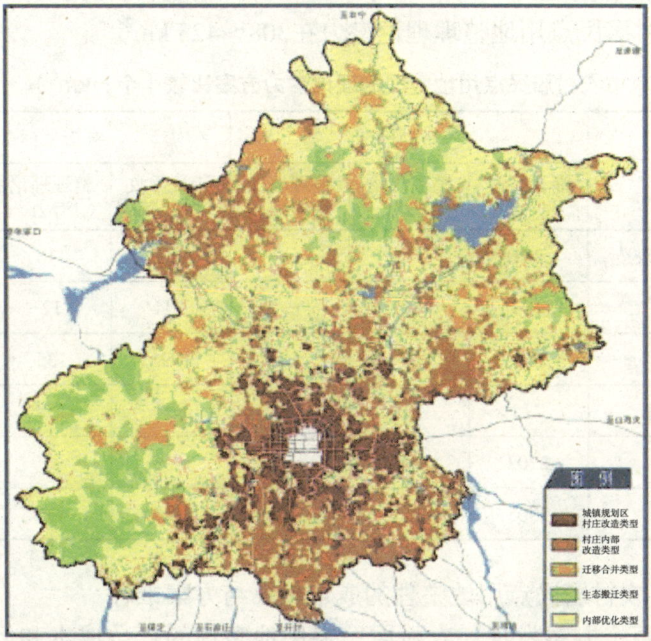

图6–5 北京市农村居民点整理类型分区图（宽松型标准方案）

远郊区县旧村改造的试点指导意见规定，试点村改造完成后，除山区村庄外，应至少节约出40%左右的发展用地。因此，确定农村居民点土地整理内部改造的居民点整理潜力系数为40%。

（3）潜力系数暂定为0：主要指内部优化模式。

2）北京市农村居民点用地整理增加耕地的理论潜力系数

结合北京市土地开发整理规划以及城市总体规划、土地利用总体规划专题等相关研究，农村居民点经整理转化为耕地的潜力系数可分为以下三类：

（1）对于城市规划区村庄改造、生态搬迁的农村居民点用地，经整理增加耕地系数为0。

（2）对于迁移合并的农村居民点用地，经整理增加耕地系数约为75%。

（3）对于内部改造的农村居民点用地，在基本农田重点保护区内增加耕地系数为75%，其他区域为40%。

3）北京市农村居民点用地整理的理论潜力估算

参照上述有关标准，本节估算了形成严格型标准和宽松型标准的两套农村居民点用地整理的理论潜力（表6-7）。其中，基于严格型标准的农村居民点用地整理理论潜力为308 km^2，增加耕地潜力为119 km^2；而基于宽松型标准的农村居民点用地整理的理论潜力为423 km^2，增加耕地潜力为184 km^2。据此，北京市农村居民点用地整理理论潜力在308～423 km^2。

北京市农村居民点用地整理的理论潜力方案比较（个，km^2）　　表6-7

整理模式	严格型标准			宽松型标准		
	涉及行政村数量	整理理论潜力	整理增加耕地潜力	涉及行政村数量	整理理论潜力	整理增加耕地潜力
城市规划区村庄改造	281	118	—	281	118	—
生态搬迁	104	12	—	104	12	—
迁移合并	603	77	58	1095	135	101
村庄内部改造	775	101	53	993	158	75
内部优化	2202	—	—	1492	—	—
合计	3965	308	111	3965	423	176

4）北京市农村居民点用地整理的成本核算与方案推荐

比较上述两个方案发现，农村居民点用地整理的社会成本和经济代价极高。即便按照上述两方案的严格型标准方案和有关专题组测算447元/ m^2的整理成本，整理308 km^2农村居民点用地需要投入约1380亿元。若按照不变价格计算，规划期内实现全部整理任务需要每年投入90亿元左右。而北京市2004年基本建设支出约为74亿元，占当年地方财政总支出的7.6%。若完全实现农村居民点用地整理，理论上每年平均投资就要超出2004年的基本建设支出总额16亿元左右。

因此，建议在规划期内完成农村居民点用地整理规模应控制在200 km^2以内（其中，城市规划区村庄改造118 km^2，生态搬迁12 km^2，其他类型搬迁及村庄内部改造整理约70 km^2以内）。按200 km^2整理规模估计，需要总投资约900亿元，每年投入在56亿元左右，约为2004年北京市基本建设支出的75%，财政压力并不轻松。

另外，按照城镇建设用地增长和农村居民点减少相挂钩的原则，农村居民点用地整理涉及人口的动迁、用地的腾挪，在不考虑城镇规划区范围、生态搬迁引起农村居民点用地减少（上述范围将无法提供耕地增加潜力）的情况下，需要将现有人均建设用地287 m^2压缩到150 m^2/人的最高标准计算，仍然要涉及动迁人口42万人，平均每年近3万人。

依据以上农村居民点用地整理方案，除城市规划区内改造118 km^2农村居民点、生态搬迁12 km^2之外，剩余部分按照40%～75%的整理增加耕地系数计算，预计可通过农村居民点用地整理补充耕地28～49 km^2。

4. 推进北京市农村居民点用地整理的对策建议

1）制定区县级规划，合理布局，统筹安排

北京市各区县应根据土地利用总体规划和城市规划的要求，在对农村居民点用地基本情况进行调查的基础上，分析研究各区县农村居民点用地整理潜力，编制农村居民点用地整理的专项规划，拟定重点整理区域，提出需要实施的重点项目，明确需要拆迁并整理的农村居民点的数量、规模和分布情况，确定具体实施时序，并逐步落实。

2）拓展资金渠道，保障整理顺利开展

农村居民点用地整理试点经费支出主要包括拆迁费、基础设施费、复耕费、建房费。按照现行国家投资土地开发整理项目资金的支出用途，复耕费、适当的拆迁补助费和前期工作费可以在项目中列支，但建房费、基础设施费不在项目的支出范围内。因此，在使用国家投入的各类资金的同时，应通过地方法规的制定来适当扩大项目资金支出范围，对基础设施建设给予定量补助，并通过地方配套、农民自筹，结合民政部门、扶贫办等相关部门的投入多渠道解决资金问题。

3）实施挂钩政策，建立指标周转制度

依照“科学规划、分步实施，总量控制，严格管理，自愿合法，维护权利”的原则开展城镇建设用地增加与农村建设用地减少相挂钩的试点工作，以“总量控制，计划安排；周转使用，封闭运行；定期评估，到期归还”为原则探索建立周转指标的使用规范，及时总结试点经验，形成完善的制度与机制，并推广应用，推动农村居民点用地的盘活。

5. 主要结论

上述研究表明，农村居民点用地整理是一项系统工程，仅就潜力估算而言，单纯套用人均建设用地标准等指标进行，往往仅是一种理论设想。

从北京市的研究经验看，农村居民点用地整理的潜力估算需要结合区域的自然地理条件、社会经济发展、土地利用状况以及规划布局安排等因素开展，分区、分模式、分设标准的“三分法”分析不失为一种尝试。根据“三分法”进行分析，2004～2020年间，北京市农村居民点整理的理论潜力将在308～423 km^{2}之间，但从社会经济的承受能力看，实现200 km^{2}以内的整理是比较合适的，而且需要因地制宜、积极稳妥、配合必要的政策扶持，才能予以推进。

第三节　建设用地节约集约利用对策研究

建设节约型社会是当代中国社会经济发展的重大命题，推进土地资源节约集约利用是今后相当长时期国家发展的重要战略之一。而中国传统的供地计划主要是新增用地的控制计划。缺乏存量土地的供给计划。长期以来，土地资源粗放利用的问题突出，尤其在城镇区域和开发区内，存在一批闲置土地和空闲土地，若不尽早盘活此类资源，势必影响合理高效的土地利用方式推进。因此，本节重点通过以下两个案例：海口的存量土地储备方式探讨以及北京经济技术开发区工业用地入区标准研究，探索在土地利用总体规划实施保障措施深化时，对建设用地节约集约利用对策制定的思考。

一、基于土地储备方式的城镇存量用地处置研究：

（一）概念界定与研究综述

1. 概念界定

土地储备的基本含义是：在土地尚未需要开发利用之前，预先由公共机构（团体）将其获取并持有，以作为未来开发之用或用作实现某一公共利益。各城市在土地储备机制运行上，主要是通过土地储备机构以征用、收购、置换、收回等方式，把土地从分散的土地使用者手里集中起来，并由土地储备中心进行一系列土地整理工作后，将土地储备起来，再根据城市规划和城市土地出让年度计划，有计划地将土地投入市场（杨遴杰，林坚等，2002年）。

土地收购储备制度在我国经过探讨和试点之后，现在正处于不断完善之中，从各大城市的运作来看，土地收购储备起到了以下几方面的作用：① 增强政府对土地的宏观调控能力；② 为国企改革、脱困和破产企业职工安置提供资金保障；③ 防止国有资产流失；④ 促进土地资源优化配置；⑤ 建立良好的房地产投资环境；⑥ 保证城市规划的实施。

1）根据储备土地的来源，土地储备分为以下几种形式

（1）土地征用储备。指通过给予农村集体经济组织征地补偿、地上物补偿、劳动力安置、拆迁补偿等将农民集体所有的土地征为国有后，纳入土地储备。

（2）土地收回储备。指按照国家或地方有关法律、法规规定将符合要求的土地使用权收回后直接纳入土地储备。

（3）土地收购储备。指按照一定的补偿标准对原国有土地使用单位予以补偿，而将其使用的国有土地纳入土地储备。

（4）土地置换储备。指将土地储备库中的土地根据一定的条件和其他土地进行置换后纳入土地储备。

2）从土地储备的形态上分，有三种方式

（1）实物储备：根据所收集到的信息及规划红线要求收购土地，并进行前期开发和土地利用，为土地“净地”出让作好各种准备。

（2）规划储备：根据城市规划的要求，划定规划地区各种用途土地的红线。即从规划编制和规划调整着手，事先进行准备，为实物储备做前期工作。

（3）信息储备：收购土地之前，根据收购目标的需求，收集土地的各种信息，如地价、区位及土地市场上相关类型土地的价格信号等相关参考指标，进行统计分析，锁定目标区域，为土地收购作好准备。

3）从土地储备的运作机制上可以分为三种模式

（1）市场运行模式。

（2）政府运作模式。

（3）政府和市场相结合模式。

2. 相关研究

土地储备制度在我国建立短短十年间，国内学者对土地储备作了众多研究，但主要还是集中于以下六个方面。

1）土地储备制度建立的必要性与可行性

张思彤（2001年）通过研究地价政策的目的和调控手段，提出通过建立土地储备制度，作为政府介入存量土地的切入口，从而达到调控地价乃至土地供需的目的。郭小庆（2002年）对上述观点提出置疑，认为通过调整土地人为定价来调控土地供需只是一种空想，政府调控土地供需的根本出路，在于建立和完善两级土地市场供应机制，而土地储备只是其中的方式之一。

更多的学者则从国内土地管理、城市建设的实际需要出发，提倡在我国建立城市土地储备制度。冷宏志、宫玉泉剖析了我国土地制度、城市土地利用现状以及经济发展等多方面建立土地收购储备制度的现实要求，总结了建立土地收购储备制度的多项优点：构筑城市存量土地供应的卖方市场，推进土地利用方式转变、调控土地市场，为国企改革提供资金等。

2）国内外土地储备的模式与经验借鉴

王家庭、张换兆（2006年）在介绍国外一些国家，如瑞典、荷兰和法国的土地储备制度发展状况的基础上，分析了国外土地储备的模式，从而得出了土地储备中应发挥政府的主导作用、把握土地收购时机、实现土地征用制度和土地先买权制度相结合、资金多元化以及法律法规保障等一系列启示。杨遴杰、林坚等（2002年）在研究国外土地储备的特点的基础上，讨论了土地储备存在的问题、政策连续性、土地的获取时机以及机构设立及实施效果等问题之后，提出了国外土地储备中值得借鉴的经验。

王家庭、张换兆（2006年）还从土地储备制度的政策目标、来源、动机、方式和相应价格，储备土地的处置方式，以及土地储备机构设置及其资金来源等方面对国外一些典型国家的土地储备模式进行了探讨后，提出国外土地储备模式对我国土地储备制度的借鉴之处。

3）土地储备模式的探讨

有学者对我国土地储备模式进行探讨，例如杨宗艳、陈辉（2005年）认为不能一味照搬某个城市的土地储备模式，土地储备不等同于“城市经营”，应建立城市土地储备基金和加强法律法规建设。也有学者对我国若干个城市土地储备的运作模式进行比较，例如谭术魁、彭补拙（2003年）将上海、杭州、南通和武汉四个城市，从土地储备的性质、权力所在、职能，土地的供应方式，储备范围外的土地交易等方面进行了比较。还有学者对单个城市的土地储备模式进行了详细的分析与论述。例如朱寅传、夏积亮（1999年）对杭州市的土地储备体系及职能、运作的模式和程序、主要政策和效果作了详细的论述。

4）土地储备的功能与作用

对于土地储备制度的功能和作用，众多学者持肯定态度，而且多角度、多侧面地探讨了土地储备制度的有利之处。王薇（2005年）对土地储备制度及其产生背景进行了阐释，认为土地储备制度增强了国家对土地市场的调控能力，推动了国有企业制度的改革，盘活土地、保护耕地，促进了城市经济的发展，并指出土地储备制度运行的难点有法律法规问题、性质定位问题和资金风险问题。王惠民（2001年）、黄贤金、谢正栋（2001年）等从城市整体经济出发，结合杭州、南京、宁波等城市的具体情况，认为土地储备具有调动城市土地资本运营、促进城市土地资产增值、支持城市经济发展的意义。史健、刘照胜（2001年）从宏观角度出发，探讨了土地储备制度与土地资源可持续利用的必然联系，认为实施土地储备制度是促进土地资源可持续利用的有效途径之一。

另外，还有学者从单方面详细讨论土地储备功能的作用，张淑娟、刘艳芳（2006年）深入分析了城市土地储备制度与地价、房价的关系， 并提出了保证房地产市场稳健发展的措施和建议；杜超、卢新海（2006年）从武汉市土地储备出发，研究土地储备后地价的变化，揭示土地储备对房地产市场的影响；张文新（2005年）通过土地的供求原理，探讨了土地储备对我国城市土地供求与地价的影响，指出城市土地储备使土地供给失控现象得到抑制，土地储备初期土地市场供给量减少，市场需求将呈上升趋势，土地储备将在一定程度上推动我国地价上涨。从长期来看，土地储备垄断土地供应对地价稳定具有积极作用。为缓解土地储备初期地价上升对房地产开发与城市发展带来的不利影响，土地储备机构应适当增加储备土地的供给量，以降低地价上涨的幅度。

5）运行的机制和效果

许多研究者针对土地储备运作过程中的各个具体环节，提出了很多实际操作建议。针对土地收购中价格确定的问题，卢步东、夏积亮（2000年）提出我国土地统一收购应坚持“强制性买卖”的性质，即土地是否收购是政府的行政权力，服务于国家公共利益的需要，但收购价格则是以与被收购经济主体权力和利益相一致的市场价格确定。张霞、王勇（2000年）认为收购价格应为土地现实用途价格，不包括各种安置补偿费及土地的发展权价格。欧阳安蛟、冯晔春（2000年）提出了具体价格确定的原则、思路和方法，认为土地价格本质就是土地权利的收益价格，应通过界定被收购方在土地上的权利来确定收购价格。沈兵明（1999年）特别针对土地出让金分期支付展开研究，提出一系列具体对策用以在资金方面保证土地储备的顺利实施。许多专家讨论了从制度建立的政策措施提出建议，如林依标（2000年）提出了建立土地储备制度的配套措施和可行措施，朱铭源（2001年）对温州市土地储备的征地与储备结合、征地与供地分离的经验进行了研究。何晓玲、卫国昌（2002年）结合上海市土地储备的经验，认为政府应以法律法规为基础建立土地储备体制，并对土地储备体制的管理构架、储备土地的来源、土地储备基金以及监督机构进行了论述。张红、潘琦（2001年）对土地储备制度进行了全面的讨论，认为建立土地储备制度能够规范市场行为、强化耕地保护、推进企业技改；土地储备的对象范围较广，原则上可分为土地收回、收购和征用三种类型；土地储备的运行主要依靠建立土地储备基金、采用多种储备方式来实现；最后提出明确管理原则、加强组织领导、结合相关规划和健全法规等政策建议。

6）存在的问题和对策

在对土地储备中存在的问题以及建议上，学者们从不同的角度、不同的案例发表自己的看法。黄小彪、黄曼慧（2005年）在肯定土地储备功能的基础上，提出土地储备机构的性质、土地储备机构作为融资主体的地位、土地储备贷款的担保和抵押等问题，进而针对这些问题提出相应的对策；李丽华（2004年）以北海市为例，阐述了北海市土地储备的现状，分析了制约北海市土地储备工作的资金不足、土地的储备与出让计划性不强、经营水平不高三个问题，提出了积极消化闲置土地、拓宽土地储备的融资渠道、建立更加灵活的储备机制、协调好存量与增量的关系等建议；涂姗（2006年）介绍了武汉市城市土地储备制度的建立和实施情况，具体阐述了武汉市城市土地储备制度自建立以来存在的主要问题，提出了解决问题的措施；邢元志、彭补拙（2001年）等以南通市为例，结合国内其他试点城市的经验，剖析了土地储备制度在我国产生的背景、在土地使用制度改革及国企改革中所起的作用及存在的问题，并提出了土地储备应有明确统一的政策规定，合理分配国家、地方、用地者三者利益，土地储备应考虑城市土地的可持续利用，土地储备要遵循经济、社会、生态效益相统一等建设性的改善意见。

（二）基于土地储备方式的城镇存量用地处置研究：以海口市为例

1. 海口市存量地产生的社会经济原因

1）海口存量地概况

根据海口市有关部门提供的信息，2004年，海口市存量土地共370宗，土地总面积为2216.91 hm^2，其中空闲土地5宗共231.24 hm^2，闲置用地365宗共1985.67 hm^2。根据《海口市城市总体规划（2005–2020年）》所规划的城市建成区（下文称"城市规划圈"），作为划分界限，可以得出：位于规划圈内的存量地有242宗，占总数的65.41%，面积为751.14 hm^2，占总量的33.88%；有128宗存量地位于规划圈外，占总数的34.59%，面积为1465.77 hm^2，占总量的66.12%（表6–8）。

海口市存量建设用地分布情况　　表6–8

区位	闲置土地		空闲土地		合计	
	面积（hm^2）	占总量的比重	面积（hm^2）	占总量的比重	面积（hm^2）	占总量的比重
城市规划圈内	519.9	23.45%	231.24	10.43%	751.14	33.88%
城市规划圈外	1465.77	66.12%	0	0.00	1465.77	66.12%
总量	1985.67	89.57%	231.24	10.43%	2216.91	100.00%

2）存量地产生的原因

（1）"开发区热"、"房地产热"掀起开发狂潮，埋下"隐患"

1988年海南建省，办经济特区，成为全国最大的经济特区，海口市成为中国最大经济特区的省会。由于优惠政策的吸引，大量投资纷纷进入海南，在引进外资和内资方面都呈现跳跃式快速增长的态势。1988年海口市利用外资增长幅度达到前所未有的1700%。1989年固定资产投资增幅达150%，同年海口市总体规划得到国务院批复，在这个总体规划的指导下，海口市确立了以城市新区开发带动城市发展的基本方针，继而设立了金融贸易开发区、金盘工业开发区、海甸岛东部开发区、港澳国际工业开发区、美舍河开发区和秀英开发区六大开发区。这六大开发区规划面积超过1800 hm^2，导致当时的海口市开发区"遍地开花"。

1992年邓小平"南巡讲话"掀起一股房地产开发狂潮。当年海口市生产总值增速高达78.1%，海南省增速为50.78%，均高于同期全国平均增速数倍。但这一时期的经济发展完全处于非理性的状态，资本寻求短期获利都投向房地产行业，1992~1994年间持续保持房地产高投资，1993年达到巅峰，海口市的房地产投资额达42.5亿元，是1989年的12倍还多。到1994年，开发区的数量多达22个，总规划面积达14886 hm^2。

（2）“泡沫”破灭，留下“祸根”

1993年之后，国家实行经济软着陆，整治通货膨胀，海南盲目投资引发的房地产泡沫一夜之间破灭，大量企业和个人破产，内资纷纷外迁，城市吸引力与竞争力急剧下降，经济发展跌入低谷，房地产投资迅猛下滑，1997年房地产投资额只有4.6亿元，仅为1994年的11.7%。闲置土地、烂尾楼遍布城市各个地区。这就是海口市建设用地利用效率低下，存量地规模大并且处置困难重重的祸根所在。

（3）经济复苏后，存量地处置困难重重

1999年之后，随着国家及区域宏观经济形势逐步好转，海口市经济发展逐步进入正轨，其房地产市场的发展也呈健康发展势态。从商品房市场的需求上看，2000~2004年，海口市商品房销售面积和销售额均快速增长。2004年商品房销售面积为145.83万m^2，较2000年增长了105.26万m^2，年均增长37.7%；2004年商品房销售额达到34.97亿元，比2000年增加了26.84亿元，年均增长44%。

然而，“房地产泡沫”遗留下的大量闲置土地，一直阻碍着海口市建设用地效率的提高。自2001年海口市成立土地储备中心，对闲置地进行了大力处置，直到2004年，法律手续完备已经进入储备库的闲置地共449宗，总用地面积2175 hm^2，正在报批手续的储备地为945 hm^2，合计3120 hm^2。但是，仍然还有370宗2216.91 hm^2的存量用地尚未处置，其中很大一部分是“房地产泡沫”所遗留。

2. 土地储备是海口市存量地处置的必然选择

1）海口市土地储备的运行机制

大规模存量地的存在，是影响海口市建设用地利用效率的主要原因之一。因此，如何处置、盘活存量建设用地是海口市土地储备工作中至关重要的一个环节。

海口市于2001年成立土地储备整理中心，同年12月5日，海口市政府颁布了《土地储备办法》，对土地储备机构、储备范围、开发整理模式、储备土地供应以及土地储备资金的管理等方面作出了明确规范。结合实际，经过几年的探索与实践，海口市土地储备逐渐成熟，机制不断健全完善，于2005年5月31日公布新的《土地储备办法》，形成独具特色的运作模式，同时也推进了存量地的处置工作。

在土地储备运作机制上，海口市土地储备性质属于政府主导型，严格实行“一个池子蓄水，一个口子进出”的制度，执行统一征用、统一收购、统一收回、统一开发、统一供应的政策（图6-6）。与其他城市不同的是，海口市土地储备奉行的是“一切土地进储备中心”，不论是公益性土地还是经营性土地，通过征用、收购或其他方式，所有土地出让前都必须进入土地储备中心，之后再以出让和划拨的方式供应土地，进一步加大政府对土地一级市场的垄断权力。

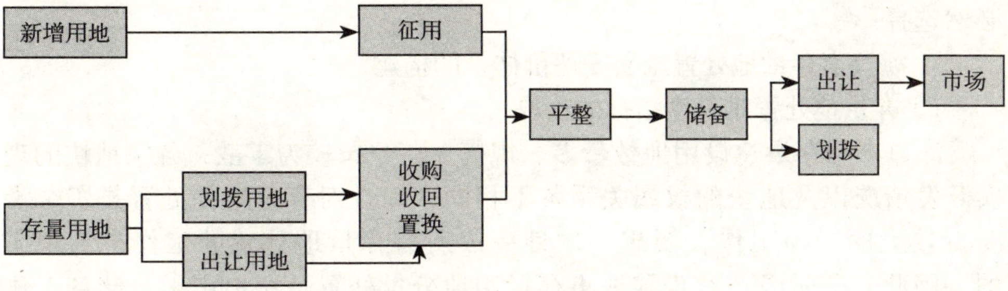

图6-6　海口市土地储备运作机制

这种土地储备模式的优势体现在政府对土地资产掌控的权力在此体现得淋漓尽致，这种机制能够更好地协调新增与存量利用的关系，控制土地的市场投放等，有利于对存量地的处置。但这种土地储备模式也存在其弊端，因为其已经不仅仅限于我国建立土地储备制度的初衷——盘活存量土地，同时对所有新增建设用地都纳入储备范围，土地储备的对象远大于经营性房地产用地，大大加大了土地储备的工作量，容易延长存量地的处置时间。

2）土地储备是海口市存量地处置的必然选择

在海口市成立土地储备中心之前，海口市已经对存量地的处置进行过尝试。1999年12月10日，海南省人民代表大会常务委员会公布的《海南经济特区换地权益书管理办法》，就是专门针对闲置土地出台的处置办法。为了收回闲置土地，政府根据土地权益人已缴纳土地出让金数额和土地出让合同约定的价格确定土地面积，按照评估确认的土地现值核定土地权益数量，发放换地权益书。

这种办法虽然较为有效地收回了闲置土地，对存量用地的盘活起到了一定的作用。但是，换地权益书持有者仍然可以凭借证书从政府手中得到一块新地，这相当于政府以新增用地的方式来补救存量用地的利用，不能使新增用地投放到最好的利用中，这样又容易造成新地块的闲置。同时，办法中还规定允许换地权益书的整体流转和分割流转，这就产生了一种政府控制之外的土地交易市场，开发商或企业为了得到一块地，可以不经过政府，而是通过换地权益书的私下交易，然后拿着换地权益书向政府要地，这就大大削弱了政府对土地的控制力和经营权。

由此看来，换地权益书虽然有效地收回了闲置地，却又带来了种种负面效应，以此作为对存量地处置的办法是行不通的。而土地储备不仅能够收回存量地，而且还能控制市场上土地的投放量，是存量地处置的最佳与必然选择。

3. 海口市存量地处置难易度评价体系的构建

1）存量地处置难易度指标的选取

海口市的存量建设用地数量多、规模大、分布较为零散，各宗地块的现实开发情况以及地块的权属关系各不相同，而且对存量地的处置是资金需要量较大的一项工作，要想一次性完成所有存量地处置的工作是不现实的。因此，分时段、有步骤地将存量用地分批处置是海口市土地储备工作的必经之路。

对存量地的处置是指对存量地进行储备，然后再供应市场的过程，也就是重新利用存量地，使之不闲置或不空闲，从而提高土地利用效率的一个过程。因此，主导思路是“条件优者先处置”，即对各宗土地进行处置难易程度评价，根据对不同地块的处置难易度来决定存量地处置时序，本书选取如下指标进行评价。

（1）闲置时间的长短

就海口市而言，很多闲置时间长的存量地，并不是没有试图进行处置，而是这些由于“房地产泡沫”遗留下的土地，存在权属不清、产权不明等错综复杂的问题，以致对这些地块的处置困难重重。从相关资料以及对海口市土地储备中心的实地调研访问来看，历史遗留问题大的土地基本是1996年以前批复的土地。因此，以1996年为时间界限来衡量土地闲置时间的长短。

（2）增值潜力

不同存量地的处置，会给政府带来不同的收益，优先处置增值潜力大的存量地，能使政府利用收益更好地推进存量地处置工作。对于存量地的增值潜力，主要由对存量地处置的成本和收益两部分来决定，由于对存量地块未来的价值量，以及现状处置的成本难以进行具体数值的估算，笔者选取存量地的实际开发程度、地块的用途变更和地块所处区域的土地级别这三大影响因素，来衡量其增值潜力。

① 实际开发程度

地块的实际开发程度直接影响处置难易度，开发程度高的存量地，处置起来由于要考虑拆迁、平整等问题，需要耗费较长的时间，也需要更多资金。反之，如果存量地为空地，处置起来就容易得多，节省了许多繁琐的环节。因此，存量地的现实开发程度是影响存量地增值潜力的因素之一。

② 土地用途变更

地块的土地用途变更，指的是地块从现状到规划的土地用途变化情况。由于对各宗具体地块的现状价格与未来价格难以估算，而地块的用途变更情况可以间接地衡量其成本收益的差值。因为土地用途是决定地价的主要因素之一，不同用途的土地价格有很大的差异，存量地的现状用途直接影响对其处置成本的大小，而规划用途直接影响对存量地处置所获得的收益大小。

③ 所处区域的土地级别

除了土地的用途之外，土地所处的区域也是决定土地价格的主要因素之一。城市土地所处的区位条件不同，其地价水平也各不相同。在城市土地的定级中，虽然同一级别范围内不同地块的土地价格会有所差异，但是处于级别高的土地价格要高于级别低的土地价格。存量地所处区域土地的不同级别能够一定程度上反映出不同区域范围内土地价格的差异。因此，选取存量地所处区域的土地级别来衡量其增值潜力是十分重要的。

需要说明的一点，该指标也体现存量地的区位条件，但是这种区位条件是存量地所处区域的区位条件，本书用该指标是为了反映不同土地级别中存量地现状土地价格的差异，与上述土地开发程度、用途变更共同体现存量地的增值潜力。而下文的区位条件是各存量地自身的区位条件，直接反映土地处置难易程度。因此，笔者将所处区域的土地级别列入评价因素中的增值潜力，而不列入区位条件。

（3）区位条件

土地具有不可移动性，不同区位地块的使用价值和价值是完全不相同的，区位条件好的地块，市场需求量大，往往供不应求，这类土地储备进入储备库后能够很快地供应市场，其处置难度就相对容易；反之，区位条件不好的土地，对其处置的难度就相应增大。因此，区位条件对评价存量地处置难易度来说，是极为重要的一个因素。

本书对区位条件采用下述三项指标进行评价。

①距离城市中心的距离

城市中心，是指海口市商务中心区——国贸商业区。距离城市中心越近的地块，其区位条件越好，其处置难度相对小，反之亦然。

②道路通达度

道路通达度是城镇道路状况（包括道路等级、功能、宽度等）和各区域道路通行能力的一种度量，其好坏取决于城市内道路体系的道路布局。道路通达度对于海口市城区的市场保证、商业集聚、人们的出行和产品运输等方面具有重要的影响，因此，能够反映存量地区位条件的好坏程度。存量地的道路通达度可以以经过存量地道路的数量来衡量。

③距城市快速路的远近

该指标中的城市快速路指的是东西走向的货运大道，快速路在城市的交通中起着主导作用，尤其对于组团式发展的海口市来说，货运大道大大缩短了长流组团、中心组团和江东组团之间的通勤时间，使得各组团之间的联系更为紧密，因此，以距货运大道的距离测算作为指标进行研究，是十分必要的。

综合上述指标，对存量地处置难易度的评价设置见表6–9。

海口市存量地处置难易度评价指标体系　　表6–9

评价因素	评价指标	说明
闲置时间	闲置时间长短	以1996年为界，比较存量地出让时间的长短
增值潜力	实际开发程度	存量地的实际开发建设情况
	土地用途变更	存量地从现状到规划的土地用途变更情况
	所处区域的土地级别	存量地位于海口市城区综合定级级别图的等级
区位条件	距城市中心距离	距国贸商务中心区的距离
	道路通达度	经过存量地道路的数量
	距城市快速路的距离	距货运大道的距离

2）存量地处置评价方法

（1）“最低限制因子”的设定

借鉴最低因子限制律，设定“最低限制因子”，当存量地达到所设定的“最低限制因子”，才可进入评价指标体系的评价，否则，以其他方式处置。

本研究的评价方法中，设定的“最低限制因子”为“位于城市规划圈内”，对满足最低限制因子的存量地，即位于城市规划圈内的存量地，运用前文设定的指标体系进行评价；对不满足最低限制因子的存量地，考虑空间置换的方式对其进行处置。

（2）特尔菲法

特尔菲法又称专家打分法，是由美国著名的咨询公司——兰德公司（Remington Rand）于20世纪60年代提出的，它是一种客观的综合多数专家经验与主观判断的技巧，可以用于各种领域的决策和判断过程。

本研究采用特尔菲法设置各评价指标的权重，选取多位专家对各指标权重进行打分，结果如表6–10所示。

专家确定的指标权重值（%）　　**表6–10**

评价指标	平均值	标准差标	准差与平均值的比
闲置时间长短	14.50	1.05	0.07
实际开发程度	21.33	0.82	0.04
土地用途变更	15.17	1.17	0.08
所处区域的土地级别	11.50	0.84	0.07
距城市中心距离	13.00	0.89	0.07
道路通达度	14.50	0.55	0.04
距城市快速路的距离	10.00	0.89	0.09

经分析，反映偏离度的标准差和标准差与平均值的比都在可以接受的范围之内，故选取各专家设置权重的平均值作为最后的权重设定。

（3）最优值距离法

最优值距离法，是以各项评价指标的实际值与最优值（或标准值）之间距离的大小来衡量评价对象效益的高低。对评价指标体系中的各评价指标进行相对化处理后，运用距离法进行综合，其综合值反映了各评价指标与相应的最优值（或标准值）之间的距离。

最优值距离法的计算公式如下：

第 j 个参评单位的距离综合值为

$$S_j=\sqrt{(1-x'_{1j})^2w_1+(1-x'_{2j})^2w_2+\cdots+(1-x'_{nj})^2w_n}$$

式中　x'_{ij} —— 表示经相对化处理后的变量值：$x'_{ij}=x_{ij}\ /\ x_{i0}$；

i—— 表示第 i 个评价指标，i=1，2，3……n；

j—— 表示第 j 个参评单位，j=1，2，3……m；

x_{ij}—— 表示第 j 个参评单位的第 i 个评价指标的实际值；

x_{i0}—— 表示第 i 项指标的最优值或标准值，它们可以是全国的先进水平或历史的最高水平，也可以根据经济发展规划而确定；

w_i—— 表示各项指标的权重；

S_j 值的含义——S_j 值越小，与最优值越接近；S_j 值越大，越远离最优值。

本研究选用此方法，作为各存量地处置难易度的计算方法：以各指标分值的最高值作为公式中的 x_{i0} 值，按照公式计算出各存量地的 S 值，S 值越小，表示地块的处置难度越低。反之，S 越大，表示地块的处置难度越高。最终根据各评价地块 S 值的大小安排存量地的处置时序。

4. 海口市存量地处置难易度的评价过程

海口市存量用地分布图与城市规划圈进行叠加，以“位于城市规划圈内”作为最低限制因子，以上文中所设定的指标体系对城市规划圈内的存量地进行处置难易度评价。

1）闲置时间长短

海口市城市规划圈内242宗存量地，从其批复时间来看，有176宗共353.86 hm^2 的存量地是1996年以前批复的，其余66宗为1996年以后批复的，面积为397.27 hm^2（表6-11）。

海口市存量地闲置时间长短统计 表6-11

	1996年以前批复的地块	1996年以后批复的地块
宗数（宗）	176	66
面积（hm^2）	353.86	397.27

2）实际开发程度

将城市规划圈内242宗存量地，逐一对照海口市卫星遥感影像图，并依照现实的开发状况，区分为三类统计：① 未进行任何开发利用的空地；② 开发建设总面积不超过10%的存量地；③ 开发建设总面积超过10%，不超过1/3的存量地。

3）土地用途变更

将城市规划圈内的存量地分别与海口市城市用地现状图和城市规划用地图进行叠加，确定每宗存量地块的现状用途与规划用途，然后再对其变更情况加以统计。

考虑土地用途和土地收益的关系，将用地分成以下五类：Ⅰ类——商业用地；Ⅱ类——居住用地；Ⅲ类——工业用地（包括仓储用地）；Ⅳ类——文化、娱乐、体育和教育科研用地；Ⅴ类——其他用地（除上述4类外的其他用途土地）。

从各宗存量地的用途变化来看，除了有79宗总面积为134.30 hm^2的地块用途未发生改变之外，其余163宗土地的用途均发生改变。本书对地块用途的变更采用计分的形式，如果地块从高地价用途向低地价用途变更，则计为负，如果由低地价用途向高地价用途变更，则计为正，数值取决于跳过的等级数。例如，某宗地块用途由Ⅰ类变更为Ⅳ类，则积分-3，反之，由Ⅱ类用途变更为Ⅰ类用途的地块，计分为+1。用途不发生变化的地块，计分为0。

4）所处区域的土地级别

将存量地与海口市城区综合定级级别图叠加，来确定其所在的级别。经计算，得出存量地位于城区综合级别定级图中的位置，属于“中间大，两头小”：位于高等级Ⅰ级、Ⅱ级土地的存量地仅三宗，面积不到1 hm^2，位于低等级Ⅴ级和Ⅵ级的存量地也较少，合计17宗，面积60.4 hm^2。而位于Ⅲ级和Ⅳ级的存量地分别多达117宗和105宗，面积分别高达406.85 hm^2和283.12 hm^2（表6–12）。

海口市存量地所处区域土地级别情况　　表6–12

	Ⅰ级、Ⅱ级	Ⅲ级	Ⅳ级	Ⅴ级	Ⅵ级	合计
宗数（宗）	3	117	105	14	3	242
面积（hm^2）	0.77	406.85	283.12	36.46	23.94	751.14

5）距离城市中心距离

采用ArcGIS技术，将每宗存量地块与城市中心面与面的距离，转化为点与点之间的距离计算，选取各地块与城市中心商务区的几何中心作为线段的端点，进行距离测算。

经过计算，城市规划圈内各存量地块到城市中心区的距离分布特征如下：距离城市中心3 hm^2以内的存量地有31宗，占总数的12.8%，土地面积20.57 hm^2，为总数的2.74%；距离城市中心3～5 hm的存量地宗数和面积分别为38宗和143.39 hm^2；有109宗土地距城市中心距离为500～700 m，面积为367.18 hm^2；有36宗土地距城市中心700～1000 m，面积为109.99 hm^2；距城市中心1000 m以上的存量地只有28宗，面积为110.01 hm^2（表6–13）。

存量地到城市中心距离统计 表6–13

	0～3 hm	3～5 hm	5～7 hm	7～10 hm	>10 hm	合计
宗数（宗）	31	38	109	36	28	242
面积（hm^2）	20.57	143.39	367.18	109.99	110.01	751.14

6）道路通达度

本研究中城市规划圈内存量地与城市规划路网图进行叠加，然后分块计算各存量地的道路通达数。城市快速路通过，道路通达数计数3；城市主干道通过，道路通达数计数2；城市次干道通过道路通达数计数1，最后对通达道路的数量进行加和。

之所以选取城市规划路网而不选取现状城市路网，是因为存量地经处置后进入储备库，经整理后根据市场需要，再由国土部门投入土地市场，需要一个较长的周期，而城市的路网建设在不断地更新，以规划路网图来衡量存量地的道路通达度，更能体现其区位条件。

经过叠加处理与道路通达数的统计，各地块交通通达度统计情况如表6–14所示。

存量地道路通达数统计 表6–14

	1条	2条	3条	4条	≥5条	合计
宗数（宗）	64	70	54	39	15	242
面积（hm^2）	68.91	133.71	115.95	116.06	316.50	751.14

7）距城市快速路的距离

经过测算，城市规划圈内存量地到城市快速路的距离统计如表6–15所示。

海口市存量地到城市快速路距离统计 表6–15

	<1 hm	1～3 hm	3～5 hm	5～9 hm	>9 hm	合计
宗数（宗）	36	37	82	39	48	242
面积（hm^2）	97.05	44.42	142.89	122.43	344.35	751.14

8）指标分值的设定

为了区分出各存量地块在不同指标中的优劣程度，需要对各指标进行分值设定。综合上述各指标数据的计算，分值设定如表6–16所示。

海口市存量地处置难易度各指标分值设定综合表　　表6–16

指标	1	2	3	4	5
闲置时间	1996年以前批复	1996年以后批复	—	—	—
实际开发程度	建设面积超过10%，不超过30%	建设面积不超过10%	空地	—	—
土地用途变更	–4，–3	–2，–1	0	1，2	3，4
所处区域的土地级别	Ⅵ级	Ⅴ级	Ⅳ级	Ⅲ级	Ⅰ级、Ⅱ级
距城市中心的距离	>10 km	7～10 km	5～7 km	3～5 km	0～3 km
道路通达度	1条	2条	3条	4条	≥5条
距快速公路的距离	>9 km	5～9 km	3～5 km	1～3 km	<1 km

9）各地块潜力值计算结果

依据表6–16设定的分值，对城市规划圈内存量地进行打分，结合特尔菲法得出各指标的权重，运用最优距离法对各地块的处置难易度（*S*值）进行计算，得到的结果即为各地块的处置难易度（结果略）。

各存量地的*S*值波动于0.2~0.75之间，能够较好地进行地块间的相互比较，可以根据各地块的*S*值来决定地块的处置时序。

5. 对海口市土地储备的建议

除了处置时序，在处置的过程中，仍有众多因素如资金、配套设施等，都制约着海口市存量建设用地处置工作的展开。存量地处置的资金，是处置工作要解决的首要问题，因为对存量地的收购，以及对部分进行开发建设的土地进行拆迁、平整，都需要大量的资金来推动，尤其是对如此大规模存量地的，所需资金量更为庞大；其次，在供地等配套措施上，应积极配合存量地的处置工作，以防旧存量地未处置完，新的存量地又产生，导致处置工作前功尽弃。

1）资金解决途径

土地储备的启动资金由市财政拨付，目前海口市土地收购储备资金来源主要有银行贷款和政府拨款，未来应努力落实土地出让收益资金、扩大与银行的合作、争取社会化资金进入。

（1）以储备土地出让收益的30%作为储备资金来源

海口市应积极落实土地储备办法中规定的关于储备土地出让收入的30%作为土地储备资金来源，进行专户管理的土地储备资金管理办法。储备土地出让成本和收益由市财政部门负责审核确认后收益应及时进入专户，由土地储备机构运作土地储备资金，形成土地的周期性运作和滚动发展的良性运营。

（2）储备土地抵押或者土地收益权质押贷款

扩大与银行的合作范围，明确土地开发整理规划、设计、开发、运营各个环节，同时以项目为单位，明确贷款资金使用方向，争取银行贷款落到实处，补贴处置资金。

（3）加大社会资金使用力度

通过招标等方式，设立进入门槛，选择有实力的开发商，通过合作、联营、入股等方式，使其参与土地一级开发，按照政府规划设计条件建设基础设施，并由政府按照土地储备供应顺序，进行土地供应。

（4）积极探索其他资金筹措途径

土地储备资金不能满足土地开发整理储备业务需要时，积极通过合作、联营、入股、发行土地债券、设立土地基金等方式筹措资金。

2）配套政策措施

（1）加大存量地处置力度，调整供地结构

依据海口市建设用地的供应计划指标，2002~2004年存量地供应的年均指标为183.33 hm^2，比新增建设用地年均指标少75 hm^2。从节约集约用地的角度出发，建议海口市应调整年度土地供应计划，加大存量地处置，调整存量地利用指标与新增建设用地指标之间的比例关系。

（2）建立用地预申请制度

国土资源部颁布的《招标拍卖挂牌出让国有土地使用权规范》和《协议出让国有土地使用权规范》于2006年8月1日开始实施，规定：有条件的地方、市、县国土资源管理部门可以建立预申请制度。单位和个人对列入招标拍卖挂牌出让计划内的具体地块有使用意向的，可以提出用地预申请，并承诺愿意支付的土地价格。市、县国土资源管理部门若认为其承诺的土地价格和条件可以接受，应当根据土地出让计划和土地市场情况，适时组织实施招标拍卖挂牌出让活动，并通知提出该宗用地预申请的单位或个人参加。提出用地预申请的单位和个人，应当参加该宗地竞投或竞买，且报价不得低于其承诺的土地价格。

海口市应建立用地预申请制度，及时了解市场需求，适时地投放市场，一方面可以规避政府在土地出让时“流拍”的风险，减少政府的操作成本；另一方面可以确保土地收益的稳定，规范海口市房地产市场，保障海口市房地产业的稳定健康发展。

（3）制订详尽的供地计划，严格按计划供应

海口市目前土地供应计划还只做到年度总量控制，土地供应计划的分解和具体实施方案还没有建立起来。这样难以做到按计划供地，给市场带来了较大的不确定性，常出现突破总量控制的情况。政府供地的行为应该更具备权威性和市场指向性。因此，政府要避免以项目为前提供地的状态，要做到以供地计划为龙头，推动房地产市场有序发展。这样的市场更利于政府对市场的调控和统一，一个稳定、健康发展的房地产市场对于政府收益、经济发展都具有重要意义。

（4）限制大地块出让，合理确定出让地块大小

国土资源部对于出让地块大小与土地市场关系进行过专题调研，认为大地块出让会形成开发商对区位的垄断和对房屋供应的操控，对于房地产市场过热有直接影响。

一般来说，地方政府出让大地块可以一次性获得巨额土地收益、节省操作费用和吸引大开发商进入，但是这样容易造成开发商区域性垄断，形成较强的定价能力，同时分期建设和投放市场对未来数年的房地产市场造成不确定性影响，影响政府土地出让收益和市场调节能力。

以往海口市土地出让放量过大，开发商囤地构成了潜在的对政府土地供应的竞争，也使得海口市未来几年房地产市场供应难以预测。

在未来土地供应中，建议一方面通过稳健的供地政策，促进形成稳定、健康发展的房地产市场；另一方面要控制地块出让规模，避免大地块出让土地。

（5）创新灵活的供地计划

当前各地采取的都是单一年度计划来供应土地，这样确定的供地数量缺乏弹性，在与开发商，特别是与投机性资本的博弈中处于被掌握了底牌的地步，市场容易被操纵。而且由于缺乏应对能力，只能在来年计划中进行修正，这也是导致一些地区房地产过热而政府调控手段缺乏的一个原因。

参照国外进行宏观调控的主要方法，尤其是美联储调控利率的方式，建议海口市设立一种灵活的供地计划。这个计划包括两个部分，一是和其他城市一样的年度供地计划，将一年中供应土地的总量、地块分布、出让时间等详细列明，并严格按计划出让；另一部分是一个后备计划，准备一定量的土地用于市场调剂。政府可以每季度以房地产价格指数或者其他设定的指标为标准，考虑是否调用后备计划。两个计划以及政府调用后备计划的标准都事先公告社会。年度供地计划总是按照其预定的节奏供应，在房地产市场过热的情况下，政府可以发布公告调用后备计划，以增加土地供应。

其他城市难以实现这样的供地计划，是因为其储备库中的土地有限，储备的土地往往刚刚完成整理就推向市场，没有力量提供后备计划所需土地。而海口市拥有比较充裕的储备土地，对土地的供应能够实现这样的供地计划。这样的一套供地计划可以起到两个作用：一是依据市场反映，灵活地调节供应土地数量，达到平抑市场价格、实现政府宏观调控的目标；二是在地价上升过程中，通过增加土地供应获得本年度更多的土地收益。

二、开发区工业项目供地标准研究

（一）开发区土地集约利用相关研究

国内开发区土地集约利用的研究主要集中在实践研究领域。其中也有一些学者基于开发区的实践进行了一定的理论研究，对开发区用地空间组织与区域经济、协调土地集约利用评价的影响因素、土地集约利用与产业结构的关系等问题进行了探讨，但这种理论性研究主要集中在一些发展较好的开发区，比如上海漕河泾新兴技术开发区、广州经济技术开发区、天津经济技术开发区等。刘戈、汪波（2007年）分析了天津经济技术开发区土地利用的现状与经济增长之间的关系，与经济发展水平类似的省、市土地利用情况对比，认为天津经济技术开发区土地利用强度已经很大，集约程度较高，其进一步发展受到了土地资源条件的制约。

而对开发区土地集约利用实践研究主要可以分为开发区土地集约利用内涵、指标、标准、管理政策措施等四方面。

1. 开发区土地集约利用内涵研究

翟文侠等（2006年）认为土地集约利用实质是土地投入产出的关系，即以在土地上最少的投入获得最高的产出，其内涵扩展包括以下三层含义：① 土地地块集约利用：是指区域某一土地利用类型的地块集约化利用；② 土地类型集约利用：是指区域同一土地利用类型土地集约化利用；③ 区域土地集约利用：主要是根据有限土地资源的自然属性（土地经济、生态、适用性）和社会属性（市场供求关系、城市发展需求、社会经济发展需求等）对土地资源利用的优化配置。在各种土地类型集约高效地利用的同时，于区域土地利用合理性结构条件下实现区域土地的最大产出和土地利用效益，达到区域土地集约利用。

2. 开发区土地集约利用指标研究

对于开发区土地集约利用指标研究，其本质是开发区土地集约利用的影响因素的提取和将其转化为可量化度量的指标。对开发区土地集约利用指标的研究涉及了经济发展阶段、经济发展水平、用地结构、市场化程度、投入强度、利用程度、利用效率、区域贡献、环境质量（曹蕾，2005年；翟文侠等，2006年；于金羽，2006年；吴郁玲，曲福田，2007年；何瑞东，2007年；邵晓梅，王静，2008年）等多个方面。

根据科学性、整体性、层次性、可操作性、动态性、前瞻性等原则，结合工业园区的实际情况以及指标数据的可获得性，曹蕾等（2005年）选取经济规模、集约程度、科技含量、经济效益四类指标构成工业园区土地利用经济评价的指标体系。

翟文侠、黄贤金、张强等（2006年）选取23个与城市开发区土地集约利用潜力相关的指标，构建了城市开发区土地集约利用评价指标体系，包括土地投入、土地产出、土地利用结构和可持续利用度四个方面，通过聚类分析和主成分分析方法，以江苏省18个典型城市开发区调查数据为例，对城市开发区土地集约利用潜力进行评价。

邵晓梅、王静（2008年）选取投入强度、利用程度、利用效率和持续状况四类指标，研究浙江省慈溪市小城镇开发区、工业区块土地集约利用状况，不同级别开发区土地投入强度、利用程度和持续状况差异显著，不同产业类型开发区土地利用效率差异较显著。

3. 开发区土地集约利用标准研究

通过指标标准控制是推动开发区土地利用从粗放外延式转向集约内涵式，提高土地利用效率的重要手段。2006年国家颁布实施《全国工业用地出让最低价标准》，根据土地等级、区域土地利用政策等，国家统一制定并公布各地的工业用地出让最低价标准，建立工业用地出让最低价标准统一公布制度，而且规定工业用地必须采取招标拍卖挂牌方式出让，其出让价格不得低于公布的最低价标准。不同土地等别的最低价标准不同，最高等别（一等）相对应的最低价标准（840元/m²）是最低等别（十五等，60元/m²）的14倍，基本反映了我国东、中、西部不同区域的社会经济发展状况与土地利用差异，体现了区域产业政策和土地利用政策导向。

2004年国土资源部发布的《工业项目建设用地控制指标（试行）》是对工业项目（或单项工程）及其配套工程在土地利用上进行控制的标准，是在建设用地预审和审批阶段核定工业项目用地规模的重要标准，是工业企业和设计单位编制工业项目可行性研究报告和初步设计文件的重要依据，由投资强度、容积率、建筑系数、行政办公及生活服务设施用地所占比重四项指标构成。对工业项目投资强度控制指标、容积率控制指标作出规定；要求工业项目的建筑系数不得低于30%，所需行政办公及生活服务设施用地面积不得超过工业项目总用地面积的7%；严禁在工业项目用地范围内建造成套住宅、专家楼、宾馆、招待所和培训中心等非生产性配套设施。

为加强对工业项目建设用地的管理和节约集约利用，2008年国土资源部发布了新修订的《工业项目建设用地控制指标》。新指标相应提高了工业用地准入门槛，以促进产业结构调整和产业升级。增加了绿地率这一指标，规定工业企业内部原则上不得安排绿地，但因生产工艺等有特殊要求需要安排一定比例绿地的，绿地率不得超过20%。

以工业用地为主的开发区，随着此类标准的颁布，土地利用管理也发生了深刻变化。

在经济发达地区，由于土地资源较为紧张，在国家要求的最低标准的基础上，部分开发区根据实际情况自行制定相应的指标限制来筛选入园项目。如苏州市首先提出"单位面积土地利用投资强度"的控制指标，广州市对开发区除了投资强度控制外，还提出了相应的环保指标和技术要求。此外，一些经济发达的县级市也对开发区的土地利用提出控制指标，如苏州昆山市提出了"5432"集约用地新标准，浙江临安市对进入经济技术开发区的企业在企业投资规模和产出上也提出明确的规定，如入园企业每亩50万～80 万元固定资产投入，年产出150万～250 万元的硬性指标（表6-17）。为了最大限度提高单位面积的利用效率，其他一些园区还会把数量与投资密度、科技含量、土地产出效率等指标进行综合考虑，从招商源头入手，吸引占地少、技术含量高、附加值高的项目，从而达到提高园区土地利用效率的目的。

各地开发区土地集约利用指标控制标准 表6–17

地区	投资强度	容积率	建筑密度
苏州	要求省级以上开发区一般每平方公里实际投入不低于5亿美元，乡镇工业小区一般每平方公里实际投入不低于3亿美元	—	—
广州	广州开发区每平方米投资强度为670万美元，投资总额达不到500万美元的不单独供地，引导其进入标准厂房	容积率不低于0.6	要求建筑密度不低于35%
上海	区级工业区达到52亿元/km^2的推荐值，市级以上开发区达到68/km^2亿元的推荐值，长远目标则是80亿/ km^2元的国标参考值	工业项目新建厂房容积率达到0.8以上	—
山东	国家级开发区土地投资强度一般不低于240万元/亩；山东省级开发区土地投资强度为：青岛、烟台、威海市辖区，一般不得低于200万元/亩；济南、淄博、潍坊、东营、泰安、莱芜、济宁、日照市辖区一般不得低于160万元/亩	工业项目建筑容积率一般不低于0.6	建筑密度不低于35%、绿地率不高于15%、厂前区用地比例不高于7%

（二）开发区工业项目用地供地标准研究：以北京经济技术开发区为例

北京经济技术开发区（简称BDA）于1994年设立，以北京为依托，区位优越，基础设施完备，很快形成以通信设备、计算机及其他电子设备制造、交通运输设备制造等为支柱产业的现代制造业基地。开发区快速成长的同时，用地紧缺成为发展瓶颈，2002年8月经国务院批准同意，开发区在原来15 km^2的基础上，增扩24 km^2。研究开发区工业用地控制指标，促进土地集约利用是解决开发区用地紧张的重要手段。对于建设用地标准，1996年原国家土地管理局从技术经济的角度研究工程建设用地指标，发布一套《工程项目建设用地指标汇编》，其特点是根据行业或项目类型的工业、生产流程确定必要的用地量。该方法以各行业建筑设计技术规范为依据，专业性强，对土地的集约利用考虑不多，也不利于管理部门的行政审批。从行政管理的角度，研究一套旨在提高土地利用效率的用地指标则更具有现实意义。

1. 北京经济技术开发区工业项目用地指标研究的方法和思路

研究北京经济技术开发区工业用地指标主要采用统计分析方法，基本思路是以不同项目用地现状调查为基础，通过统计分析确定不同行业、不同类型及不同规模的项目所需要的必要用地量、土地利用空间强度、土地利用经济强度，据此确定项目用地控制指标，该方法对专业技术要求相对较低，但必须在调查并收集大量企业样本资料的基础上进行。具体研究开展中，采取如下步骤：

（1）选取评价指标，着重从用地投资与产出强度和利用效率入手，选择相应指标；

（2）收集数据，包括北京经济技术开发区和其他开发区的工业建设项目实施情况；

（3）进行数据处理和分析；

（4）借鉴其他地区的经验和国家的有关指标控制要求，确定北京经济技术开发区的控制指标值（图6–7）。

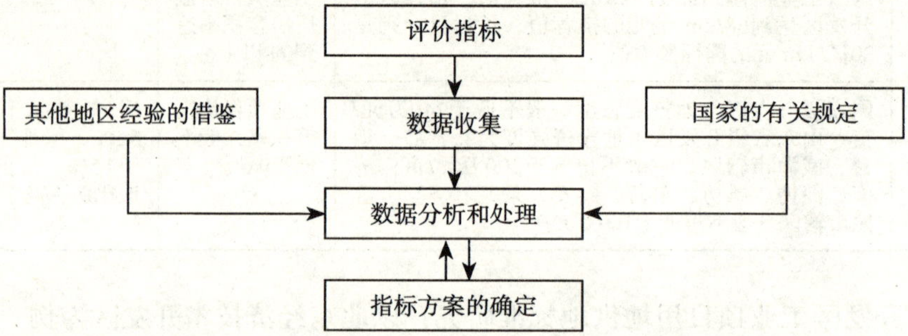

图6–7　北京经济技术开发区工业项目用地指标研究步骤

2. 北京经济技术开发区项目用地的主要控制指标

通过对大量样本和指标的统计分析，BDA工业建设项目用地控制指标，主要选择投资与产出强度、土地利用空间效率两大类。

1）投资与产出强度

投资强度是指工业建设项目用地范围内单位面积的固定资产投资，产出强度是指工业建设项目用地范围内单位面积的年工业总产值，都是从资金应用的角度反映一个项目集约用地的重要指标。不同点在于，投资强度是事前控制的指标，而产出强度是事后控制的指标。

2）土地利用空间效率

根据土地利用的空间特点，土地利用空间效率应从立体、平面两个角度体现，一般通过综合效率和结构效率的指标予以反映，具体落实到容积率、建筑系数（建筑密度）、绿地率等指标上。容积率是指项目用地范围内总建筑面积与项目总用地面积的比值；建筑系数（建筑密度）是项目用地范围内各种建筑物、构筑物占地面积总和占总用地面积的比例；绿地率是指项目用地范围内绿化占地面积与总用地面积的比例。容积率是反映土地利用空间效率的综合指标，建筑系数和绿化率则是从平面上反映用地的结构效率。

3. 控制指标衡量标准的分析与确定

1）投资强度衡量标准

投资强度控制指标的确定，主要依据是北京经济技术开发区65个企业、涉及17个行业的企业样本点投资强度数据，并参照天津经济技术开发区共101个企业以及西安经济技术开发区25个企业、涉及21个行业的企业投资数据加以修正。

计算分行业各企业投资强度的平均值，采用企业通过百分率进行分析。确定投资强度控制指标时，首先确定企业入区必须达到统一的下限，即企业入区门槛值，再根据样本点数据确定分行业投资强度控制标准。分行业控制中，各行业控制指标值不能低于企业入区门槛值。投资强度门槛值的确定兼顾样本点数据和典型企业调研结果。考虑到严宽适度的原则，研究认为，通过率达到70%以上时，该投资强度即企业入区门槛值。在此标准下，天津经济技术开发区的通过率达到61.39%，西安高新技术开发区通过率仅为8%。这体现出北京经济技术开发区单位面积土地上的投资相当集约。

确定分行业投资强度标准时，根据开发区各行业企业现状的投资强度大小分布，依据平均值、中位数、投资强度门槛值确定。基本原则为：保证分行业投资强度标准不低于投资强度门槛值；尽量保证标准大于平均值、中位数中的较小值；尽量保证样本点通过率不低于60%。对于个别样本点数目过少的行业，可适当放松通过率的要求。在确定标准时，应同时参照天津经济技术开发区的相关数值，对控制指标进行修正，特别是北京经济技术开发区样本中缺失的行业，可以用天津数据进行补充和完善。为充分发挥政策的引导性，对于北京经济技术开发区的主导产业，应大力扶持，在指标控制上给予一定的宽松，标准不宜过高；而对于相对次要的产业，在指标控制上相对严格，从而促进开发区产业结构的进一步完善（表6-18）。由于个别行业样本点数量过少，不可能针对每个行业进行通过率检验。研究方案仅仅检验在此标准下，全部企业样本点的通过率，检验结果见表6-19。经检验，该标准通过率达到 33%。从提高门槛和发展的角度看，该标准有利于提高土地使用效率。

BDA投资强度控制指标　　表6-18

行业分类		建议BDA标准（万元/ km^2 ）
编号	名称	
13	农副食品加工业	≥5380

续表

行业分类		建议BDA标准（万元/ km^2 ）
编号	名称	
14	食品制造业	≥4180
15	饮料制造业	≥6240
16	烟草加工业	≥6240
17	纺织业	≥3420
18	纺织服装鞋帽制造业	≥5380
19	皮革、毛皮、羽绒及其制品业	≥3420
20	木材加工及竹、藤、棕、草制品业	≥3420
21	家具制造业	≥3420
22	造纸及纸制品业	≥4180
23	印刷业、记录媒介的复制	≥8000
24	文教体育用品制造业	≥8000
25	石油加工、炼焦及核燃料加工业	≥4180
26	化学原料及化学制品制造业	≥4180
27	医药制造业	≥6240
28	化学纤维制造业	≥6240
29	橡胶制品业	≥4180
30	塑料制品业	≥6240
31	非金属矿物制品业	≥3240
32	黑色金属冶炼及压延加工业	≥6240
33	有色金属冶炼及压延加工业	≥5380
34	金属制品业	≥4180
35	通用设备制造业	≥8000
36	专用设备制造业	≥5380
37	交通运输设备制造业	≥3240

续表

行业分类		建议BDA标准（万元/km²）
编号	名称	
39	电气机械及器材制造业	≥8000
40	通信设备、计算机及其他电子设备制造业	≥8000
41	仪器仪表及文化、办公用机械制造业	≥4180
42	工艺品及其他制造业	≥3420
43	废弃资源和废旧材料回收加工业	≥3420

企业投资强度分行业控制检验通过率　　**表6–19**

北京经济技术开发区			天津经济技术开发区			西安高新技术开发区		
样本总数	通过个数	通过率（%）	样本总数	通过个数	通过率（%）	样本总数	通过个数	通过率（%）
65	22	33	101	31	30	26	0	0

2）容积率衡量标准

在北京经济技术开发区控制性详细规划中对企业容积率作出相关规定，具体控制指标见表6–20。

北京经济技术开发区企业容积率控制规定　　**表6–20**

地块	起步区	中部工业区	南部工业区	西部工业区
容积率	1.0	0.6~1.2	0.6~1.2	1.0

资料来源：北京经济技术开发区控制性详细规划。

本研究针对规划实施问题下发调查问卷，共回收33份有效问卷。问卷显示，80%以上的企业，实际容积率符合规划要求，总体上离散分布在0.6～1.2范围内，但在0～0.8相对集中；不符合规划要求的企业，实际容积率主要分布在0.6以下。由此表明，企业还是更倾向于选择低容积率建设，结合对企业的调研访谈，主要有两方面原因：首先，企业出于满足未来发展需要的目的，总是希望给自己预留更多的土地，因此多圈地，少用地；另一方面，现代企业对生态环境要求更高了，因而更倾向于低容积率、高绿地率的建设。

从样本点分析可知，开发区现状总体容积率控制处于较高的水平。确定容积率控制指标时，考虑到已有的控制指标及提高土地集约利用程度的目的，结合实际样本点容积率的分布情况，首先确定企业容积率最低标准为0.8，同时根据具体行业进行调整。根据新制定的开发区企业容积率控制标准，54个样本点的通过率达到32%。该标准在提高土地利用效率的同时，能满足严宽适度的原则。

3）建筑系数衡量标准

国土资发［2004］232号文件《关于发布和实施〈工业建设用地控制指标（试行）〉的通知》规定："工业项目建筑系数不低于30%（工艺流程或生产安全上有特殊要求的例外）"。根据开发区37个企业建筑密度数据的统计，涉及15个行业，将分行业各企业建筑密度的最低值和平均值与国家标准进行比较，普遍高于国家标准。由于建筑密度数值小于等于建筑系数，说明开发区的建筑系数也普遍高于国家标准。以国家标准为控制指标时，通过率达到95%。充分考虑现状水平及其合理性，从提高土地使用效率角度考虑，建议采用建筑系数不小于40%的标准。此时通过率仍可达到49%。

4）绿地率衡量标准

根据开发区52个企业（涉及14个行业）绿地率数据的统计，对开发区绿地率标准的选择，主要考虑以下四点：

一是从分行业各企业绿地率的最低值、平均值和最高值来看，大部分企业的绿地率水平在30%～35%之间，与现行的绿化条例符合，但有些企业的绿地水平在35%以上，明显偏高。在行业编号为27、39、40、41的这几个行业中，均存在企业绿地率偏高的现象。这反映了开发区现状一些企业将预留用地作为绿地的情况，如果这种预留用地长期作为绿地闲置，将严重影响土地利用效率。

二是从企业的访谈问卷调查可看出，一些医药制药企业认为现有的绿化标准偏高，企业内部绿地的养护和管理负担较重，有降低绿地水平的意愿。

三是从集约利用的角度考虑，降低绿地率有利于提高土地利用的集约程度。

四是经济技术开发区的绿地率应与北京市绿化条例相衔接。

基于以上四点，建议开发区的绿地率采取高限和低限"两限"控制，高限按绿地率不高于30%执行（经环境保护部门认定有严重污染的企业按不高于35%执行）；低限控制主要考虑到绿地维护成本和开发区现阶段财政能力，企业绿地率应不低于20%；当企业绿地率高于20%，不足30%部分，由开发区调配公共绿地予以平衡处理，从而满足北京市绿化条例的相关要求。

通过对开发区企业绿地的两限控制，一方面可以杜绝企业以绿地之名圈占土地，提高土地利用率，同时也降低企业的生产成本。

5）产出强度衡量标准

由于开发区企业样本数据有限，仅有61个企业的投入产出比数据统计，行业类别少，同时缺乏全国以及其他开发区的对比数据，难以满足控制要求。因此，在数据处理上，以北京市分行业平均固定资产平均投资产出率作为产出强度的测算依据，乘以分行业投资强度，得到分行业产出强度的控制标准（表6-21）。根据现有61个企业的检验，通过率为33%，该标准有利于提高土地利用率。产出强度作为事后控制指标，可供土地管理部门检验企业用地的效果，发现前一阶段的问题，有助于下一阶段的管理。

产出强度控制指标 表6-21

行业分类		建议BDA标准（万元/hm^2）
编号	名称	
13	农副食品加工业	10110
14	食品制造业	4720
15	饮料制造业	6980
16	烟草加工业	8890
17	纺织业	4220
18	纺织服装鞋帽制造业	10270
19	皮革、毛皮、羽绒及其制品业	3230
20	木材加工及竹、藤、棕、草制品业	3350
21	家具制造业	7090
22	造纸及纸制品业	5180
23	印刷业、记录媒介的复制	6160
24	文教体育用品制造业	11320
25	石油加工、炼焦及核燃料加工业	2960
26	化学原料及化学制品制造业	3510
27	医药制造业	9570
28	化学纤维制造业	6170

续表

行业分类		建议BDA标准（万元/hm^2）
编号	名称	
29	橡胶制品业	4800
30	塑料制品业	6300
31	非金属矿物制品业	2680
32	黑色金属冶炼及压延加工业	16130
33	有色金属冶炼及压延加工业	9600
34	金属制品业	7230
35	通用设备制造业	7320
36	专用设备制造业	9840
37	交通运输设备制造业	3610
39	电气机械及器材制造业	15120
40	通信设备、计算机及其他电子设备制造业	56040
41	仪器仪表及文化、办公用机械制造业	8880
42	工艺品及其他制造业	6390

4. 建议和讨论

开发区工业建设项目必须依据相关的法律法规，遵循国家相关产业政策的指导，符合城市规划、土地利用总体规划的各项要求，并在符合相应的工业园区规划的前提下，采用先进的工艺水平，缩短工艺流程，使用先进的生产设备，根据经济社会发展水平的需要，确定经济合理的建设用地规模。

开发区工业建设项目应积极推广运用多层标准厂房。工业企业改、扩建项目应充分利用原有的生产、辅助、公用工程等设施和场地。

分期建设的工业建设项目用地，可以根据可行性研究报告确定的方案分期申请建设用地。近期建设应合理集中，远期建设发展用地应预留在企业外部，但应符合城市规划和土地利用总体规划要求。

工业园区内的绿化用地应进行统筹安排，对企业内部绿化用地实行高限和低限“两限”控制，严格控制工业企业内部绿化规模。高限按绿地率不高于30%执行（经环境保护部门认定有严重污染的企业按不高于35%执行）；

低限控制主要考虑到绿地维护成本和开发区现阶段财政能力，企业绿地率应不低于20%；当企业绿地率高于20%，不足30%部分，由开发区调配公共绿地予以平衡处理，从而满足北京市绿化条例的相关要求。开发区工业建设项目建筑系数应不低于40%。对于绿地率低于30%的企业，从提高土地利用率考虑，应提高工业建设项目建筑系数，建筑系数应不低于50%。对企业投资强度和容积率实施分行业控制，并运用产出强度进行事后监控。

第七章

土地生态环境问题研究

第一节　土地生态环境问题研究概述

一、土地生态环境

土地是地球生物圈的重要组成部分，是生态系统的构成要素之一，也是人类最基本的可循环再生的生态经济资源。20世纪以来，世界人口急剧增长，人类需求不断增加，从生产资料到活动空间都对土地资源产生了巨大压力，同时，土地资源的过度开发及土地利用的不合理导致了水土流失日益严重，出现了土地退化和土地污染等众多土地生态问题。在土地与人之间相互关系的矛盾不断尖锐的情况下，为解决土地利用过程中产生的众多生态问题，确保人类社会的可持续发展，促使人们将生态学应用到土地研究和土地利用上，以实现土地资源的最佳利用和管理。

土地生态环境可以理解为人类赖以生存和发展的土地资源所处的生态环境。目前，由于土地利用的不合理及人们掠夺式的经营，已经导致土地生态系统服务功能急剧衰减，严重威胁到区域生态环境安全，直接影响到区域乃至国家的可持续发展。因此，进行土地生态环境的评价，认清区域土地生态环境的现状及敏感区域，能够为高效配置土地资源和生态社会经济可持续发展提供决策支持，也为区域发展政策的制定提供参考。

二、土地利用总体规划中面临的生态问题

生态环境是人类生存和发展的基本条件，是社会经济发展的基础。保护

和建设好生态环境，实施可持续发展是我国现代化建设中必须始终坚持的一项基本方针。而要保护和建设好生态环境，就须合理利用土地资源，使土地利用与生态保护和生态建设相协调。从生态角度分析，目前土地利用总体规划存在的主要问题有以下几个方面。

（一）规划内容对土地生态功能的重视程度不高

土地不仅具有经济功能，而且具有生态功能，而生态功能更为重要。传统规划往往片面利用土地的经济功能，忽视土地的自然特性及其生态功能，以及由这些功能所衍生的其他生态与环境效益，导致在过度开发和不合理利用中丧失土地生态功能，影响区域的生态安全。

（二）规划对土地资源综合生态效益的相关规律认识不足

城市土地利用和空间建设基本规律之一就是追求城市生态系统运作综合效益的最大化。而许多城市受到短期经济利益的驱动，为了取得更多的生产、生活用地，不惜牺牲生态用地，不按规划要求的指标保留和建设生态用地，导致城市绿地面积减少，出现“城市荒漠”，导致环境自净能力大为降低，城市尘土飞扬，噪声倍增。

三、土地利用总体规划的生态目标和内容

“以人为本，实现全面、协调、可持续科学发展”是科学发展观的重要体现。因此，新一轮土地利用总体规划应辩证地处理好发展、资源与环境的相关关系，避免单纯追求“发展”而损坏资源环境。强调树立生态理念，调整资源环境伦理观，改善人地关系，实施以人为本，善待资源、尊重自然的理念，并将规划的生态理念贯穿于规划编制及规划实施的始终。

（一）强化规划的生态保护目标

新一轮土地利用总体规划目标应由经济发展的单目标模式向以人口、资源、环境、经济为核心的多目标“绿色规划”模式转变，充分运用生态学思想及生态规划理念作为规划编制的指导思想，在充分了解规划区生态环境的基础上，进行规划编制，将生态环境保护目标纳入土地利用总体规划的目标体系，在规划方案中得到体现，并采取相应措施使生态保护目标得到真正的落实，从而实现经济发展、社会进步和生态环境改善目标的高度协调统一。

（二）完善土地生态评价体系

改变现有土地评价指标体系不全面、不明确、缺乏考虑生态因素的缺点，根据土地生态学的基本理论和相关原则，综合土地的生物生产能力与空间容纳资源，制定新的土地评价及利用标准。评价指标从自然生态和社会两

方面入手，包括：自然生态功能指标、社会经济性指标、文化资源指标、土地建设经济性指标。其中，土地自然生态功能评价指标包括土地的自然生产效率、生物物种的数量与分布、自然生境类型、生境的生态敏感度等一系列指标。对尚未进行建设活动的原生土地和耕地还应该增加对土地生态潜能的分析，这一系列指标将决定土地能不能被用于建设用地。

（三）加强生态功能区划

土地利用生态区划是从生态环境的角度，揭示土地利用的区域分异特征和规律以及各区域土地的生态特点和问题，以便因地制宜地进行生态治理和生态建设。生态规划的目的是为不同土地利用区域内产业结构的合理布局、社会经济发展以及生态环境评价和综合整治提供科学基础，为区域资源的合理开发利用、生物多样性保护和灾害的防治提供重要的理论依据，从而为社会经济的可持续发展服务。

规划应明确自然保护区、基本农田保护区、水源涵养区、生态脆弱区、水资源严重短缺地区、自然灾害频发地区、重点开发地区和优化整合地区等各种类型区域的主体功能和发展原则。对于不同类型的地区，实行差别化的区域政策。对于重点开发区，应继续加大投入力度，尽快完善发展环境，形成新的增长极；对生态脆弱地区，不要盲目追求GDP增长目标，而把社会发展、教育、生态环境保护作为发展的根本目标，在区域开发的空间单位上，除了强调确定重点开发地区，更要关注特殊类型区域的开发和保护，尤其要注意二者在资源开发利用、生态环境建设等方面的协调问题。

（四）建立和完善土地利用功能分类体系

当前，土地开发利用的目标由单一性追求经济增长而上升为生态优化、经济发展和社会进步多目标的共同实现，从单一的生活、生产或生态功能出发的分类已不能满足实际土地利用总体规划的需要。为保证土地生态用地得到应有的体现，应建立和完善符合生态发展需要的土地利用功能分类体系，确立生态用地在土地利用总体规划和区域土地资源开发中的重要地位，明确划定特定区域空间作为生态功能用地。

第二节　土地生态环境问题的主要研究方法

为了合理开发利用土地资源，应在土地生态环境质量评价基础上，确定自然资源开发利用的最适宜模式。应根据土地生态环境条件和自然资源利用特点，通过科学规划，合理地利用土地资源，充分发挥土地资源的优势和潜力，有针对性地解决土地生态环境中存在的问题，合理开发利用土地资源与保护土地生态环境，形成互为利用、互为联系的良性循环系统。

一、区域土地生态环境现状分析

在研究区域的自然地理及社会经济发展概况的基础上，分析区域现存的土地生态环境问题，对其生态环境敏感因子及限制因素进行诊断和判别，总结区域土地生态环境的优劣势，重点分析其生态用地的数量及空间分布。一般可采用生态环境敏感性评价、土地生态服务功能价值研究、土地绿量分析以及土地生态足迹分析等方法。

(一) 生态环境敏感性评价

生态环境敏感性是指生态系统对人类活动反应的敏感程度，用来反映产生生态失衡与生态环境问题的可能性大小。生态环境敏感性评价即是对区域各种生态环境问题发生的可能性、范围和程度进行的适宜性评价。根据生态环境敏感性的空间差异，可将研究区域划分为极度敏感区、高度敏感区、中度敏感区、轻度敏感区和不敏感区。区域的生态环境敏感性越强，则其土地生态适宜利用类型的级别越高，对其开发利用的限制条件也就越多（表7–1）。

生态环境敏感性评价表　　表7–1

敏感性分区	土地生态适宜性	限制性条件
极度敏感区	生态用地	必要的开发建设项目须通过专项评价提出具体的生态保护措施和生态补偿方案
高度敏感区	生态和生态农业用地	生态用地必须保证一定比例，生态农业用地须采取特定措施对区内主要生态环境问题进行治理。交通、水利、矿山建设必须进行专项评价并提出具体的生态保护措施和生态补偿方案
中度敏感区	生态农业和农业用地	生态农业用地必须保证一定比例，农业用地须采取特定措施对区内主要生态环境问题进行治理，以改善区内生态环境为前提。交通、水利、矿山建设必须进行专项评价并提出具体的生态保护措施和生态补偿方案
轻度敏感区	生态用地、农业用地、限制性建设用地	建设用地以不加重区内生态环境退化、改善生态环境为前提
不敏感区	生态用地、农业用地、建设用地	各类用地比例以不超出环境容量、资源承载力为前提

首先，参照《生态功能区划暂行条例规程》中对于生态环境敏感性评价的规定，并结合专家咨询法，确定生态环境敏感性评价因子、赋值及权重。其次，借助GIS技术和遥感技术等进行评价因子的单因素分析，采用专家咨询法，制定各评价因子敏感性高低的赋值表，采用层次分析法确定各评价因子的权重。最后，利用地理信息技术对单要素图件进行自动分类赋权重，再进行多要素权值叠加处理，即可得到生态环境敏感性综合评价图。

生态环境敏感性的评价结果可以揭示规划区域的生态本底条件的差异性，规划用地类型和建设强度等均应参考敏感性评价的结论，评价结果同样可以作为土地功能分区和用途管制分区的重要依据。

（二）土地生态服务功能价值研究

1. 土地生态服务功能评估的意义

土地利用应考虑综合的生态经济效益而不是单方效益，土地可持续利用的目标是使生态安全性和经济增长达到一种动态的平衡。通过土地生态系统生态服务功能价值核算，可以较好地体现土地利用的综合生态经济效益、定量化表示出土地利用对生态环境的影响，对采取合理的土地利用方式、建立可持续的土地利用模式、探索维持生态平衡的途径都有重要意义；同时，生态服务功能价值重要性和空间特征分析结果可作为生态功能分区与空间管制的重要依据。

2. 评估体系与方法

由联合国秘书长安南发起的千年生态系统评估（The Millennium Ecosystem Assessment，MA）（2001~2005年）对世界主要生态环境问题进行了全面评估，同时启动了若干区域性生态系统评估计划，我国及时作出响应，于2001年6月5日启动了“中国生态系统评估计划”，并首先在中国西部地区实施。千年评估的重点放在生态系统和人类福祉间的联系，尤其是生态系统提供产品和服务方面。Costanza将生态系统服务功能归为17类；Daily将其归纳为15类。综合起来主要有：食物生产、生物多样性保护、土壤保持及养分循环、空气净化、气候调节、废弃物处理、植物授粉及种子传播、文化娱乐等方面。

生态系统服务功能价值分为利用价值与非利用价值两部分。利用价值包括直接利用价值（即直接实物价值）、间接利用价值（生态功能价值）和选择价值（潜在利用价值）；非利用价值则包括遗产价值和存在价值。现有对生态系统服务价值的评估集中于利用价值的估算，选择价值、遗产价值和存在价值有一定的重叠所以很难将其价值量化。Costanza根据支付意愿来估算每种生物群落单位面积上提供的生态系统服务价值，然后乘以该生物群落的总面积，得到每种生物群落的服务价值总和。这是世界上最先开展的全球范围内的生态系统服务价值的估算，具有重大意义。

谢高地、鲁春霞等（2003年）参考Costanza研究成果的可靠部分，并针对其不足，对我国200位生态学者进行问卷调查，制定出中国生态系统生态服务价值当量因子表，并按照一个生态服务价值当量因子的经济价值量等于当年全国平均粮食单产市场价值的1/7的标准，最后得到中国陆地生态系统单位面积生态服务价值表（表7-2）。

中国不同陆地生态系统单位面积生态服务价值表［元/(hm²·年)］　表7-2

地类功能	农田	园地	林地	水体	湿地	草地	荒漠（未利用地）	建设用地
气体调节	442.4	1902.45	3097	0	1592.7	707.9	0	0
气候调节	787.5	1592.75	2389.1	407	15130	796.4	0	0
水源涵养	530.9	1769.7	2831.5	18033.2	13715	707.9	26.5	0
土壤形成与保护	1291.9	2588.2	3450.9	8.8	1513.1	1725.5	17.7	0
废物处理	1451.2	1159.5	1159.2	16086.6	16086	1159.2	8.8	0
生物多样性保护	628.2	1924.55	2884.6	2203.3	2212.2	964.5	300.8	0
食物生产	884.9	177	88.5	88.5	265.5	265.5	8.8	0
原材料	88.5	1172.4	2300.6	8.8	61.9	44.2	0	0
文化娱乐	8.8	584	1132.6	3840.2	4910.9	35.4	8.8	0
合计	6114.3	12870.25	19334	40676.4	55489	6406.5	371.4	0

在具体评价时，可在土地变更调查数据的基础上，对用地进行重新分类，以适应评估的要求（表7-3、表7-4）。测算的公式如下：

（1）第i类生态服务功能的总价值：

$$V_i=\sum^{8} P_{ij}\cdot A_j \tag{7-1}$$

式中　V_i——研究区第i类生态服务的总价值；

P_{ij}——j类生态系统i类生态服务功能的单价；

A_j——研究区域内土地利用类型j的分布面积。

（2）生态系统服务的总价值：

$$V_j=\sum^{8}\sum^{9}A_j\bullet P_{ij} \quad (7\text{–}2)$$

式中 V_j——区域生态服务总价值；

A_j——j类生态系统的总面积；

P_{ij}——j类生态系统i类生态服务功能的单价。

2004年某区单项生态服务功能价值核算结果（10^4元/年） 表7–3

	农田	园地	林地	水体	湿地	未利用地	合计	比例(%)
气体调节	2007	953	2460	0	143	0	5563	8
气候调节	3573	798	1898	122	1357	0	7747	12
水源涵养	2409	886	2249	5410	1230	2	12185	18
土壤开成与保护	5861	1296	2741	3	136	1	10038	15
废物处理	6584	581	921	4826	1442	1	14354	22
生物多样性保护	2850	964	2291	661	198	22	6986	10
食物生产	4015	89	70	27	24	1	4225	6
原材料	402	587	1827	3	6	0	2824	4
娱乐文化	40	292	900	1152	440	1	2825	4
合计	27741	6446	15357	12204	49760	28	66747	100

2004年某区分乡镇生态服务总价值核算结果（10^4元/年） 表7–4

乡镇	农田	园地	林地	水体	湿地	未利用地	合计
镇1	1878	591	1564	1594	1699	1	7327
镇2	3054	1274	2221	1876	1250	1	9677
镇3	2367	1819	1888	1956	1189	1	9219
镇4	4292	345	1281	2104	527	15	8564
镇5	2875	1036	1658	1219	99	3	6889

续表

乡镇	农田	园地	林地	水体	湿地	未利用地	合计
镇6	311	97	164	0	0	0	572
镇7	2489	210	1983	742	12	1	5437
镇8	3247	201	1032	612	14	1	5108
镇9	330	292	572	902	171	1	2268
镇10	4053	359	2174	651	0	2	7239
镇11	2844	222	752	424	0	1	4243
镇12	1	0	67	123	14	0	204
全区	27740	6446	15356	12202	4975	27	66747

(三）土地绿量分析

1. “绿量”概念的提出

绿量是指植物叶片面积的总量，是决定城市绿地生态效益大小的关键因素。园林植物通过其生理活动的物质循环和能量流动产生能改善环境质量的生态效益，植物光合效能的大小决定于叶面积的大小和叶面积指数。目前，国内城市制定的绿化规划指标，是从国情出发采用的低限指标，绿地率和绿化覆盖率只能部分而不能完全反映真正的绿量。

2. “绿量”的研究意义

土地利用总体规划的根本目标之一是集约利用土地，从而提高土地的利用效率，即提高单位面积土地所带来的效益。不同用地类型的利益效率指标不同，其中考察规划区园林绿化等用地的集约程度，就是看其单位面积绿地所产生的生态效益的大小。因此，绿量就可以作为一项重要的考察指标，通过绿量的计算，来检验不同区域园林绿化用地的生态效益，以此作为园林绿化用地规划规模和结构布局是否合理的重要评判指标。

3. “绿量”的测算方法

1）城市园林绿地

园林绿地一般可以分为公共绿地、专用绿地、居住区绿地、道路绿地和片林等主要类型。每种类型的绿地由于植被类型、种植结构的不同，导致其单位面积绿量的差异（表7-5）。

主要绿地类型地均绿量值 **表7–5**

	公共绿地	专用绿地	居住区绿地	道路绿地	片林
每公顷绿量（m^2）	120707.2	90385.9	89774.6	84668.7	23796.6

根据表7–5的数据，结合规划区各种类型绿地面积的统计，就可以计算出城市园林绿地的绿量。

2）其他类型绿地

除了城市建成区内的园林绿地外，外围的耕地、林地、园地、牧草地等，都在不同程度地发挥着杀菌、滞尘、吸收污染物等生态功能。有研究对各种类型用地的生态功能进行打分，结果表明，假设林地所具有的绿量分值为1，则水田为0.77，旱地为0.68，自然草地为0.76，牧草地为0.73。考虑各地区之间的气候差异、各地区作物的不同生长周期与熟制，上述分值可以经过校正得到适用于规划区的结果，例如北京市的各种类型用地绿量的相对值见表7–6。

北京市各种类型用地绿量相对值 **表7–6**

用地类型	全年平均绿量	平均叶面积指数
林地	1	49.02
园地	0.73	35.78
耕地	0.46	22.55
牧草地	0.49	24.02
自然草地	0.51	25.00

根据不同类型绿地的平均叶面积指数及其面积就可以计算得到各种类型绿地的总的绿量值。

（四）土地生态足迹分析

1. 方法简介

生态足迹分析法是由加拿大生态经济学家威廉·里斯（William E.Rees）及其博士生维克纳戈尔（Mathis Wackernagel）于20世纪90年代初提出的一种基于土地面积的可持续发展测度方法。所谓生态足迹是指“一只承载着人类与人类创造的城市、工厂……的巨脚，踏在地球上留下的脚印”。生态足迹这一形象化概念，既反映了人类对地球环境的影响，也包含了可持续机制，即当地球所能提供的土地面积再也容纳不下这只巨脚时，其上的城市、工厂就会失去平衡；如果巨脚始终得不到一块允许其发展的立足之地，那么它所承载的工厂就会失去平衡，而它所承载的人类文明终将坠落与崩溃。生态足迹将人类活动（衣、食、住、行）对生物圈的影响综合到一个数字上去，即人类活动排他性占用的生物生产土地面积。

2. 假设条件

土地生态足迹评价是基于以下基本假设进行测算的：① 人类可以确定自身消费的绝大多数资源及其产生废物的数量；② 这些资源和废物流能够转换成相应的生物生产土地面积；③ 不同区域间土地拥有相同的单位（hm^2或亩）来表示，即每单位不同地区的土地面积都能够转化为全球均衡面积，每一个单位的全球均衡面积代表着相同的生物生产力；④ 各类用地在空间上是互斥的，即一块土地被用来修建公路时，它就不可能同时用作耕地、林地、牧草地等；⑤ 自然系统的生态服务总供给能力和人类系统对自然系统的总需求数量可以相互比较。

土地生态足迹评价中所有指标都是基于生物生产力土地这一概念而定义的。这样的替换方式极大地简化了对自然资本的统计，各类土地之间总比各种繁杂的自然资本项目之间容易建立等价关系，从而便于计算自然资本的总量。根据生物生产力的差异，地球表面的生物生产力土地可分为化石能源用地、耕地、牧草地、林地、建筑用地和水域等六类土地。

3. 研究意义

生态足迹测量了人类生存所需的真实的生物生产土地面积，将其同国家或区域范围内所提供的生物生产土地面积相比较，就能判断一个国家或区域的生产消费活动是否处于当地的生态系统承载力范围之内。因此，基于土地规划区的现状以及规划的各类土地的面积进行生态足迹的测算，可以评价现状及规划方案的合理性，也可以作为规划环境影响评价的重要指标。

4. 测算方法

土地生态足迹是人口数和人均物质和能源消费的函数，是各种消费商品的生物生产土地面积的总和。其测算公式为：

$$EF=N \cdot ef \tag{7-3}$$

$$ef=\sum_{i=1}^{n}(aa_i)=\sum(C_i/P_i) \tag{7-4}$$

式中 EF——总的生态足迹；

N——人口数；

ef——人均生态足迹；

i——所消费的商品与投入的类型；

aa_i——人均 i 种交易商品折算的生物生产面积；

P_i——i 种消费商品的平均生产能力；

C_i——i 种商品的人均消费量。

具体测算程序如下。

（1）各种消费项目的人均生态足迹，其测算公式为：

$$A_i=C_i/Y_i=(P_i+I_i-E_i)/(Y_i \bullet N) \tag{7-5}$$

式中 i——消费项目的类型；

A_i——第 i 种消费项目折算的人均占用的生物生产土地面积（人均生态足迹分量，hm^2）；

C_i——i 种消费项目的人均消费量；

Y_i——生物生产土地生产第 i 种消费项目的世界平均产量（kg/hm^2）；

P_i——第 i 种消费项目的年生产量；

I_i——第 i 种消费项目的年进口量；

E_i——第 i 种消费项目的年出口量；

N——人口数。

（2）人均生态足迹的测算，其测算公式为：

$$ef=\sum r_j A_i=\sum r_j(P_i+I_i-E_i)/(Y_i \bullet N) \tag{7-6}$$

式中 ef——人均生态足迹（hm^2）；

r_j——均衡因子；

A_i——第 i 种消费项目折算的人均占用的生物生产土地面积（人均生态足迹分量，hm^2）。

（3）生态承载力的测算。在不同的国家和地区，同类生物生产土地的实际面积是无法直接进行对比的，需要对不同类型的土地面积进行调整。不同国家或地区的某类生物生产土地面积所代表的平均产量同世界平均产量的差异可用“产量因子”（yield factor）表示，即某个国家或地区某类土地的产量因子时期平均生产力与世界同类土地的平均生产力的比率。将现有的耕地、牧草地、林地、建筑地、海洋等物理空间面积乘以相应的均衡因子和当地的产量因子，就可以得到世界平均生态空间面积即生态承载力。人均生态承载力的测算公式为：

$$ec=a_j \cdot r_j \cdot y_j \qquad (7\text{–}7)$$

式中 ec——人均生态承载力（hm^2）；

a_j——人均生物生产土地面积；

r_j—— 均衡因子；

y_j——产量因子(表7–7、表7–8)。

某市2003年生态足迹需求 表7–7

土地类型	生态足迹需求		
	总面积（hm^2/人）	均衡因子	均衡面积（hm^2/人）
耕地	0.4267	2.8	1.1948
草地	0.0828	0.5	0.0414
林地	0.0000	1.1	0.0000
建筑用地	0.0012	2.8	0.0034
水域	0.6921	0.2	0.1384
化石燃料用地	0.2542	1.1	0.2796
总生态足迹			1.6576

某市2003 年生态足迹供给 表7–8

土地类型	生态足迹供给			
	总面积（hm^2/人）	产量因子	均衡因子	均衡面积（hm^2/人）
耕地	0.0507	2.24	2.8	0.3181
草地	0.0081	3.29	0.5	0.0133
林地	0.0493	1.20	1.1	0.0651
建筑用地	0.0278	2.24	2.8	0.1744
水域	0.0699	1.00	0.2	0.0140
总供给面积				0.5849
生物多样性保护（12%）				0.0702
总生态承载力				0.5147

二、土地利用与生态环境关系分析

土地作为地球表面的自然综合体，它既是生态环境各要素的连接纽带，也是人类赖以生存的物质基础。土地利用作为人与自然交叉最为密切的环节，一方面，人们通过土地利用来改变生态环境；另一方面，生态环境的变化也反过来对人们的土地利用方式产生影响。土地利用与生态环境实质上是相互影响、相互制约的一对矛盾统一体，“人类—土地—环境”是土地利用整体系统中相互联系、不可分割的组成部分。

（一）土地利用变化对生态环境的影响

生态系统类型在土地利用中表现为土地利用类型，土地利用的变化引起各种土地利用类型的种类、面积和空间位置等方面的变化，即导致了各类生态系统类型、面积以及空间分布格局等方面的变化。同时，土地利用的变化还会引起自然景观面貌的改变，影响景观中的物质循环和能量分配。

土地利用的变化能够直接改变地表的覆盖状况，它一方面改变地球表面的物理特征（如粗糙度、反照率土壤含水量等），影响与气候直接有关的地表与大气之间的能量和水分的交换过程；另一方面又能改变地球表面的生物地球化学的循环过程，影响地表与大气之间的微量气体交换和土壤—植被之间的营养物质输送。另外，土地利用变化还通过改变土地覆盖的状况而直接影响到生物多样性、区域的水分循环特征、生态系统的结构以及组成，从而对生态系统的功能产生影响。

1. 对气候的影响

土地利用与土地覆盖变化对气候的影响，主要有两个途径：一是由于化石燃料燃烧以及土地利用与土地覆盖变化等人类活动使得大气中温室气体的含量增多，由此产生的温室效应使得全球气候变暖；二是由于下垫面性质的改变，即由于地表反射率、粗糙度、植被叶面积以及植被覆盖比例的变化引起温度、湿度、风速以及降水发生变化，由此引起局地与区域气候变化。有关城市热岛效应的研究也表明，城市化所带来的土地利用的改变会对局地气候产生影响。

2. 对土壤的影响

土地利用与土地覆盖变化对土壤的影响表现在对土壤养分平衡的影响上，随着耕作制度、肥料施用、农田管理等农业生产方式的改变，土壤的理化性质也发生变化。随机械化程度的不断提高、化肥施用量的不断加大，有机肥料补充不足，使得土壤有机质的含量降低，土壤板结现象日趋严重。科学合理的土地利用方式可以使土壤侵蚀得到减缓和控制，例如农田防护林带建设，少耕、免耕等土地利用方式可以使土壤受到的风蚀得到有效控制。

3. 对水文的影响

土地利用与土地覆盖变化对水量与水质都会造成影响，不同的土地利用与土地覆盖方式，会对水量与水质产生不同的影响。

4. 对生态系统的影响

由于不同的土地覆盖类型有着不同的生态系统结构、群落组成与生物量内容，它们以不同的速度吸收与固定养分，对碳、氮等营养成分在土壤、大气与水中的分布有着重要影响。因此，土地利用与土地覆盖变化会在不同的尺度上对生态系统的结构与功能产生很大的影响。

以城市生态系统为例，城市建设用地的盲目扩张是造成地球生态能力损失的重要原因之一。这种生态能力的损失不仅仅体现在直接的土地生物生产量上，例如少生产了多少木材或粮食；更为严重的是由此引发的连锁反应——由于土壤活性丧失导致的生态系统物质循环阻断，使得世界上大多数城市垃圾围城，某些物质无法回归自然本位，造成地球环境的总体灾变。生态系统的有机整体性要求各个子系统必须相互协调，任何局部的失调都有可能造成整个系统崩溃。

从本质意义上讲，人类利用土地获取物质资料的一切生产都是经济再生产与自然再生产的交织。在物质资料的生产过程中，自然再生产是经济再生产的基础和前提，一切影响自然再生产的因素，都是影响经济再生产的因素。由于自然再生产是受自然规律支配的生态运动过程，人类在对土地开发利用过程中，为了充分发挥土地资源的潜力，有意识地改善土地资源的质量，提高其利用率，使土地生态系统朝着有利于人类的方向发展，如自然保护区的建设和管理、农业基础设施的修建和维护以及中低产田的改造等。

合理的土地利用方式具有良性的生态环境效应，是维护生态系统平衡、保持其健康发展的保证。良好的生态环境是使区域空间具有较高市场价值的必要条件，只有充分发挥土地的生物生产功能才能真正赋予区域空间升值的潜力。

因此，要实现区域土地的可持续利用就必须处理好土地利用与生态环境之间的关系，在土地利用总体规划中要充分考虑生态环境因素，以促进区域土地利用与生态环境的良性发展。

（二）土地利用模式对生态环境的影响

1. 建设用地的“规划”与“反规划”

传统的土地利用总体规划中对建设用地的规划往往是为了满足城市发展的需要以及产业用地的需要，在后备资源不足的情况下，不可避免地发生建设用地占用耕地、林地等生态用地的现象。随着人们对生态环境重视程度的日益增加，“反规划”的理念正日益深入人心。这种逆向的规划程序，是以生命土地的健康和安全和持久的公共利益为目标的，而不是从眼前城市土地开发的需要出发来作规划。“反规划”理论强调着重规划和设计“不建设用地”，即设定生态控制线。这无疑给区域的生态环境保护和生态安全格局的构建提供了很好的契机，也是促进城市理性增长和可持续发展的明智选择。

2. 传统农业与生态农业

随着生产的发展，农业已从原始农业阶段、传统农业阶段，发展到了现代农业阶段。在这个阶段，依靠大量的工业品（化肥、农药、机械、燃料等）从农业外部投入，用高耗能量来换取高产量。这种以高耗能换取农业发展的现代农业模式被称为“石油农业”或“黑色农业”。这种农业模式在保证农产品数量最大化的同时，也破坏了生态环境。

而生态农业能够合理利用资源，实现种养业结合，使农业资源永续利用。同时生态农业是建立在保护生态环境的基础上，实现人与自然的和谐发展的，因而具有广阔的发展前景。例如，环境友好型肥料的推广大大降低了肥料的流失，减少了氮、磷对水体的污染；对农田进行免耕、少耕，可以减少水土流失、抑制沙尘飞扬。实行秸秆、果树残枝粉碎还田，能够增加土壤有机质。因此，生态农业的发展能够避免传统农业生产给环境带来的面源污染，有利于区域生态环境的改善。

3. 土地利用的“单一模式”与“复合模式”

以往单一目的的土地利用模式——建设用地要扩张，耕地数量不能减少，林地面积要达到生态建设的要求等造成了有限土地资源间的矛盾和冲突，各类用地都是为了满足各自发展的要求，从单一角度考虑问题，以致造成了诸多不合理用地的问题。随着理论和实践水平的提高，土地资源的“复合功能”越来越引起人们的重视。例如，城区内的建筑物可以建设“绿色屋顶”，农业用地同时兼具生产和生态的双重功能，发展农村“庭院经济”，自然保护区、风景名胜区建设与生态旅游共同发展。土地利用“单一模式”向“复合模式”的转变为解决当前土地供需矛盾，实现经济、社会、环境的多赢指明了方向。

三、土地利用生态保护

根据规划区域的实际情况，探讨适合区域发展的环境友好型土地利用模式，构筑生态安全格局，进行生态功能区划，提出重点土地生态建设工程及土地利用调控指标和空间管制措施。

（一）环境友好型土地利用模式

环境友好型的土地利用模式是按照土地的自然生态条件和环境承载力，进行土地利用总体规划，优化配置土地资源，使不同功能用地之间的位置关系与比例关系协调，增强土地利用集约程度，从而实现经济效益、生态效益的双丰收。生态环境友好型的土地利用模式的总体目标是显著提高土地资源利用率，不断增强土地可持续发展能力，明显改善生态环境，使土地利用与经济发展和社会进步和谐统一。

1. 环境友好型农业土地利用模式

环境友好型农业土地利用模式， 是以自然资源与生态环境良性循环为基础， 以农业基础设施建设与提高土地利用效率为重点的高效生态农业模式。高效生态农业的功能要实现多元化拓展，除了具备最基本的商品生产功能以外，还应当具备生态建设、休闲旅游、文化教育、出口创汇、示范辐射等直接、间接的多重功能。例如，上海市的一些都市型生态农业园区已经形成多种模式："设施化＋生态技术"模式、"集约化＋生态技术"模式、"科技化＋生态技术"模式、"市场化＋生态技术"模式等。这些农业土地利用模式体现了农业用地生态服务功能。

2. 环境友好型工业土地利用模式

工业园区建设遵循经济发展的客观规律，土地利用模式应根据实际发展需要而定，并注意协调好保护生态环境与城市化及社会经济发展的关系。具体要求与对策如下：

一是抓好园区土地利用总体规划和配套设施建设。要作好园区规划与城市总体规划和土地利用、环境保护等专项规划的协调。通过工业园区的建设，吸引更多的本地或外地企业来投资办厂，从而增加税费收入；通过工业的发展，可以为本地劳动力提供更多的就业机会；通过同类企业集聚，可以增强企业之间的联系，共享基础设施及其他服务，从而提高企业集群效益，大大节省政府的服务成本，特别是降低环境治理成本。

二是集约化规模经营。行业分布要坚持适度规模，实施集中式、集约化规模经营，使入园企业总规模达到一定水平，从而减少城区政府土地投入量，降低公共基础设施的补贴费用，减轻城区政府的负担，使基础建设投资、引资力度、外来投资的管理控制更加集中。这样，就可聚集有限的财力、物力、智力资源，最大限度地发挥土地资源的潜力优势，形成某种特殊的城区经营优势，发挥出汇聚效应和辐射效应。

三是发挥土地规模效益，提高土地利用率。由于传统工业布局的影响，一些城市的许多大型工业生产企业均分布在城区周围。随着城市建设的发展和工业布局的调整，在高效土地利用效率的指导思想下，应逐步将这部分企业迁出市中心易地发展，从而优化城区土地利用结构和布局，在工业项目腾出来的中心城区地块优先发展商贸业，将分布零乱、功能不全的城郊土地进行整理和统一规划，发挥土地规模效益，提高土地利用率，促进土地的合理开发和城乡经济的发展。

四是发展循环经济和可持续发展要求下的绿色工业。循环经济和可持续发展是区域经济发展的一项重要课题，由于工业行业的发展和生产必定需要一定的资源投入，因此重视并发展相对“环保”的产业是一项不容忽视的任务，尤其是在重点发展支柱产业、高新技术产业和都市型工业方面，从一开始就要注重其行业对于资源的需求和污染的排放。

（二）生态功能区划

1. 生态功能区划的定义与原则

生态功能区划是根据区域生态环境要素、生态环境敏感性与生态服务功能空间分异规律，将区域划分成不同生态功能区的过程。

生态功能区划的原则主要包括以下几个方面：

（1）可持续发展原则：生态功能区划的目的是促进资源的合理利用与开发，避免盲目的资源开发和生态环境破坏，增强区域社会经济发展的生态环境支撑能力，促进区域的可持续发展。

（2）区域相关原则：在空间尺度上，任一类生态服务功能都与该区域，甚至更大范围的自然环境和社会经济环境相关，在评价与区划中，要从全省、流域、全国甚至全球尺度考虑。

（3）相似性原则：自然环境是生态系统形成和分异的物质基础，虽然在特定区域内生态环境状况趋于一致，但由于自然因素的差别和人类活动影响，使得区域内生态系统结构、过程和服务功能存在某些相似性和差异性。生态功能区划是根据区划指标的一致性与差异性进行分区的，但这是一种相对一致性，不同等级的区划单位各有不同的一致性标准。

（4）区域共轭性原则：区域划分必须具有独特性，空间上完整的自然区域，即任何一个生态功能区必须是完整的个体，不存在彼此分离的部分。

2. 生态功能区划的主要工作流程

生态功能区划的主要工作过程如图7–1所示。

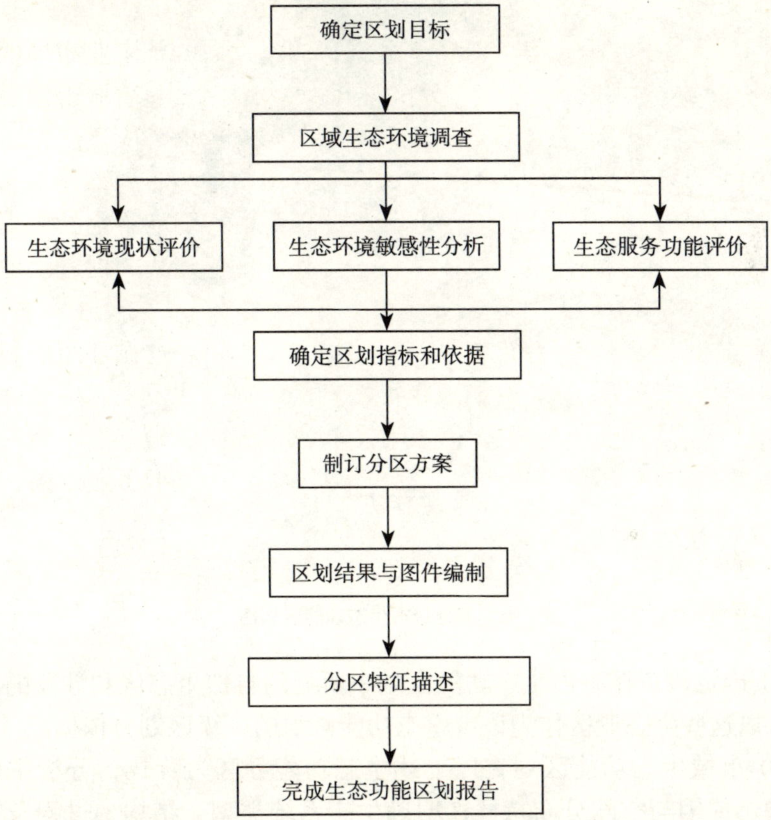

图7–1　生态功能区划主要工作流程

生态功能区划的最终目标是进行地理空间分区。不同层次的生态功能区划，其划分依据是不同的，生态功能区划进行三级分区：

（1）一级区划分。以中国生态环境综合区划三级区为基础，各省市可根据管理的要求及生态环境特点，作适当的调整。

（2）二级区划分。以主要生态系统类型和生态服务功能类型为依据。城市及城市近郊区可以作为二级区。

（3）三级区划分。以生态服务功能的重要性、生态环境敏感性等指标为依据。

以某地级市生态功能区划为例（图7–2），主要涉及以下工作：

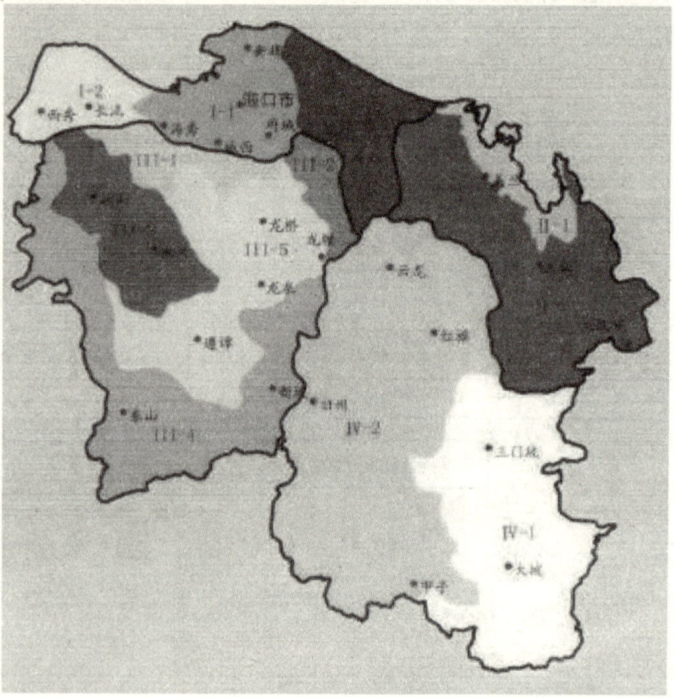

图7–2　某地级市生态功能区划图

（1）确定该市在省内生态功能区划中所处的自然生态区和涉及的主要生态亚区，以这些生态亚区作为该市生态功能区划的一级区划分依据。

（2）市域生态功能区划将以上述生态功能分区为背景，分析主要生态环境问题、成因与空间分布特征；明确生态系统类型、结构、过程及空间分布；评价市域生态服务功能及其对区域可持续发展的支撑能力与作用；确定生态环境敏感区与生态环境脆弱区；提出全市生态功能区划（表7–9）；明确各级功能区的生态环境与社会经济功能以及生态环境保护目标。

某地级市生态功能区划表　表7–9

一级区	二级区
Ⅰ北部海蚀型海岸生态区	Ⅰ–1主城区产业与人居环境发展生态功能区
	Ⅰ–2副城区A商贸业发展生态功能区
	Ⅰ–3副城区B生态防护、景观与水资源保护生态功能区

续表

一级区	二级区
Ⅱ东部海积型海岸生态区	Ⅱ-1红树林保护生态功能区
	Ⅱ-2滨海平原农业发展生态功能区
Ⅲ西北热带季雨林生态区	Ⅲ-1主城区水资源保护与城郊农业生态功能区
	Ⅲ-2 C江下游水资源保护与洪水调蓄生态功能区
	Ⅲ-3火山口景观保护生态功能区
	Ⅲ-4 城市西部优质农产品生产生态功能区
	Ⅲ-5城市中西部热带水果与畜牧业发展生态功能区
Ⅳ东南部热带季雨林生态区	Ⅳ-1东南部台地热带经济作物生态功能区
	Ⅳ-2中南部优质农产品生产与特种水产养殖生态功能区

四、土地利用总体规划方案的环境影响评价

(一) 规划环境影响评价的内涵

目前所讲的环境影响评价包括三个主要方面：建设项目的环境影响评价，区域开发的环境影响评价以及战略环境影响评价。战略环境影响评价（Strategy Enviornment Assessment, 简称SEA）是20 世纪80 年代国际上兴起的环境影响评价形式，是建设项目环境影响评价（Environment Impact Assessment, 简称EIA）在战略层面上（政府的政策、计划和规划，Policy, Plan and Prognam, 简称PPP）的应用，是实现可持续发展、避免宏观决策失误的重要手段和途径。土地利用规划环境影响评价属于战略环境影响评价范畴。

土地利用总体规划环境影响评价作为一种战略环境影响评价，具有以下不可替代的作用：

（1）更早地参与规划方案的形成。规划的环境影响评价可以在规划方案的形成阶段就参与其中，及早分析规划方案可能引发的积极与消极的影响，从而进一步改善规划方案。其着眼点不在于规划实施后减缓不利环境影响，而是从源头上尽量减少产生不利影响的可能性。

（2）土地利用总体规划涵盖各业用地，可以从规划区环境保护和生态建设的整体角度出发，考虑诸多建设项目的协同效应和累计效应。

（3）土地利用总体规划环境影响评价可以全面考虑替代方案。规划环境影响评价可以在对规划区域生态环境现状、环境目标分析和评价的基础上，

针对规划方案的潜在环境影响，评价影响的范围和程度，拟订替代方案，并提出消除、减缓不利环境影响的措施。

(二) 规划环境影响评价的原则

(1) 应借鉴国内外环境影响评价的理论和方法。

(2) 应着眼于生态环境影响评价。

(3) 与土地利用总体规划相结合的原则。

(三) 规划环境影响评价的基本程序

第一阶段：准备阶段。进行资料收集与分析工作，并确定规划环境影响预测、评价方法与指标体系。收集的资料包括国家生态建设和环境保护的有关法律法规，以及环保、林业、农业、水利等部门的有关资料：① 自然保护区面积、分布与规划。② 水土流失区面积与分布，潜在水土流失区面积与分布情况。③ 湿地保护区面积、分布与规划。④ 草地退化区面积与分布。⑤ 土地荒漠化面积与分布。⑥ 水资源数量与分布，等等。

第二阶段：正式工作阶段。主要工作为环境现状分析与评价，生态环境质量分区，参与规划方案草拟并制订替代方案，然后进行环境影响预测和评价。

第三阶段：报告书编写阶段。编写报告或环境影响评价的篇章或说明（图7-3）。

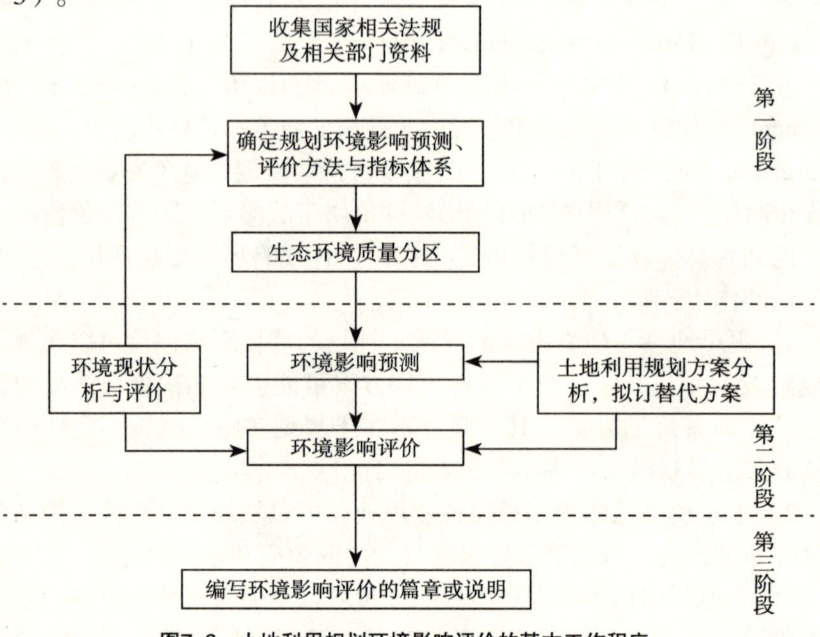

图7-3 土地利用规划环境影响评价的基本工作程序

（四）规划环境影响评价的指标体系与评价方法

1．规划环境影响评价指标体系框架

土地利用总体规划环境影响评价范围大，应尽量选择相对指标，采用统计数据，以反映宏观尺度上的影响。土地利用规划环境影响指标体系可以分为三个层次：① 环境要素（或环境主题）层：土地利用规划活动涉及的环境要素。② 准则层（可持续发展目标层）：针对环境要素的环境目标和可持续发展标准。③ 指标层：具体反映影响生态环境质量的多项指标。土地利用规划环境影响评价的指标可以采用状态指标和影响指标。状态指标是反映某区域生态环境质量状况的指标，影响指标指那些用来衡量环境影响的指标。

2．评价方法

土地利用总体规划环境评价可以采用指标法与图形叠置法相结合的方法。指标法可以反映土地结构数量调整可能引起的环境影响，而图形叠置法可以反映土地利用空间布局调整可能引起的环境影响。

国家级土地利用规划环境影响评价由于研究尺度大，可偏重指标法。而地市级土地利用规划环境影响评价重点可以放在对土地利用空间布局调整的合理性评价方面，将规划区的土地利用现状图与潜在水土流失地区分布图、草地退化地区分布图、水资源分布图、自然保护区图、湿地分布图等图件叠加，分析、预测和评价土地利用的空间布局调整带来的环境影响。

第三节　土地生态环境问题的发展：北京市绿色空间研究

为避免城市无限制地蔓延式发展，有效地控制城市形态，改善城市生态环境，国内外逐渐兴起了“环城绿带”、“绿色空间”等生态思想。绿色空间（Green Space）可以理解为“非建设空间”，即自然或半自然的生态系统。它能够改善城市边缘景观异质性，从用地上防止城市无序蔓延发展，保护生态环境，促进城市可持续发展，提供人类生活所需的诸多方面的服务。基于城市生态系统本身演变的复杂特征，以及城市化进程中产生的各种问题，单一结构或单一功能的环城绿带往往不能满足城市发展的需要，因此，结构复杂化、功能多样性的绿色空间将成为建设的趋势。

一、绿色空间的含义

(一) 绿色空间概念的演进

绿色空间作为城市的有机组成部分被纳入规划体系，始自霍华德“田园城市”理论的提出和实践，其核心是强调城市的低密度组团式发展，利用大面积绿色空间降低城市密度，创造优美的城市环境。“田园城市”由于缺乏实际可操作性而成为一种城市发展的绿色理想。

不同国家对绿色空间有不同的定义和理解，在西方的城市规划中一般指开敞空间（Open Space）。美国认为开敞空间是城市区域未开发或基本未开发、具有自然特征的环境空间，是一些保持着自然景观或自然景观得到恢复的地域（即游憩地、保护地及风景区），或为调节城市建设而保留的土地，具有重要的生态、娱乐、文化、历史、景观等多种价值。英国、日本、波兰等国对开敞空间的定义虽有所不同，但都强调了开敞空间的自然属性和公益性。我国建国以来一直沿用原苏联的绿地概念，根据建设部1991年印发的《城市用地分类与规划建设用地标准》以及1993年印发的《城市绿化规划建设指标》的规定，城市绿地是指城市的公共绿地、居住区绿地、单位附属绿地、防护绿地、生产绿地以及风景林地六大类型。我国传统的绿地概念实际上是狭义的绿色空间。

随着人们对绿色空间生态服务功能认识的不断深化，绿色空间的概念也在发展变化。绿色空间是由园林绿地、城市森林、立体空间绿化、都市农田和水域湿地等构成的绿色网络系统。绿是生命之道，城市之魂。城市绿色空间不只是一种花香鸟语、绿茵林茂的形态绿，而且是一种乔木、灌木、草本植物合理布局，结构、功能、过程和谐的系统绿，是一种技术、体制、行为配套，竞争、共生、自生功能完善的机制绿。

(二) 绿色空间的类型和体系

关于绿色空间体系目前还没有明确的定义，在不同时期，不同的专家有不同的分类方法，分类格局一般随着时间的推移，认识水平在不断提高。表7-10列出了我国绿色空间含义的演进过程。

绿色空间含义的演进 **表7-10**

时间	绿色空间类型	文献来源
1961年	公共绿地、小区和街坊绿地、专用绿地和风景游览、疗养区绿地	《城乡规划》
1963年	公共开放、供全市居民休息、游览的公园绿地和街头绿地	《城市建设统计》

续表

时间	绿色空间类型	文献来源
1979年	公园、一般绿地和特种绿地，以“公园”替代“公共绿地”	《城市绿地分类及定额指标问题的探讨》
1999年	城市中向公共开放的绿化用地，包括其范围内的水域	《城市规划基本术语标准》
1999年	农业绿地、林业绿地、游憩绿地、环保绿地和水域绿地五类	李敏
2001年	公园绿地、园林绿地、防护绿地、风景名胜与自然保护区绿地、庭院绿地、交通绿地、农业绿地、农林生产绿地、林地	马锦义
2002年	公园绿地、一般绿地（或附属绿地、环境绿地）、特种绿地（包括生产性和防护性绿地）、郊区绿地等	朱钧珍
2003年	园林绿地、城市森林、立体空间绿化、都市农田和水域湿地等	李 锋，王如松
2004年	农田、菜地、林地、园地、苗圃、河湖水域等	周 婕，李海军

注：据宋成军，赵志刚等（2006年）修改。

我们注意到，绿色空间的类型不断丰富，由公共绿地、休闲绿地扩展到生产性绿地和防护性绿地，人们逐渐认识到各种绿地的生态功能和绿色空间的复合功能。

二、北京绿色空间格局演变特征

(一) 绿色空间的界定

一般情况下，把起维护生物多样性、生态平衡以及保持原生环境作用的土地均纳入绿色空间体系。由于土地利用的兼容性，全国土地分类系统中的以下类型都可以归为绿色空间：“农用地”中的耕地、园地、林地、牧草地；“未利用地”中的河流水面、湖泊水面、荒草地、苇地等；“建设用地”中的水库水面以及“其他农用地”中的坑塘水面（表7-11）。

绿色空间分类系统 **表7-11**

绿色空间	土地利用类型
耕地	灌溉水田、望天田、水浇地、旱地、菜地
园地	果园、其他园地
林地	林地、灌木林、疏林地、未成林造林地、迹地、苗圃
牧草地	天然草地、改良草地、人工草地

续表

绿色空间	土地利用类型
水面	河流水面、湖泊水面、水库水面、坑塘水面
荒草地	荒草地
苇地	苇地

（二）北京绿色空间的数量变化及类型特点

北京市全市绿色空间面积由1992年的1311650 hm^2下降到2004年的1255190 hm^2，年均减少4705 hm^2。从各分项用地类型来看，园地、林地和荒草地呈增加趋势，而耕地、牧草地、水面和苇地均呈逐年减少趋势，其中耕地减少的速度最快，年均减少14321 hm^2。

从北京市中心城区外的14个区县绿色空间面积历年变化情况来看，不同区县的变化特征有所差异。总结起来大体分为增加型和减少型，其中减少型又分为直线减少型和曲线减少型，增加型的表现形态为折线增加（表7–12）。

北京市各区县绿色空间数量变化特征表 表7–12

类型		形态	描述	包含区县
减少型	直线减少型	基本呈匀速减少趋势	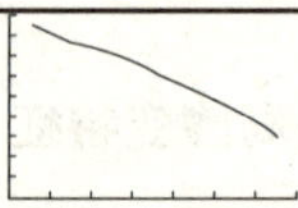	朝阳、石景山、通州、丰台、昌平、大兴、延庆
	曲线减少型	整体呈减少趋势，速率不同或有个别年份增加	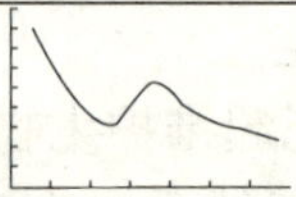	海淀、门头沟、顺义、平谷
增加型	折线增加型	先减少、后增加、再减少，整体水平提高	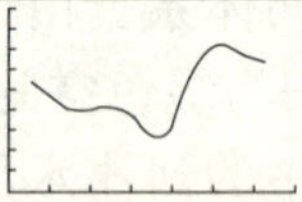	怀柔、密云、房山

直线减少型的区县主要包括朝阳、石景山、通州等近郊平原区县，这些区县的绿色空间基本呈匀速减少趋势；海淀、顺义、平谷等区县绿色空间整体呈减少趋势，但减少速率有所不同，且个别年份有增加；怀柔、密云和房山三个远郊区县属折线增加型的区县，2001年前呈下降趋势，之后的两年由于首都对生态环境建设的重视，山区的绿色空间面积有了较大幅度的增加，但近两年由于地方经济发展利益的驱动，绿色空间面积有逐年减少的趋势，特别是耕地（图7–4、图7–5）。

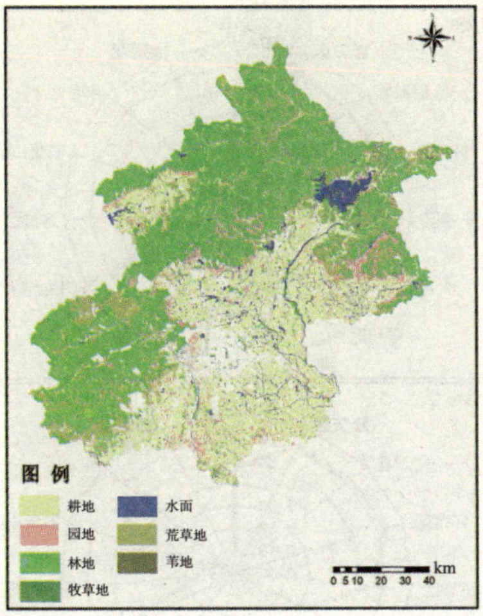

图7-4　1996年北京市绿色人间分布图

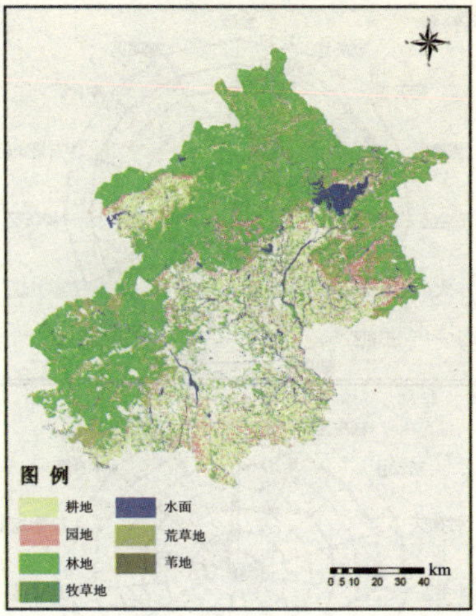

图7-5　2004年北京市绿色空间公布图

注：图中空白部分为非绿色空间，据北京市1996年和2004年土地利用现状图编制。

（三）北京绿色空间的比重变化及梯次特点

从北京全市及中心城区外的14个区县历年绿色空间占辖区面积的比例变化情况来看（图7-6），基本上呈现三大梯次：第一梯次主要是远郊山区县，由于山区面积较大，经济发展相对滞后，绿色空间的比例相对较大，主要包括延庆、怀柔、密云、门头沟、平谷，这些区县绿色空间的比例一直都维持在全市平均水平之上；第二梯次主要是远郊平原区，这些地区是全市农用地的主要分布区，主要包括昌平、通州、顺义、大兴和房山，其中房山的位次逐年提高，这与首都的功能定位是密切相关的；第三梯次主要是近郊四区，即朝阳、海淀、丰台和石景山，这一区域与城区的经济社会联系非常紧密，建设用地侵占绿色空间的势头非常迅猛，也是用地矛盾最为突出的区域。

三、北京绿色空间的梯度分析

由城市中心至城市边缘区，人类活动强度逐渐减小。这种强度的梯度性变化是城市和乡村景观转化的主要原因。人类活动强度变化最终表现在土地利用的密度和强度上，土地利用强度和密度的空间分布无序造成城市环境质量下降，引发人口密度、交通状况和绿色空间分布不协调等一系列社会环境问题，既影响城市经济利益又影响城市环境，也使得用地类型转换快、变化多样，外在景观形态异质、紊乱，土地利用轮廓复杂，形成了城市型与乡

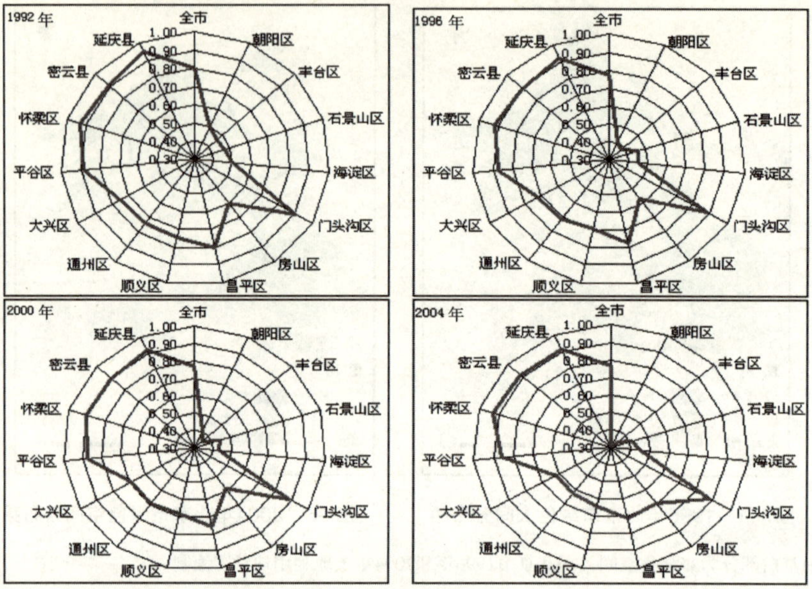

图7-6 北京市及各区县历年绿色空间占辖区面积比例变化

村型绿色空间犬牙交错、杂乱无章的独特地域类型。

（一）样带及梯次环设置

为了探讨北京市绿色空间的梯度分布特征，本书设置了四条样带，分别为南—北带（S—N）、东—西带（E—W）、东北—西南带（NE—SW）和东南—西北带（SE—NW），带宽均为10 km。此外，以北京中心城区为圆心，向外以5 km为半径设置了26个梯次环（圆环），以此进行绿色空间的梯度分析（图7-7）。

（二）样带绿色空间结构分析——以南北样带为例

在南北样带上，从绿色空间面积百分比变化情况来看（图7-8），变化基本上是以中心往南北逐渐递增。往北从第八个梯次环开始有了陡增，之后变化较小，此处位于山区平原交界带；往南高值出现在大兴区南部，北部整体水平高于南部。从1996年和2004年对比来看，样带涉及区域绿色空间的面积百分比都呈减小趋势。

耕地占绿色空间的百分比（图7-9）在往北1~5梯次环2004年较1996年有明显的减小，南北梯度变化上，耕地比例较大的区域主要在平原区，且南部高于北部；园地占绿色空间比例（图7-10）在北部9~12梯次环增加较明显，主要分布在昌平区山前地带，主要是农业结构调整造成的；林地占绿色空间

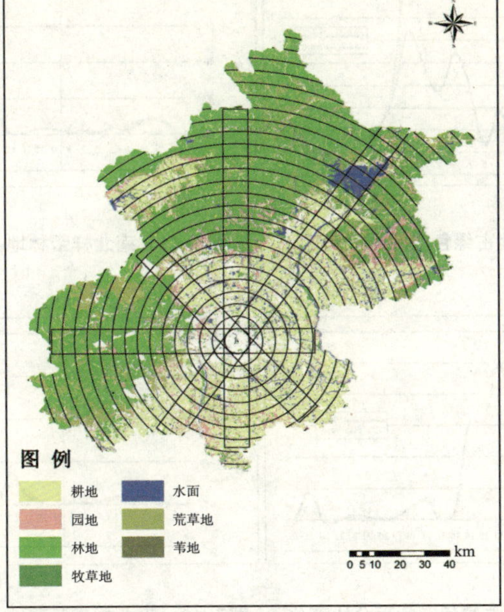

图7-7 绿色空间及样带梯次环设置示意图

比例（图7-11）在近城区有所增加，这与首都重视城区周边的生态环境建设密切相关；水面占绿色空间比例（图7-12）减少区域主要分布在近城区以及怀柔区北部山区地带；荒草地占绿色空间比例（图7-13）变化主要在北部山区，怀柔区西南减少较多，延庆县西北部有所增加，在南部大兴区荒草地面积比例也有所增加。

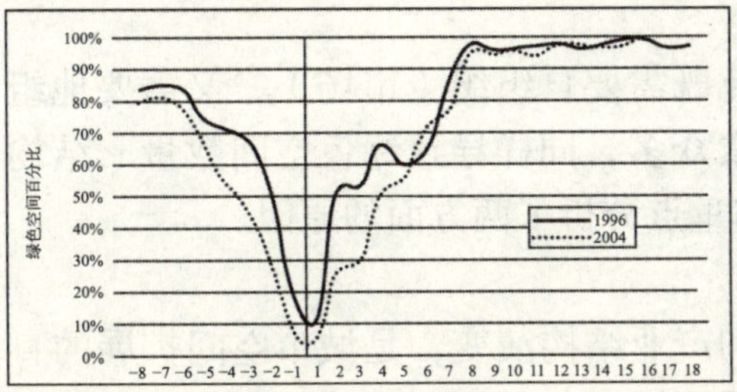

图7-8 南北样带绿色空间面积百分比变化

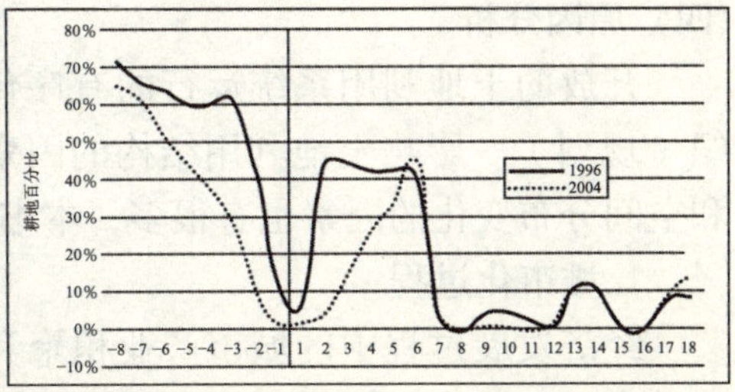

图7-9 南北样带耕地占绿色空间百分比变化

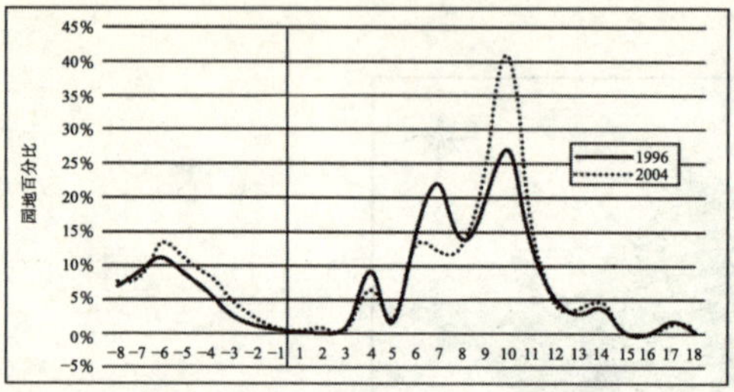

图7-10　南北样带园地占绿色空间百分比变化

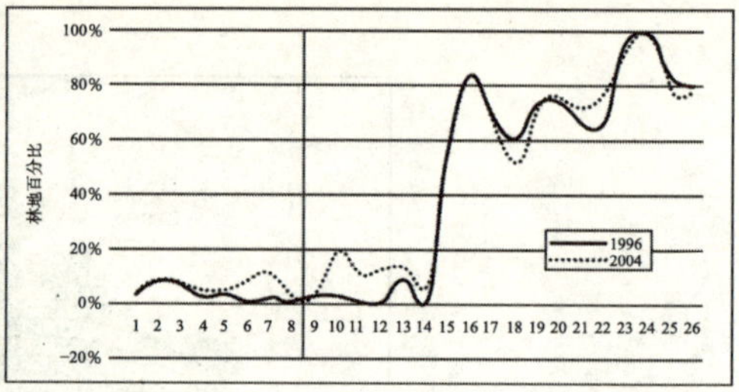

图7-11　南北样带林地占绿色空间百分比变化

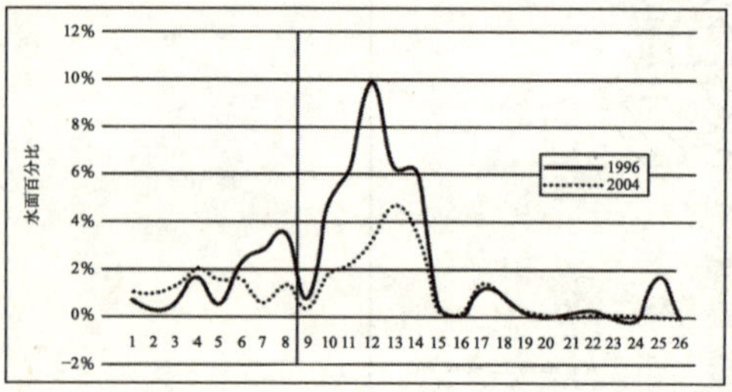

图7-12　南北样带水面占绿色空间百分比变化

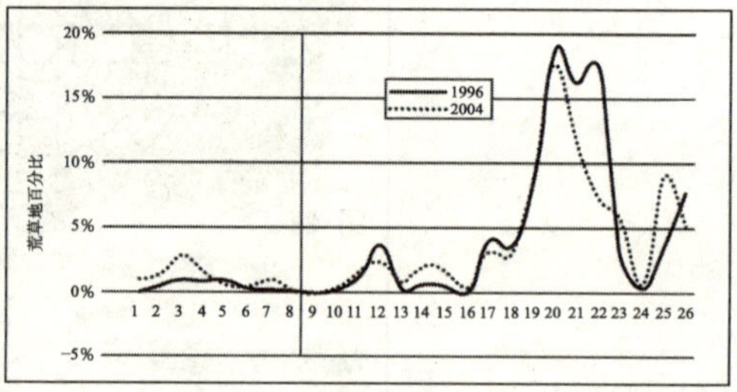

图7-13　南北样带荒草地占绿色空间百分比变化

（三）梯次环绿色空间变化分析

分析26个梯次环内1996~2004年绿色空间的转化率（绿色空间的变化面积/梯次环的面积×100%），如图7-14所示，从变化趋势可以看出，全市大部分地区绿色空间呈减少趋势，其中转化率最大的区域为3~4梯次环及15~16梯次环，前者位于近郊区，后者穿过延庆盆地，均为建设条件较好的地区，也是经济活动较活跃的区域。

（四）原因分析

开放的土地利用系统运行的有序化既需要自组织（市场），又需要他组织（规划）。影响土地利用结构的因素众多，同样导致绿色空间数量、结构和空间分布变化的因素也有很多，本书重点分析了两方面的原因。

1. 城市化过程

经济发展过程中的城市产业积聚和产业结构演变，是城市空间扩展的直接动力，而城市边缘区是一个最先感受到城市化并不断被城市同化的敏感区域。在这个地区原来并不具备完善的城市基础设施，随着城市扩展，首先在地理位置比较优越的地段建设城市的市政工程和基础设施，然后相继成组成

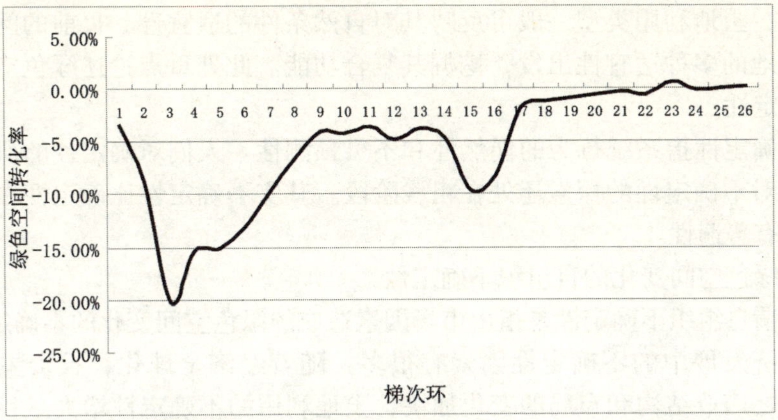

图7-14　梯次环绿色空间变化

片布局工厂、居住区和学校等。于是城市边缘区不断地产生新的城市用地生长点或轴线，而这里的绿色空间则以这些生长点和轴线为起点不断地被分割和蚕食，使得处于城市化最前沿的城市边缘地区成为绿色空间转换最快的地区。

2. 生态位分析

在特定的区域，土地利用变化是由不同土地利用类型间边际效应的差异引起的。在理想状况下，对于具有均衡土地利用结构的一个区域而言，该区域内不同土地利用类型的边际效应是相等的。当外生性或内生性驱动力发生作用，一种或多种土地利用类型的边际效应发生变化时，追求效益最大化的驱动力将促使土地利用结构的调整，直至产生新的均衡结构。

土地利用的生态位综合反映了各土地利用类型在土地利用系统中所占有的空间、所处的地位和所具有的功能。土地利用类型效益（经济效益、生态效益和社会效益）的差异体现为土地利用生态位的差异，当某种土地利用类型的效益较低时，此时土地利用处于低生态位，这种差异促使土地利用结构发生调整，同时亦使得土地利用的强度发生变化，即土地利用从低生态位向高生态位转变，从而导致土地利用的变化和绿色空间的变化。

四、绿色空间的适应性管理

（一）适应性管理的必要性

适应性管理是针对变化过程、适宜条件和不确定性而产生的。北京市绿色空间的变化是显而易见的，上文已进行了分析；因地制宜的原则也是众所周知的，土地利用类型一般可反映其对自然条件的适宜性。目前的问题是如何从土地的多种适宜性出发，挖掘其复合功能。此处重点论述绿色空间变化的不确定性。

不确定性指系统行为的偶然性和不可预测性。人们对确定性的研究由来已久，对不确定性的探索还处在粗浅阶段。其实不确定性比确定性在自然界中更具有普遍性。

1. 绿色空间变化的自组织不确定性

所谓自组织不确定性是指由市场因素造成的绿色空间变化的不确定性。

经济发展中的不确定性因素有很多，随着经济全球化，投资主体多元化，加之产业结构和布局的变化加快，土地利用的不确定性增大。目前处在社会不同阶层的人们在资源的占有、使用、收益的分享上具有鲜明的排他性和竞争性。尤其是农民保护农地的这种维护绿色空间和生态平衡，但获得低下的社会报酬的“利他”行为在经济上得不到补偿，长此以往，在利益机制的驱动下，必然发生绿色空间向其他用地类型转移的趋势，而且这种转移的数量、空间布局等是随市场而定的，难以预测。

2. 绿色空间变化的他组织不确定性

所谓他组织不确定性是指由土地利用总体规划因素造成的绿色空间变化的不确定性，即由“无知”引起的对未来判断的误差。

土地利用总体规划的重要特征是对未来的导向性，规划过程中存在着众多不确定因素，是一个信息不完全的灰色系统。通过一系列选择来决定适当的未来行动的过程是规划的本质。在市场经济条件下，规划是一种多阶段的动态决策问题，它所包含的量总随着时间和空间的变化而不断变化，尤其是随着区域经济的快速发展和城市化进程的快速推进，规划中的各项因素必然会随之改变，从而导致规划产生更大的不确定性。规划中的不确定性不仅存在于规划的编制过程中，它同样也存在于规划的实施过程中，这就是规划在内部和外部这两个方面对不确定性的体现。首先是来自内部的不确定性，即规划编制过程中信息、技术、目标这三方面的不确定性；第二是来自外部的不确定性，即规划实施过程中的不确定性，规划的实施过程处于不断发展变化着的环境中，因此，这种不确定性主要是指发展的不确定性。

（二）适应性管理对策

面对绿色空间变化的不确定性及不确定性问题决策的难度，我们需要引入适应性管理对策，包括发展理念的更新及科学合理的规划。

1. 更新理念

强调精明增长理念，突出“混合土地利用”、“保护开放空间、农地、自然景观和重要的环境敏感区”等原则，关注城市发展的特征与土地利用的关系。该理念涉及社会经济发展、空间与环境、城市规划的制定与实施、公共政策选择以及强调密集型发展模式和农地保护等诸多方面，其实现主要依赖于制定有效的规划法律法规和大量的实施条例、划定开发保护区及城市增长边界等方式。

2. 科学规划

绿色空间变化的自组织不确定性我们很难把握，但是对于他组织不确定性，我们应该有能力去引导和把握。

首先应当注重合理的土地利用分区划分。在土地利用分区时，特别是城市边缘区的土地利用分区，要着眼于土地利用类型的交错性和动态性，使分区既要能控制建设用地的无限制蔓延，又要使土地利用格局协调、生态良好。同一分区内应是以环境相容和功能相似为原则，在利用时土地可以共处、相互转换，或者是在特定环境条件下多种使用功能的土地类型集合能同时容纳。

其次应强调规划的弹性空间。由于存在认识水平和技术水平的限制，规划不可能包罗万象，面面俱到。规划在完成了主旨功能后，应该在实施中根据土地利用内外部条件的变化，留有进一步改进和完善的空间，也就是给选定的规划方案留有足够的弹性。

最后要着重作好绿色空间规划。好的规划并不意味着单纯地限制增长和发展，要平衡保护和适当发展之间的关系，实施最有活力的土地管理，才能确保土地生产和生态功能的持续增强，保障城市和工业用地的可靠供给。

3. 发掘土地的复合功能

从北京市绿色空间的变化和梯度分析得知，变化率最大处是近郊区，而且耕地减少的速度最快。此处我们以农用地为例，看如何发掘其绿色空间的复合功能。

农地绿色空间主要是指耕地、园地、林地、牧草地、苗圃以及鱼塘等用地。农田不仅生产粮食，还能够帮助过滤和储存雨水，回流地下水。另外，农田还是野生动物的栖息地，保留了乡村生活特质和田园风光，具有多种功能和宝贵价值。农田生态系统作为绿色空间的重要组成部分，已经成为扩大城市生物多样性、改善城市生态功能、提高城市景观异质性、调节市民情感以及满足人们体验传统农耕生活的重要区域。

1）通过复合经营提高农地的综合效益

农业资源复合经营的耦合效应反映在以下方面：① 产业耦合效应，使农业、林果业和草地畜牧业之间优势互补，资源充分利用，减少市场风险；② 时序耦合效应，利用农业资源的时序性，使生产过程从植物生产、动物生产到产品深加工形成产业链，有利于资源在年度内的供需平衡和农村剩余劳动力的转移；③ 空间耦合效应，形成山地丘陵、山前平原和沟壑荒滩的综合开发利用。农林牧的协调发展，使生态环境改善和经济效益提高形成良性循环，实现产业、时序和空间的耦合，促使系统内能流、物流和价值流有效运转和多层次循环利用，使自然扩大再生产与经济扩大再生产同步增长，实现系统内生态、经济和社会的整体效益大于部分效益之和的综合效应（图7–15）。

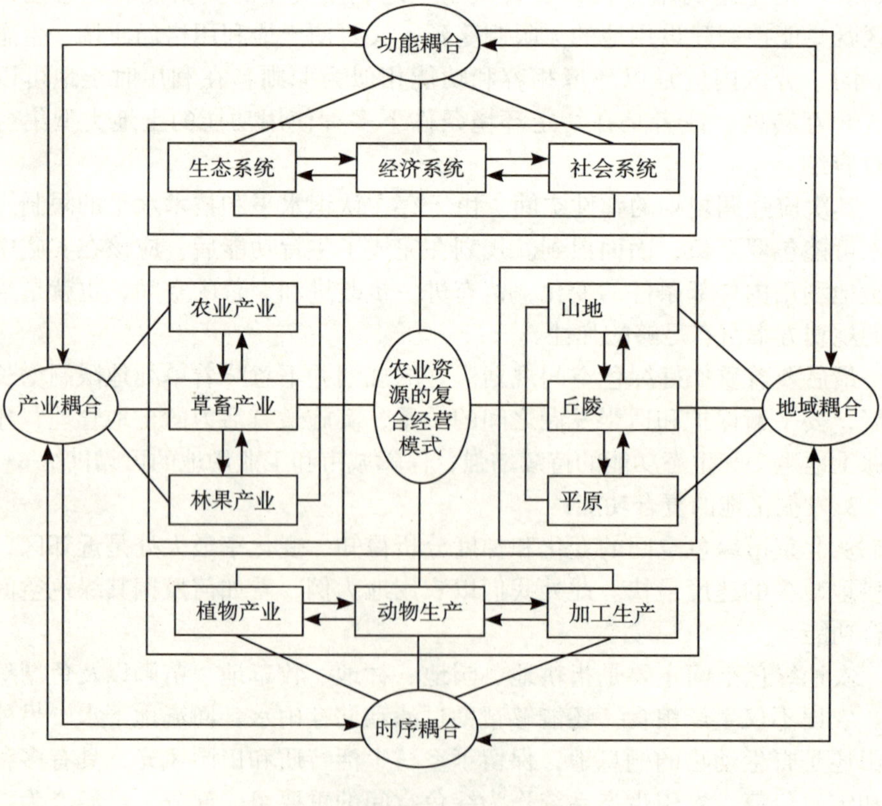

图7–15　农业资源的复合经营模式

［资料来源：据刘兴元等（2004年）整理］

2）农地与生态用地兼容

近年来，建设“生态城市”成为各地政府进行城市规划与建设的重要内容。如北京市进行了大范围的城市绿化工程建设，不仅兴建了大面积的城市绿地，而且还建成了面积达125 km^2的绿化隔离带。但和大多数平原型城市一样，绿地面积增加的背后是农地面积的减少。

诚然，城市和居所掩映在树木森林中是现代都市市民的追求。宽敞的城市绿地和高绿化覆盖率的代名词，如北美和澳洲，城市和居民点的周围有着大片的树木林地。然而，与美国、加拿大、澳大利亚等国的地广人稀不同，中国的国情是人多地少，土地资源紧缺。在人地关系紧张的地区，如果为了达成各种绿化指标而不惜占用农地是不可取的。在“一要吃饭，二要建设，三要生态环境”的大背景下，我们可以将部分农地作为城市与居所周围的生态用地，实现二者的功能复合。

目前在美国等许多后工业化国家中出现了这样一种农地保护政策趋势：显化私有农地的多功能性，将其作为“公共财产”保护。这个趋势的出现源于人们对农地功能的新认识：农地不仅能够生产粮食，还能提供清新的空气、美丽的风景。美国将农田保护政策包括在多项目标中，例如经济发展、就业、住房平衡、交通便利等政策中，这样可以使更多的人从中获益。因此，国外农地保护政策有三方面内容：环境的（environmental）、美学的（aesthetic）和耕地的（agrarian）。在环境方面考虑的是野生动植物的生存环境、地下水补给和生态保护；在美学方面考虑的是乡村景观和风景的品质；在耕地方面考虑的是农村的生活方式和农业产出。我们应该借鉴国外的农地保护政策，发挥农用地和生态用地的兼容性特点，既减少农地的占用，又达到优化环境的目的。

第八章

土地用途管制与分区研究

第一节 土地用途管制与分区研究概述

一、我国土地用途管制的内涵及现状

土地用途管制，也称为土地利用分区管制，是通过土地利用规划引导合理利用土地，促进区域经济、社会和环境的协调发展，其核心是依据土地利用规划对土地用途转变实行严格控制；其基本理念是“把土地分成不同的用途区，在不同用途区内规定不同的土地管制规则；在同一区内实施完全相同的管制规则”。土地用途管制是重要的土地管理方法和土地管理制度的核心，是实现土地宏观调控的有效措施。土地用途分区管制是将区域土地资源根据土地用途管制的需要，按社会经济发展的客观要求和管理目标，划分不同的空间区域，并制定各区域的土地用途管制规则，通过用途变更许可制度和其他相配套制度，实现对土地用途的管制。

1998年修订的《土地管理法》第四条规定，“国家实行土地用途管制制度”，把实行土地用途管制制度作为国家土地利用制度以法律形式加以固定。确立了以土地用途管制为核心的新型土地管理制度，并将土地利用总体规划审批权、农地转用和土地征用审批权、耕地开垦监督权、土地供应量控制权集中在中央和省政府，同时将执行性的权力下放到市县政府。在法律上规定了土地利用总体规划的地位、作用及审批程序，以土地利用总体规划作为土地用途管制的依据，规定了农用地转为建设用地的审批权限，上收征地审批权和完善乡村建设用地管理，以法律形式确定了用途管制作为我国土地管理的根本制度。

1999年开始实行土地用途管制，以代替原来实行的分级限额审批制度。主要内容是强化了土地利用总体规划和土地利用年度计划的法定效力。立法依据是《宪法》第八十九条国务院行使的职权之一“主权性行政特权”，主要内容是通过编制土地利用总体规划划定土地用途区域（农用地、建设用地、未利用地），确定土地使用限制条件，严格限制农用地变更为建设用地，特别是要保护耕地。核心是依据土地利用规划对土地用途转变实行严格控制。其制度建立主要体现在1997年中央11号文《中共中央、国务院关于进一步加强土地管理切实保护耕地的通知》和1998年修订的《土地管理法》。

二、我国土地利用分区的内涵及现状

土地利用分区是指按照土地基本用途的不同而划定的土地利用区。《中华人民共和国土地管理法》第二十条规定：“县级土地利用总体规划应当划分土地利用区，明确土地用途。乡（镇）土地利用总体规划应当划分土地利用区，根据土地使用条件，确定每一块土地的用途……”。

土地利用分区充分体现了土地适宜性的地域差异，遵循了地域分异规律，为土地利用的宏观控制和微观指导提供了科学的依据，有效地实现了对土地利用过程的用途管制，提高了土地利用的合理性。土地利用分区是实行用途管制的前提和基础，不同区域分别确定本区的土地利用方向、限制条件和管理措施，因地制宜，既保证了土地利用的区位效益和规划的科学性，又易于规划的实施和操作。

三、土地用途管制与土地利用总体规划

2009年1月15日通过的《土地利用总体规划编制审查办法》规定：“土地利用总体规划是实行最严格土地管理制度的纲领性文件，是落实土地宏观调控和土地用途管制，规划城乡建设和统筹各项土地利用活动的重要依据。”2009年5月25日，《国土资源部办公厅关于印发市县乡级土地利用总体规划编制指导意见的通知》（国土资厅发［2009］51号）中明确了土地利用总体规划中的建设用地布局与管制要求，使得新一轮土地利用总体规划成为我国土地用途管制的有效手段。

土地用途管制制度是指国家为保证土地资源的合理利用，促进经济、社会和环境的协调发展，通过编制土地利用总体规划规定土地用途，明确土地使用条件，土地所有者、使用者必须严格按照规划确定的用途和条件使用土

地的制度。因此，土地用途管制制度是建立在土地利用总体规划基础上并依靠土地利用总体规划的法律表达来实现的。

目前我国用途管制主要是按照土地利用总体规划用地分类，在乡镇层次的土地利用总体规划中实现。除规定土地用途外，还可进一步探索通过相应的专项规划或者村级规划规定土地使用条件，从而对用途变更实行审批制，实行土地利用监督管理，对违反土地利用总体规划的行为严格查处等。

四、土地利用分区与土地利用总体规划

土地利用总体规划是一种政策性的规划，同时也是一种空间规划。作为一种政策工具，其主要作用在于解决空间建设的秩序问题，规划应该解决的是“建不建”而不是“种什么”的问题，即在一定区域内，将规划的重点放在空间的可建设与否之上。规划应该关注建设在空间上的引导性和在规模上的控制性。而土地利用总体规划的制定必须基于一定的土地利用分区体系，不同层次的规划分别采用与其管理目标相一致的分区体系，只有这样才能根据社会发展的实际情况安排不同用地在未来一段规划期限内的指标分配和空间发展问题。

第二节　境外经验借鉴

从1875年德国柏林市政府采用分区方法把城市划为若干功能区算起，土地用途管制制度已有130多年的历史，发展较为成熟。与国外相比，我国土地用途管制起步较晚，理论研究体系不完善，而实践中更是问题重重。国外及我国台湾地区的土地用途管制经验对完善我国土地用途管制制度建设有十分重要的启示作用。

一、美国的土地用途管制与土地利用分区

(一) 美国的土地用途管制

1891年，美国吸纳德国分区方法，用来管制城市密度和容积。直到1916年，美国纽约州政府颁布了第一个以土地和建筑物的综合开发调控为主要内容的综合分区管制规则，划分出城市工业区、商业区和居住区等，规定建筑

物的密度、用途、容积率和空地率等指标，土地用途分区管制制度在美国才得以正式确立。伴随着美国经济的飞速增长，城市规模不断扩大，环境污染、交通拥堵、基础设施短缺、布局杂乱等城市问题凸显，作为重要的调控工具，土地用途管制制度也日益完善。大体上说，美国土地用途分区管制制度包括以下两方面的内容。

1. 控制土地利用密度与容积率

该制度是美国在20世纪50年代以前所采用的制度，主要是从住宅环境应有充足的光线与空气提供、住宅形态与建筑景观、住宅密度与公共设施需求的角度，通过划分土地使用分区，规范私人土地的使用与开发。其主要内容有：① 土地使用分区。一般分为住宅、商业、工业、农业四大类。每个分区均作出详细的用途限制，其主要目的是避免不相容土地使用性质的入侵。这种方法促使工业区和居住区的分离，隔离污染源，保护生态环境。② 密度与容积控制。主要包括建筑物及其他构筑物的高度、层数、规模，空地率，建筑密度，容积率等，确保适当的采光、通风、日照、建筑景观及公共设施的合理需求，并保护环境质量。

2. 控制城市规模、保护农地

二战结束后，美国经济快速发展，城市规模不断扩大，优质耕地被大量侵蚀，原有的管制措施已很难适应局面的转变，控制城市规模、保护优质农地的管制措施随之产生：①划定城市增长线。即州政府通过法律要求地方政府在规划中，根据本地区的经济发展状况和土地利用现状，划定城市增长线。增长线内的土地包括已有建筑物的土地和尚未被开发的空地。在增长边界线以内，允许土地开发，并提供适当充足的公共设施；边界线以外则限制开发。② 分期分区发展。州政府通过规划要求地方政府为未来的土地开发行为规定时序与区位，以适当而有效地提供公共设施，避免不成熟的土地开发行为。③ 建筑许可的总量控制。即通过土地资源数量配置，限制建设用地的扩大，达到保护土地资源、减缓人口增长速度的目的。④ 农地分区。即依据土壤质量、土地与其他农田的距离、农田的大小、农田是否靠高速公路、是否有给水排水系统等，划定出“土壤、坡度和给水排水情况最适合种植粮食、饲料和油料作物的土地”，并将其划分为基本农地、特种农地、州重要农地和地方重要农地四种分区，并通过优惠征税、递延征税和限制性协议等方式激励农民保护农地现状用途。

(二) 美国的土地利用分区

近半个世纪以来，城市向郊区蔓延已逐步成为美国城市的主要发展模式，城市蔓延带来了系列生态环境问题和社会问题，社会各界开始反思：在市场经济条件下，政府应该采用怎样的行动及法规引导城市发展？城市究竟该以怎样的方式、在什么地方发展？在这样的背景下，美国规划协会(American Planning Association, APA）于1994年提出了城市精明增长计划，发动了新形势下的土地规划改革工作，并从立法上确立了城市精明增长区的概念，美国的土地利用分区制度就是建立在此基础上的。精明增长在土地利用分区上主要表现为以下两方面。

1. 断面规划

传统的区划条例和细分规则会导致分散的土地利用格局，而断面规划则是将规划区视为由农村向城镇逐步过渡的连续统一体，并根据城镇化水平以及景观环境的变化将规划区域分为不同的生态带，在不同的生态带内配置不同的土地利用结构，最后在整个规划区内形成人与自然协调发展的用地格局。

断面规划的原则是不破坏主体景观的和谐度。因此编制规划的关键在于确定每个生态带的主体景观特征，再利用土地利用的空间配置“校正”各个生态带内的异质景观——即改变农村和城市交错混杂的格局，消除城市中的农村和农村中的城市。断面规划实质是从景观生态的角度阻止城市对农村的肆虐侵占，控制低密度的城市发展模式，保护农地和生态用地。

2. 城市增长区

城市增长区是指总体规划中划定的容纳城市增长的区域，由城市增长边界（用于区域控制）或城市服务边界（用于单个行政区内的控制）划定而成，所有的增长都界定在界线以内；界线之外只能用于发展农业、林业和其他非城市用途。

城市增长区是一种控制建设用地总量的方法。在规划中，根据规划期限内（一般为20年）预测的土地需求以及设定的最小土地利用强度确定建设用地需求总量，并以现有的建设用地区为基础将需求量进行空间定位，划定城市增长区，并根据不同的情况以及市场监测信息对边界进行调整。有两种调整方式：一种方式是只考虑时间驱动系统的作用，按规划中预先确定的时间间隔（如俄勒冈州为4~7年）进行调整；另一种方式是只考虑事件驱动系统的作用，即不论时间间隔的长短，当边界内可供开发土地总量达到规划中预先设定的阈值时，都要调整边界。

二、英国的土地用途管制与土地利用分区

(一) 英国的土地用途管制

1. 英国的用地许可制度

根据英国《城乡规划法》，凡属法律定义范畴之内的“开发项目”（Development Project），必须申请并获取规划许可（Plan Permission），方可按照法定的开发程序进行开发，否则，属违法行为。根据英国《城乡规划法》，如开发项目属于特定城乡规划法规和条例所规定的范畴，则可免去申请开发规划许可证的法律程序，自动允许该项目的开发——即“自动的规划许可”（Automatic Planning Permission）。在这些自由开发许可（Permission Under Development Order）中，用地类别划分成为判别是否构成开发行为的重要标准——《城乡规划（用地类别）条例》（The Town and Country Planning (Use Classes) Order, 简称为UCO）、《城乡规划（一般许可开发）条例》（The Town and Country Planning (General Development Order, 简称GDO）中围绕用地功能对开发行为以及一般许可开发行为所作的界定共同构成了英国规划许可制度的基础。

2. 英国的绿带政策

英国自1955年起建立了绿带政策和相应的控制开发政策。绿带政策的设立目标在于控制城市蔓延，保持土地永久开放。绿带政策通过在城市周围建立绿带，设定城市发展边界，限定城市的开发只能在开发规划所确定的范围内，以保护乡村土地继续用于农业和林业等其他用途，促进城市的集约利用与可持续发展。

英国政府对占用绿带土地进行开发建设实施严格控制。国家规划政策导则第2部分（PPG2）规定，绿带的范围一经确定则不允许变动，绿带中任何的开发建设都受到开发许可制度的严格控制，并且拒绝危害城市绿带的开发行为。除少数特殊情况，占用绿带土地进行开发建设的规划申请一律不予批准。若危害城市绿带开发项目确有必要，则必须经过严格、详细的审查过程。政府对绿带的严格保护使大城市产业结构调整和人口增加所导致的用地需求，只能通过城市再开发和卫星城镇建设来满足。

(二) 英国的土地利用分区

1. 建立在用地许可制度基础上的土地利用分区

根据UCO，土地和建筑物按基本用途可分为4 大类、16 小类，这是一种政策性的管制分区，在该条例中所规定的16 类土地，同一类别内的变动不构

成开发行为，不需要申请规划许可。在UCO 所划定的16 类用地中，一些类别之间的转换构成一般许可开发行为，也不需要申请规划许可（表 8–1）。

土地使用分类规则（UCO）　　表 8–1

类别	分类	一般许可开发允许的开发
A类	A1：商店（包括零售、网吧、邮局、旅行社等11项）	不允许变更
	A2：金融和专业服务设施	沿街界面有橱窗展示的可转换为A1
	A3：餐馆和咖啡厅	转为A1或A2
	A4：饮品店	转为A1、A2、A3
	A5：外卖热食店	转为A1、A2、A3
B类	B1：商务设施	可转为B8（不超过235 m^2）
	B2：一般工业	转为B1和B8（B8不超过235 m^2）
	B3–7：特殊工业	不允许变更
	B8：仓储&物流	可转为B1（不超过235 m^2）
C类	C1：旅馆	不允许变更
	C2：有居住的机构（例如医院的病房、学校的校舍）	不允许变更
	C3：住宅	不允许变更
D类	D1：无居住设施的机构	不允许变更
	D2：集会和休闲	不允许变更
	其他	不允许变更

资料来源：http：//www.opsi.gov.uk/si/si1987/Uksi_19870764_en_2.htm。

2. 结构规划中的政策分区——以坎布里亚（Cumbria）郡结构规划为例

在结构规划中制定了大量、详尽的政策（policy）。其主要的目的在于为下一级地方规划搭建框架，如划分次区域边界，确立各个次区域的发展政策；划定重要的自然生态区域，以便限制这些地区内的开发；标注战略性的交通、能源、生活性设施等，保证区域性结构的建立。而这些战略性的内容则有选择性、概念性地表现在规划总图上（图8–1）。

坎布里亚郡结构规划更多的是在讨论各项政策（包括用地政策）的制定，总计包括8 项总政策、54 个目标（表 8–2）。一般地，每个政策包括政策名称、内容和补充说明三部分。对比用地政策和结构规划总图用地政策多是以文字性描述的方式出现，所提供的是一种政策的指引，而非空间的限定，且大多数用地政策在总图上是无法找到对应空间位置的。

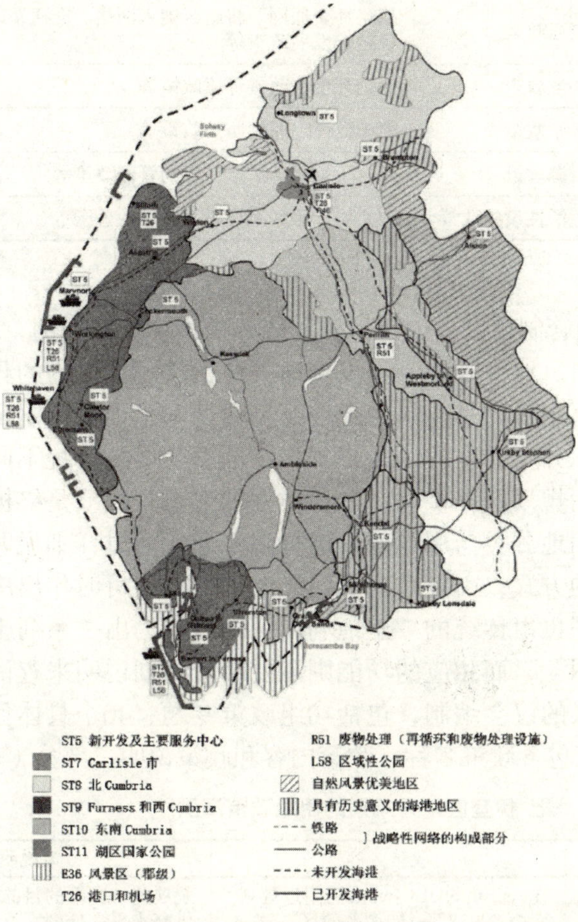

图 8–1　坎布里亚郡及湖区结构规划（2000—2016年）规划总图

（资料来源：Cumbria and Lake District Joint Structure Plan 2002－ 2016，Cumbria county council& Lake District National Park Authority．）

坎布里亚郡结构规划政策表　　　　表 8-2

政策	目标	解释	内容
ST	1～9	战略性政策	可持续发展，规划区域内的次区域发展战略等
EM	10～13	经济发展与就业政策	就业、农业、旅游发展政策等
H	14～20	住房政策	住宅用地规划、可支付的住宅、湖区公园内的住宅建设、住宅更新政策等
T	21～30	交通政策	战略性交通网、将新区纳入网络、交通基础设施、远程通信发展政策等
E	31～36	环境政策	保护环境、改善环境政策等
C	37～38	海岸政策	海岸建设、海岸防护政策等
R	39～47	资源政策	可再生资源、矿产、废物管理政策等
L	48～54	生活性设施政策	中心城、服务及设施、区域性公园

资料来源：Cumbria and Lake District Joint Structure Plan 2002－2016.

3. 地方规划中的管制分区——以伊登（Eden）地区规划为例

相比于结构规划，地方规划不仅更多地关注于规划区域内的具体的土地功能安排与布局，更主要的是，其为土地开发活动和土地利用制定了详细的政策和具体的建议，并为开发控制提供了详细的框架。与传统不同的是，地方规划中的土地利用规划所提供的并非实质性的形态规划或是终极的“土地利用图”，而是将用地分类与用地政策组合在一起，通过详细说明和解释每一宗土地用地政策的方式，引导政府部门在土地开发许可时作出决定。相应地，最终的规划总图也由传统的“土地利用图”转变为由一系列土地政策所组成的“土地政策图”，而相应的功能则需要结合规划说明来查询。如伊登区的地方规划由该区的议会编制，包括10组政策专题、40个具体目标。一般地，每一个用地政策包含政策名称、政策内容和政策说明三部分（表8-3）。

伊登区地方规划的用地政策举例　　　　表 8-3

政策名称	政策内容	政策说明
政策EM1 Business Park Allocation商务园区规划	在Penrith的ULLswater路附近规划有一个2.28 hm^2的商务园区。这一园区只允许发展高端设计和建设产业。园区内的活动应该满足UCO中划定的B1类	发展这一园区的目的在于发掘提供高水平、低密度就业的潜力，选址于主要路网附近是为了利用高可达性来吸引高技术产业，ULLswater路则恰好满足这一要求。为了确立商务园区的地位，高品质的开发是至关重要的

资料来源：Eden Local Plan，Eden district council，1996.

三、日本的土地用途管制与土地利用分区

（一）日本的土地用途管制

日本人多地少，是一个典型的人均土地资源匮乏的国家。随着日本现代化步伐的加快，城市盲目扩张、耕地急剧减少、交通拥挤、环境恶化等一系列社会现象凸显。为了从根本上遏制这些问题，日本政府早在1919年便颁布《城市规划法》和《市街地建筑物法》，初步确立了土地用途分区管制制度。之后日本政府又于1952年颁布了《农地法》，1969年颁布了《新城市规划法》，1970年颁布了《建筑标准法》，对土地用途分区管制制度作了更为详细的规定。

日本的《国土利用计划法》将全国土地划分为都市区域、农业区域、森林区域、自然公园区域和自然保护区域五种土地利用类型区进行管理，并颁布了《城市规划法》、《农业振兴地域法》、《农地法》、《自然公园法》、《自然环境保护法》等相应法规，来限制、调整与指导各类土地的利用。① 农业区域土地管制包括两方面：一方面限制以耕作为目的的农用地权利移动和用途转用，保证“农地农用”，提高农用地使用效率；另一方面不断围海造地，减轻工业化对耕地占用的压力，维持耕地面积的平衡。② 都市区域土地管制突出强调合理利用城市土地，防止盲目扩张，根据《城市规划法》把城市规划区分成城市建设区和城市调整区，城市建设只允许在城市建设区内开展，而城市调整区内只允许建住宅或体育场，且审批严格，从而实现有计划、有步骤地发展城市，抑制城市盲目扩张，促使开发小城镇及偏远城市。③ 森林区域土地管制制度：从保护生态环境出发，指定8万km^2的林地作为“森林保护区”，不得滥砍滥伐，其中3.3万km^2指定为“国家公园”和“准国家公园”，另有2万km^2指定为“县级国家公园”，所有权由国家享有，不能随意侵占。④ 空闲土地的管制旨在提高土地利用程度，使土地发挥更大效用，防止投机性囤积土地。空闲地制度规定凡被确认为空闲地条件的土地，都道府县知事有权要求土地所有者提出这块土地的利用处理计划，并监督其利用方式是否符合规划用途。

（二）日本的土地利用分区

根据日本国情，用途地域制将全部国土按其特性及未来的规划目标分为五大地域，即都市地域、农业地域、森林地域、自然公园地域、自然环境保全地域，并对每类用途地域作出了具体的划分。

如都市地域分为15类，即用途地域、特别用途地域、高度地区和高度利用地区、特定地区、防火地域及准防火地域、美观地区、风景地区、停车场必备地区、临港地区、历史的风土特别保存地区、绿地保全地区、流通业务地区、第一种生产绿地地区及第二种生产绿地地区、传统的建造物群保存地区、飞机噪声污染防止地区及飞机噪声污染防止特别地区。其中用途地域又根据《城市规划法》和《建筑标准法》分为8类，分别对建筑物的用途、高度、容积率、建筑密度作了详细的规定和限制，即第一种居住专用地域、第二种居住专用地域、居住地域、近邻商业地域、商业地域、准工业地域、工业地域及工业专用地域。

而农业地域则分为“市街化区域”和“市街化调整区域”，在市街化调整区域以外，将农地分为一、二、三类。原则上不许可一类农地转用，许可三类农地转用，当在三类农地中转用有困难或不适当时才准许二类农地转用。在市街化调整区域内，将农地分为甲种农地和乙种农地，乙种农地比照市街化调整区以外农地转用标准，区分为一、二、三类农地。甲种农地原则上不许转用（个别情况例外），乙种农地则按照土地分类处理。

四、我国台湾地区的土地用途管制与土地利用分区

（一）台湾的土地用途管制

在我国台湾地区，通常以土地使用管制来代替土地用途管制。

总的说来，土地使用管制由都市土地使用管制和非都市土地使用管制两大类构成。都市土地使用管制是通过都市土地使用分区来实现的，即依据《都市计划法》第32条规定，将都市范围内的土地划定住宅、商业、工业等各种使用分区，并根据实际情况，划定其他使用区或特定专用区，再对每种分区规定不同使用管制事项、性质及建筑强度，并通过建筑管制与工商管理，使其达到都市整体目标。为了防止都市土地使用管制“统”得过死，抑制经济发展的活力，当局又将弹性管理贯彻到管制的过程中，创造了一种“有张有弛”的管制模式，具体体现在以下几方面：特别使用分区管制；计划单元开发；重叠分区管制；密度分区管制；大基地分区管制；绩效分区管制。这种都市土地使用管制对于控制都市发展密度，排除不当土地利用，丰富活泼都市景观，提高房地产价值，优化居住环境，节省政府开支有重要作用。

非都市土地占台湾地区土地总面积的87%以上，使用管制相对而言更加

严格，它在土地使用分区使用计划和土地使用分区图的基础上还要编定各类使用地的使用计划。按照土地使用的土地基本方向和主要用途，划分出10种用途区。为实现土地使用分区及编定管制的功能，并充分发挥土地利用的潜力，台湾地区特制定《非都市土地使用管制规则》，作为对非都市土地使用进行管制的法律依据。

(二）台湾的土地利用分区

1. 区域规划层次的土地利用分区

主要用于指导各项区域性实质建设计划、都市发展及非都市土地使用管制。以台湾北部区域计划为例，把土地发展限制地区和发展地区结合，归纳为三类地区：① 不可开发区：因人类使用不当，将对自然资源环境造成不可恢复破坏，或考虑生活环境品质与安全因素而不宜开发的地区；② 条件发展区：因某种敏感特性，需要限制土地使用种类与强度的地区，需要研拟具体开发计划经申请许可后方可开发；③ 未来城市化地区：为适应地区预留未来都市化发展地区。

2. 县市级发展规划层次的土地利用分区

台湾地区的规划体制将土地划分为都市土地和非都市土地，分别依据《都市计划法》和《区域计划法》划分土地使用区和编制土地用途，分别叫做都市计划和非都市计划，并进行严格的土地使用控制。

1）都市计划的土地利用分区

都市计划是针对县（市）行政范围内的都会区土地拟订的使用计划，属法定计划，落实土地建设之实施计划。依发展性质可分为市（镇）计划、乡街计划、特定区计划。

都市土地使用管制是通过都市土地使用分区来实现的，即将都市土地划分为各种使用分区，再对每种分区规定不同使用管制事项、性质及建筑强度，使其达到都市整体目标。都市土地使用分区将都市地区分为住宅区、商业区、工业区（甲种、乙种、特种、零星）、行政区、文教区、风景区、保护区、农业区、其他使用区等九种土地使用区，各都市可视实际情况再予以划分。

2）非都市计划的土地利用分区

非都市土地使用计划是针对县（市）行政范围内都市区以外的土地拟订的使用计划，绝大部分土地属于该规划管制范围，其管制更为严格，它在土地使用分区使用计划和土地使用分区图的基础上还要编定各种使用地。

按《区域计划法》规定,在非都市土地范围内须划定10 种使用区：特定农业区、一般农业区、工业区、乡村区、森林区、山坡地保护区、风景区、国家公园区、其他使用区与专用区。土地使用分区计划划分出各区土地使用的基本方向和主要用途，编定农业和其他产业之间的土地资源分配,达到在整体布局上保证农地面积的数量。而使用地编定则针对每一宗地的具体用途加以规定，例如甲种建筑用地——供农业区建筑使用者，乙种建筑用地——供乡村区内建筑使用者，丙种建筑用地——供森林区、山坡地保育区及风景区内建筑使用者等。非法变更土地用途者会受到严厉的法律制裁。

五、小结

境外土地用途管制制度历史较长，在优化土地资源配置、提高土地利用率、有效保护耕地和自然资源环境以及控制城市盲目扩张等方面有较为成熟的经验。我国的土地分区引导与用途管制制度还处于起步阶段，尚须进一步深入研究和探索。

（一）完善土地利用总体规划体系，为土地分区引导与用途管制提供支撑

土地管理可分为四个过程：利用科学方法制订土地利用总体规划，协调、组织涉及土地利用的未来行动；规定土地许可的用途，控制土地开发；调控土地资源在公民、法人和其他组织之间的分配；对土地的分配、开发或使用进行管理。国外及我国台湾地区所实施的土地用途分区管制，从本质而言，是强化规划管理、落实土地利用总体规划的一种措施。离开了完善的土地利用总体规划，土地分区引导与用途管制也就无从谈起。

（二）构建土地利用法律保障体系，维护土地分区引导与用途管制严肃性

土地分区引导与用途管制是一项国家施行的强制性措施，需要配套的法律体系作保障。如荷兰法律规定任何利用行为都不得违反土地使用规划的规定；新加坡则规定擅自改变土地用途是违法行为，如不在规定时间内恢复其原用途，将收回土地。

在土地分区引导与用途管制的法律配套体系中，作为管制基本依据的土地利用总体规划应由当地人大常委会通过，经过上级人民政府批准赋予其法律效力，以法来约束任何组织和个人的用地行为，使其不能随意转变土地用途。建立土地用途变更许可制度，符合规划变更土地用途的，必须经过审核、批准、领取土地用途变更许可证，避免土地用途变更的随意性。为了能使其充分发挥土地分区引导与用途管制的效力，应同时健全监察体系和惩罚机制。

(三) 把握用途管制的多样性需求，建立土地利用分区调控空间建设秩序

土地利用规划体系主要包括战略性和实施性两大层面,规划体系中较高层次的规划所面临的土地利用问题更加宏观，属于战略层面规划，通过确定规划范围内土地使用的目标和原则，制定土地利用相关的规划政策，用以引导和约束下一级的规划；规划体系中较低层次的规划所面临的土地利用问题更加具体，是侧重于实施层面的规划，主要是落实战略规划制定的各类引导和管制目标，控制和约束实际的土地开发行为。

首先，应完善空间规划体系，为划分土地利用综合分区提供基础。从国家尺度而言，无论是土地利用规划、城镇体系规划，还是主体功能区规划都无法替代国土规划的职能。当前，城镇体系规划和主体功能区规划都是局部覆盖并且是单一角度的，唯有土地利用规划是全覆盖并具有综合性的。应加强以土地利用规划为基础的国土规划工作，整合三个空间规划，发挥国土规划在空间规划中的“龙头”地位，逐步建立我国空间规划体系，在这一前提下，土地利用综合分区以国土规划的综合分区为依据，可以更有效地发挥作用。

第二，应把握空间结构演变，重视土地利用结构分区。要充分考虑区域的本底自然条件和生态环境要求，明确城市发展的“禁区”，把握城市的主要经济联系方向和城市用地的主要扩展方向、扩展模式，城市未来空间结构演变的特点以及空间结构的具体落实，衔接好宏观层次的政策与落实到土地层面的分区之间的关系，做好土地利用结构分区。

第三，应突出土地政策属性，建立土地利用功能分区。土地资源的多宜性和利用功能的多重性是制定相应土地利用政策的基础。土地利用功能分区重点从协调各部门用地政策的角度，从土地利用的主导功能出发，依据用地政策的相对一致性，划分土地利用功能分区。

第四，应重视空间管制规则，完善土地用途管制分区。以现行土地用途管制分区为基础，完善分区方法，深化分区管制规则。① 变“土地适宜性导向”为“土地管理导向”，分区的原则更多考虑土地管理规则的一致性。② 分类和分区的模糊导致现行土地利用规划中的基本农田保护区内不允许任何建设。实际上，基本农田保护区作为多种地类的混合地区，同样应为一些电站、塔基等小规模的建筑物留有建设的可能性，因为保护基本农田不等于保护基本农田保护区，因此要区分土地利用分类和土地利用分区。③ 在区域土地利用政策的引导下，深化针对性的土地用途管制规则的制定，强化管制规则这个核心。

（四）增加多种措施协调配合模式，促进土地资源的合理分配和有效利用

在分区管制制度实施过程中，还应加强其他措施和手段的应用，如建立和完善土地开发许可制度、土地交易许可制度、土地登记制度、土地征用制度、土地租税费制度、土地整理制度、土地储备制度等，以多种措施相结合的方法，来促进土地资源的合理分配和有效利用。

第三节　土地用途管制与利用分区的思考

一、我国土地用途管制的重点

（一）调控空间建设秩序

土地利用总体规划需要破解的一个关键问题是空间建设秩序问题，即规划以空间为导向，重点处理“建设”与“非建设”的关系问题。从境外土地利用规划的经验来看，空间建设秩序是各级规划首要关注的问题，而建设用地内部结构（建什么）和非建设用地内部结构（种什么）则是下一个层次的规划内容，主要通过市场途径来解决。例如英国的绿带区、加拿大的城市自然特征区都是规划中对空间建设秩序的界定。

（二）指标控制与特定空间控制的“双控”模式

规划中需要进一步加强对自然保护区、绿色空间、土地开发整理复垦区等特定空间的管理，建立起指标控制与特定空间管制相结合的规划“双控”模式。

（三）探索制度性的管理模式：“规划许可”在土地利用规划中的尝试

规划许可制度源于英国，是指开发项目需要按照法律的要求申请规划许可才能进行开发建设，否则属违法行为；日本为了控制土地交易也实行严格的规划许可制度。规划许可制度具有操作透明、管制性强等特点，有利于实现国家对土地资源的微观调控。我国的乡镇级土地利用规划是实施层面的规划，通过地块功能的落实实现上一层次土地利用规划空间管制的目标，在该层次的土地利用总体规划中尝试规划许可制度的应用是本轮规划需要重点探讨的问题之一。

二、我国土地利用分区设想

(一) 土地利用分区内涵

土地利用分区是实行用途管制的前提和基础，不同区域分别确定本区的土地利用方向、限制条件和管理措施，因地制宜，既保证了土地利用的区位效益和规划的科学性，又易于规划的实施和操作。

土地利用分区就是依据土地的自然、社会经济条件的差异规律及土地类型与土地利用方向的相对一致性把土地利用划分为不同基本单元——地域或用地类型。土地利用分区是土地利用总体规划的基本方法之一，土地利用总体规划的核心成果便是调整土地利用结构（定数量）以及确定土地利用布局（定空间）。

土地利用分区可以揭示土地利用的地域分异规律，优化土地利用的空间结构，有利于生产和建设的区域化和专业化。土地利用规划分区是市场经济条件下控制土地利用空间布局的最为有效的手段，是限制不合理利用土地的具体途径和重要措施，可从宏观上对土地利用起到控制作用。

(二) 土地利用分区类型

根据分区依据和作用的不同，在土地利用总体规划中的土地利用分区可以划分为以下几种类型。

1. 地域综合分区

简称综合分区。即根据地域性差异进行大区域的划分，通过分区完善区域土地政策，调整经济布局。要按照资源和环境的承载能力、现有开发基础和未来发展潜力，统筹考虑未来人口分布、经济布局、国土利用和城镇化格局，根据区域发展差异将国土空间划分为不同类型的片区，确定不同片区的区域发展方向和定位，规范开发秩序，管制开发强度，引导人口与经济在国土空间的合理均衡分布，形成基本公共服务和人民生活水平差距逐步缩小的区域协调发展格局。

2. 空间结构分区

简称结构分区。结合区域发展的主要经济联系方向、中心城市内部的主要空间结构特征确定城市用地布局的结构，包括区域发展的增长极、经济走廊、重点地区等；同时考虑有效保护城市自然生态环境、合理避让自然灾害，例如自然保护区、地质断裂带等。根据以上两方面的内容，确定土地利用中的重要节点和网络，划定城市土地利用的结构分区。空间结构分区是土地利用战略落实到土地利用功能分区的必要工作阶段，是土地利用格局的高度概括。

3. 土地利用功能分区

简称功能分区。结合区域的自然条件、现有空间结构以及未来发展战略，充分考虑各行业未来发展的用地需求以及各项主要功能（如居住、工作、交通、游憩）有序运行在土地利用上的需求，确定区域内部不同地区未来的主导功能，如工业区、行政办公区、绿化隔离区等。各分区体现的是以某一类或几类用地为主的土地利用及空间管制方式，如绿化隔离区内以林地、农用地为主导类型，而工业区内则以独立工矿、城镇等建设用地为主导类型。

4. 土地利用用途分区

简称用途分区。按照土地的主要用途进行分区，如基本农田保护区、一般农地区（可细分为林业用地区、牧业用地区等）、城镇村建设用地区（可细分为城镇建设用地区、村镇建设用地区）、独立工矿用地区、风景旅游用地区、生态环境安全控制区、自然与文化遗产保护区等类型。

5. 建设管制分区

简称管制分区。管制分区是落实区域土地利用战略和土地利用主导功能的分区类型，是实现规划空间管制的核心内容，主要针对城乡建设用地的管制进行。新一轮土地利用总体规划中的建设管制分区要求划定以下三个城乡建设用地边界：①城乡建设用地规模边界。按照土地利用总体规划确定的城乡建设用地面积指标，划定城、镇、村、工矿建设用地边界；②城乡建设用地扩展边界。为适应城乡建设发展的不确定性，在城乡建设用地规模边界之外划定城、镇、村、工矿建设规划期内可选择布局的范围边界。扩展边界与规模边界可以重合；③禁止建设用地边界。为保护自然资源、生态、环境、景观等特殊需要，划定规划期内需要禁止各项建设的空间范围边界。建设用地边界划定后，规划范围内形成允许建设区、有条件建设区、限制建设区和禁止建设区4个区域：①允许建设区。城乡建设用地规模边界所包含的范围，是规划期内新增城镇、工矿、村庄建设用地规划选址的区域，也是规划确定的城乡建设用地指标落实到空间上的预期用地区；②有条件建设区。城乡建设用地规模边界之外、扩展边界以内的范围。在不突破规划建设用地规模控制指标的前提下，区内土地可以用于规划建设用地区的布局调整；③限制建设区。辖区范围内除允许建设区、有条件建设区、禁止建设区外的其他区域；④禁止建设区。禁止建设用地边界所包含的空间范围，是具有重要资源、生态、环境和历史文化价值，必须禁止各类建设开发的区域。目前各级土地利用总体规划中所采用的城乡建设用地分类及其含义见表8-4。

建设用地规划用途分类及含义表 表8-4

一级类	二级类	三级类	含义
建设用地			指建造建筑物、构筑物的土地。包括居民点用地、独立工矿用地、特殊用地、风景旅游用地、交通用地、水利设施用地等
	城乡建设用地		指城镇、农村区域已建造建筑物、构筑物的土地。包括城市、建制镇、农村居民点、采矿用地等
		城市用地	指城市居民点，以及与城市连片的和区政府、县级市政府所在地镇级辖区内的商服、住宅、工业、仓储、机关、学校等单位用地
		建制镇用地	指建制镇居民点，以及辖区内的商服、住宅、工业、仓储、学校等企事业单位用地
		农村居民点用地	指农村居民点，以及所属的商服、住宅、工矿、工业、仓储、学校等用地
		采矿用地	指独立于居民点之外的采矿、采石、采砂（沙）场、砖瓦窑等地面生产用地及尾矿堆放地（不含盐田）
		其他独立建设用地	指采矿地以外，对气候、环境、建设有特殊要求及其他不宜在居民点内配置的各类建筑用地
	交通水利用地		指城乡居民点之外的交通运输用地和水利设施用地。其中，交通运输用地是指用于运输通行的地面线路、场站等用地，包括公路、铁路、民用机场、港口、码头、管道运输及其附属设施用地；水利设施用地是指用于水库、水工建筑的土地
		铁路用地	指用于铁道线路、轻轨、场站的用地。包括设计内的路堤、路堑、道沟、桥梁、林木等用地
		公路用地	指用于国道、省道、县道和乡道的用地。包括设计内的路堤、路堑、道沟、桥梁、汽车停靠站、林木及直接为其服务的附属用地
		民用机场用地	指用于民用机场的用地
		港口码头用地	指用于人工修建的客运、货运、捕捞及工作船舶停靠的场所及其附属建筑物的用地，不包括常水位以下部分
		管道运输用地	指用于运输煤炭、石油、天然气等管道及其相应附属设施的地上部分用地

续表

一级类	二级类	三级类	含义
建设用地	交通水利用地	水库水面	指人工拦截汇集而成的总库容≥10万m^3的水库正常蓄水位岸线所围成的水面
		水工建筑用地	指除农田水利用地以外的人工修建的沟渠（包括渠槽、渠堤、护堤林）、闸、坝、堤路林、水电站、扬水站等常水位岸线以上的水工建筑用地
	其他建设用地		指城乡建设用地范围之外的风景名胜设施用地、特殊用地、盐田
		风景名胜设施用地	指城乡建设用地范围之外的风景名胜（包括名胜古迹、旅游景点、革命遗址等）景点及管理机构的建筑用地
		特殊用地	指城乡建设用地范围之外的，用于军事设施、涉外、宗教、监教、殡葬等的土地
		盐田	指以经营盐田为目的，包括盐场及附属设施用地

（三）不同层次规划的空间布局目标和侧重点

如本书第一章所述，土地利用总体规划可以分为全国、省、地（市）、县和乡镇五个层次，不同层次的土地利用总体规划具有不同的内容侧重点和管理目标需求，因此其空间布局的目标和侧重点有所差异。在不同层次规划的空间引导特点方面，国家、省级的土地利用总体规划侧重区域发展战略和土地利用战略等大的宏观战略目标的落实，通过空间综合分区以及与综合分区相配套的规模指标，使区域发展的方向更加明确、区域分工更加突出、区域差异对区域发展的影响降低、区域之间能够更加协调地快速发展。市级土地利用总体规划则是侧重对土地利用空间结构的调控，通过结构的优化实现功能的合理配置，从而使区域土地利用战略目标和用地规模指标得到落实。县乡级土地利用总体规划的引导特点是管制性，它是规划措施落实在具体地块上得到落实的实施层次的规划，使得土地利用总体规划的指标可以进行具体测算。

以上三个层次的规划的空间布局由整体到局部、由原则到具体、由计划到实施，形成了一个完整的土地利用规划空间布局体系。不同层次规划的空间引导形式应与其土地管理职能相适应，与总体规划的特点和目标相一致。

（四）不同层次规划所须编制的主要分区类型

根据不同层次的土地利用总体规划的空间布局目标和侧重点，应分别编制不同类型的土地利用分区。国家和省级土地利用总体规划作为宏观战略层面的规划，根据我国国土空间的地域差异，综合考虑地方资源特色、发展阶段和产业优势，以落实重大土地利用指标、协调区域统筹发展为空间布局的目标和重点，应当编制综合分区，其中省级土地利用总体规划可以编制结构分区；地（市）一级土地利用总体规划承上启下，空间布局中一方面要落实上位规划的战略措施，另一方面要充分挖掘自身特点，为下级规划的空间布局提供依据和引导，应重点编制管制分区和结构分区，可以编制功能分区和综合分区。县级土地利用总体规划的空间布局在地（市）一级的基础上更加具体，重点编制管制分区、功能分区和结构分区，可以编制综合分区；乡（镇）级土地利用总体规划是上位规划的最终落实，应当根据土地利用条件，重点编制土地利用用途分区和管制分区。就管制分区而言，不同层次的管制分区针对对象也应有所不同，地（市）级规划主要针对城市、重点城镇和大型工矿区进行，县级规划主要针对城市、城镇、大型工矿区和重要的中心村进行，乡（镇）规划应针对各类城乡建设用地进行；就用途分区而言，根据编制规划层级、区域面积和自身特点的差异，应进行具有针对性和差别性的用途分区细分及划定。不同层次土地利用总体规划应当重点编制和选择性编制的分区见表8-5。

各级土地利用总体规划与各类分区关系表　　　　**表8-5**

土地利用总体规划层次	重点编制的分区	选择编制的分区
国家级	综合分区	
省级	综合分区	结构分区
地（市）级	管制分区、功能分区、结构分区	综合分区
县级	管制分区、用途分区	综合分区、结构分区
乡（镇）级	管制分区、用途分区	

第九章
土地利用总体规划的发展展望

第一节　土地利用总体规划的发展趋势

一、新时期土地利用总体规划面临的主要挑战

自20世纪90年代以来，全国大部分地方开展了土地利用总体规划的编制与实施工作。十多年来，土地利用总体规划工作对合理利用土地资源，强化土地利用的宏观调控，协调各业用地矛盾，优化土地利用结构和落实土地空间布局起了积极的作用。但是，随着经济全球化、社会主义市场经济体制的建立和发展以及我国工业化、城镇化、现代化进程的加快，土地利用总体规划也面临着新的问题和挑战，主要体现在以下几个方面。

（一）如何适应市场经济机制的弹性要求

现行的土地利用总体规划虽然是在计划经济向市场经济转型时期完成的，但由于长期计划经济模式影响一时难以消除，现行规划基本上还是计划经济模式下自上而下的指标控制式规划和蓝图式规划。这种规划指令性较强、指导性较差，刚性较强、弹性较差。而在当前市场经济条件复杂多变的情况下，一方面，一些地区尤其是经济发展快的地方需要用地指标却受规划严格限制，从而影响地方经济的发展；另一方面，有些规划往往只存在唯一方案，而无约束条件变化的其他方案，更没有调节措施。因此，当影响规划因素稍有变化时，可能导致整个规划引导的失效。

（二）如何加强规划理论和实践体系建设

由于规划理论体系不完善、规划专业队伍不健全、土地管理工作基础薄弱以及地方政府决策者规划意识不强等原因，致使现行的土地利用总体规划

在科学性方面仍存在一些缺陷。同时，全球土地利用总体规划的研究深度和水平不断提高，且已由单要素研究转向多要素相互联系的综合性研究。我国在加入WTO后，面临与国际惯例接轨的需要，因此也暴露出我国土地利用总体规划对经济、社会、环境之间以及城乡、地区之间协调发展重视不够的问题。

（三）如何体现规划的前瞻性

由于规划在编制方法上强调上下协调、同步编制，因此，地方编制规划时，往往滞后于社会经济的发展。规划在刚刚实施甚至在编制的过程当中，客观情况就已发生了变化，例如大项目的投建、行政区划的调整、土地利用现状的变化等。土地利用总体规划还有时滞后于城乡规划，因而不能很好地从全局角度来协调土地利用与城乡发展之间的关系，极大地削弱了土地利用总体规划的权威性。

（四）如何体现规划的因地制宜

在规划编制过程中，有些地方思想僵化，观点陈旧，规划模式“千篇一律”的现象比较明显。土地利用目标、方针、实施的政策措施的制定没有地方特点，规划方案缺少地方特色。规划的内容、方法及表现形式上没有创新，有的规划方案只是对上级规划指标的分解，甚至是其他地方规划的“克隆”。

二、土地利用总体规划的发展方向

（一）强化土地利用总体规划的法律地位

从国际上开展土地利用总体规划比较成功的国家经验可以明显地看出：要使土地利用总体规划的编制和实施能够落到实处，真正起到其应有的作用，必须建立完备的法律保障体系。我国目前土地利用总体规划法律体系仍不健全，一些地方仍然存在对规划编制不重视、规划实施较随意和规划行政不作为等问题。因此，应尽快制定出台“土地利用总体规划管理条例”等专门法规。通过立法，明确土地利用总体规划的地位、内容和法律责任等，确保各级土地利用总体规划的依法编制（或修编）和实施。

（二）重视土地利用总体规划的基础数据的翔实性

编制土地利用总体规划的基本要求是基础数据翔实，基础数据是规划编制的基石，准确的基础数据是规划得以贯彻实施的基本保证。目前，规划编制所采用的大多是变更调查数据，由于更新调查历时长、工作繁杂，所得数据准确性不高，很难达到图数一致的标准。基础数据不实必将影响实施管理。目前，可利用遥感和地理信息系统技术重新进行变更调查，从而获得准确翔实的基础数据，基本能够做到图数一致。

（三）重视土地利用总体规划实施的监测与评价

建立土地利用总体规划的动态监测制度，能够阶段性地对土地利用总体规划的实施情况进行跟踪调查，了解掌握规划的实施情况。一旦发现不按规划用途利用土地的行为便可及时制止，对严重违反规划的应依法查处。同时，规划实施评价能够对规划实施的落实情况及规划实施后对土地利用及环境产生的影响进行评价，即对政策的执行情况和政策影响进行评估，从而起到促进规划实施、明确规划修编意义和改进方向的作用。

（四）加强土地利用总体规划的专家领衔、公众参与力度

为达到土地利用总体规划的科学性和权威性，在规划编制的前期过程中，各地要成立有广泛代表性的规划专家咨询委员会，承担规划的咨询、论证和评估工作；规划纲要也要在通过规划审批机关的同级国土资源管理部门组织的专家评审后，才能进行规划成果编制。而公众参与是“以人为本”思想的具体体现，要想改变目前我国土地利用总体规划中公众参与程度较低的现状，必须建立民主、科学的土地利用总体规划程序，使公众参与成为规划程序的一部分，在规划及修改过程中，均要通过有效方式广泛听取公众意见。

第二节　未来土地利用总体规划的重点研究领域

一、研究如何建立土地利用总体规划许可制度

按照加强土地用途管制的要求，研究完善土地规划许可制度，是确保土地利用总体规划有效实施，调控和引导用地规模、结构、布局的重点。土地规划许可制度是在对农用地和非农用地实行严格的用途管制、限制农用地转用的基础上，明确须转用时实行的。基于土地规划许可制度在实行中暴露出来的一系列问题，我国的土地规划许可制度仍有很多地方值得继续研究和完善。

（一）完善及合理化土地用途分类体系

目前，中国土地用途分为农用地、建设用地和未利用土地三个一级类，一级类下面又细分为二级类和三级类。这一分类体系可以大致反映土地利用

现状，但随着我国经济体制中市场调整作用的增强，这套分类体系已有明显不足。规划用地分类的概念与现状相比，其内涵要更丰富，外延要更宽泛。因此，建立起一个合理的土地用途分类体系，将会为执行用途许可制度带来更大的准确性和适应性。

(二) 给予土地规划许可制度以法律保障

对于规划许可制度，只有经过年度用地计划和规划层层审核、批准，才能获得许可证，避免土地用途变更的随意性，如果未经审批擅自改变土地用途，行为人将受到法律制裁。

(三) 做到刚性与弹性相结合

从许多发达国家和地区实施规划许可制度的历程来看，规划许可制度已逐渐向弹性化方面发展。我国在完善规划许可制度时也应该做到刚性与弹性相结合，即对不同类别的土地用途采用不同的管制思路。对基本农田保护区、风景名胜区、生态敏感区要严格限制其转用，加强其刚性；对农业用地区（基本农田除外）内的各种农业土地用途，在满足环境和相关法律的要求下，给予市场适当的发展选择权，赋予其一定的弹性；对建设用地控制区首先要保证公益性基础设施用地，体现其刚性，而对于商业性用地，可以根据市场的变化随时作出反应，以决定土地利用性质和开发强度的变化，预留出相应的弹性。

二、研究如何完善规划用地分类体系及用地标准

随着我国社会经济的快速发展，人地矛盾的日益突出，客观形势的复杂性对土地利用总体规划和土地管理工作提出了更高的要求。在新的历史时期下，我国需要建立能够协调经济发展、社会公平、环境生态友好的可持续发展模式，土地利用总体规划与土地管理的目的性更加全面和复杂，当前的土地用途分类已经不能适应土地利用总体规划体系及管理的需要。如何完善我国土地利用总体规划体系，建立一套落实土地利用策略和目标、服务于土地管理需求的规划用地分类和标准，将成为今后我国土地利用总体规划的重点研究领域。其主要研究内容如下。

(一) 研究构建土地利用总体规划的用地分类体系

分析现有土地利用总体规划用地分类体系中存在的优点和不足，确定分类原则，研究科学、协调、实用、规范的土地分类方法，吸收已有的土地分类体系中的优点，摒弃不足，建立与土地利用分类体系及管理需要相适应的

土地利用总体规划用地体系及用地标准。在此过程中，需要考虑可持续发展的需求、与相关标准（如城市用地分类等）的衔接、尺度问题（行政级别、比例尺等），并协调好新旧分类体系之间的分歧与冲突。

(二) 研究制定各类规划用地标准

在新的土地利用总体规划分类体系的基础上，分析并明确与人们生产生活关系最密切、须提出相应用地标准以进行控制与引导的主要用地类型，研究并设计相应的规划用地指标标准及体系，提出落实规划用地标准的对策措施。

通过对规划用地分类体系及用地标准的研究，对我国土地利用总体规划的用地进行更加科学、合理并符合实际的分类，促进我国对土地利用总体规划的规范化与标准化建设，以方便、科学地编制、审批、实施土地利用总体规划，经济、合理地使用土地，确保区域可持续发展都具有十分重要的意义。

三、其他需要重点关注的研究内容

(一) 如何识别城乡实体空间问题

城市统计区是统计城市人口，研究区域城市化进程的基础，是关系到城乡用地发展和城乡用地布局优化的关键界定，城市统计区范围是动态变化的，其确定须基于城乡实体空间的划分。从海外国家和地区的土地利用空间规划体系和管理经验来看，城乡范围的划定不仅有利于因地制宜地推进差异化土地利用策略的实施，同时对于合理引导城乡建设、优化城乡用地的空间布局、提高土地利用的效率具有重要作用。目前国内一些学者已经进行了许多城乡划分的工作，但多集中在使用人口统计指标。然而针对中国土地管理实际，从土地利用类型及用地权属等方面的研究更加具有管理和实践意义，因此说基于用地特征的城乡空间划分将是未来土地利用总体规划空间布局优化的重要方向。

(二) 如何构建城市周边及外围绿色空间与生态廊道问题

20 世纪60~70 年代以来，不论是发达国家还是发展中国家，城市化进程反映在地域结构上最明显的特征之一就是建设用地对周边开敞空间的侵占，其中包括农业用地、湿地等生态功能价值较高的土地类型。特别是我国大城市在发展过程中，由于城市中心改造、工业外迁与新区开发并举，城市建成区规模扩展迅速，许多城市向周围扩展失去有效的控制，“摊大饼”式城市扩展已成为许多城市尤其是大城市发展的顽症，而由此导致不断加剧的城市交通拥挤、城市环境恶化也已成为我国大城市发展所面临的难题。在这种背景之下，城市周边及外围绿色空间与生态廊道的构建就显得尤为重要，它将成为避免城市无限制地蔓延式发展，有效地控制城市形态，改善城市生态环境的重要措施。绿色空间可以理解为“非建设空间”，即自然或半自然的生态系统，绿地、河湖水系、各类农用地都可以被视作绿色空间，它能够改善城市边缘景观异质性，从用地上防止城市无序蔓延发展，保护生态环境，促进城市可持续发展，提供人类生活所需的诸多方面的服务。

（三）如何促进城镇理性增长与村庄布局优化问题

早在1898 年，霍华德就通过田园城市理论与实践开始了对新型城乡关系的探索，他提出用一些小型的、精心规划的市镇来取代大都市，形成一个高效的城市网络，这种新型的城镇模式，就是兼具城市和农村优点的城乡磁体，其目的是使城市和农村能平衡健康发展。目前，我国仍未实现“城乡一体化”的目标，由于城市规划一直忽视了广大农村地区这个“面”，从而在一定程度上导致城乡差距显著。“三农”问题是中国实现现代化的关键，因此，加强农村地区的规划，整顿农村居民点脏、乱、差的现状，将城市的生活方式、基础设施、社会服务设施向农村地区延伸，是我国实现现代化的重要步骤，是统筹城乡发展的当务之急。

村镇布局规划从协调城镇和村庄布局入手，为原来个别的、局部的规划提供了一种整体上的思路，它弥补了城镇体系规划“重城镇、轻农村”的缺点，对区域内各个乡镇、村庄建设进行综合布局与规划协调，统筹安排各类基础设施与社会服务设施，是统筹城乡发展的新探索。村镇布局规划的出发点是通过调整布局使村镇达到相对合理的规模与结构后，集中配置较高质量的城市化基础设施和社会服务设施，改善农村居住环境，提高农民生活质量，逐步缩小城乡差距。同时，由于农村居民点的相对集中布局，使农村土地资源与管理机构获得一次重新整合的机会，从而节约土地资源和管理、建设成本，走农业的规模化、集约化发展之路。

参考文献

[1] 王万茂．土地利用规划学［M］．北京：中国大地出版社，2000.

[2] 严金明．中国土地利用规划理论、方法、战略［M］．北京：经济管理出版社，2001.

[3] 董祚继．中国现代土地利用规划研究［D］．南京农业大学博士学位论文，2007.

[4] 联合国粮食及农业组织（FAO）. 土地纲要评价［R］. 罗马，1976.

[5] 毕宝德，柴强，李玲．土地经济学［M］．北京：中国人民大学出版社，1998.

[6] 曹蕾，邱道持，刘力，栗辉．工业园区土地利用经济评价探讨［J］．西南师范大学学报（自然科学版），2005，30（1）：180-183.

[7] 陈百明.试论土地资源管理政策的调整［J］.自然资源学报，2003（5）：611-616.

[8] 陈秋林，毛德华．生态足迹方法在土地利用总体规划实施评价中的应用——以常德市鼎城区为例［J］．广东土地科学，2007（2）：27-30.

[9] 董黎明，袁利平．集约利用土地——21世纪中国城市土地利用的重要方向［J］.中国土地科学，2000，14（5）：6-8.

[10] 杜超，卢新海．从城市地价变化看土地储备对房地产市场的影响［J］. 特区经济，2006（4）：353-354.

[11] 傅伯杰等．环渤海地区土地利用变化及可持续利用研究［M］．北京：科学出版社，2004：9.

[12] 傅华．日本的土地用途地域制［J］．中国土地，1999（6）：40-41.

[13] 高国雄，张国良，刘美鲜，李文忠，刘国强，胡文忠．国内外退耕还林研究与实践回顾［J］．西北林学院学报，2007（2）：203-208.

[14] 高燕，叶艳姝．农村居民点用地整理的适宜性评价指标体系及方法研究［J］.土壤，2004（4）：365-370.

[15] 郭小庆．也谈"地价政策与土地储备"［J］．中外房地产导报，2002（2）：9.

[16] 黄贤金，谢正栋等，土地储备经营与城市经济发展——以南京市为例［J］．中国土地，2001（12）：29-31.

[17] 黄小彪，黄曼慧．城市土地储备制度的功能、问题与发展对策分析［J］．中国房地产金融，2005（4）：12-16.

[18] 胡兰玲．土地发展权论［J］．河北法学，2002，20（2）：143-146.

[19] 华波．地（市）级土地利用总体规划实施评价初探——以镇江市为例［J］．安徽农业科学，2006（23）：6330-6332，6364.

[20] 何瑞东．开发区土地集约利用评价方法研究——以兰州高新技术开发区为例［J］．甘肃科技，2007，23（8）：85-86.

[21] 何晓玲，卫国昌．土地储备体制的探讨［J］．中国房地产金融，2000（12）：31-34.

[22] 联合国粮食及农业组织（FAO）．立法在发展中国家土地利用规划中的作用［R］．罗马，1985.

［23］冷宏志，宫玉泉．土地收购储备——经营城市的必然选择［M］．北京：地质出版社，2001．
［24］李丽华．北海市土地储备现状及发展对策［J］．广西社会科学，2004（12）：123-125．
［25］李世平．土地发展权浅说［J］．国土资源管理，2002（2）：15-17．
［26］李宪文，林培．国内外耕地利用与保护的理论基础及其进展［J］.地理科学进展，2001（4）：305-312．
［27］李宪文，张军连，郑伟元，唐程杰，苗泽，刘康．中国城镇化过程中村庄土地整理潜力估算［J］．农业工程学报，2004（4）：276-279．
［28］林依标．建立土地储备制度的政策及措施［J］．中国土地，2000（11）：36-37．
［29］林英彦．土地利用概要［M］．台北：台湾文笙书局，1995．
［30］刘戈，汪波．天津经济技术开发区土地集约利用与经济增长关系［J］．天津大学学报（社会科学版），2007，9（2）：97-101．
［31］刘明皓，邱道持．县级土地利用总体规划实施评价方法探讨［J］．中国农学通报，2006（11）：391-395．
［32］刘盛和,何书金.土地利用动态变化的空间分析测算模型［J］.自然资源学报, 2002, 17（5）：533-540．
［33］刘筱非．城市土地整理模式研究［D］．西南师范大学硕士论文，2005．
［34］刘兴元，王锁民，郭正刚．半干旱地区农业资源的复合经营模式及生态经济耦合效应研究［J］．自然资源学报，2004，19（5）：624-631．
［35］刘咏莲，曲福田，姜海．江苏省农村居民点整理潜力的评价分级［J］．南京农业大学学报（社会科学版），2004（4）：18-23．
［36］卢步东，夏积亮．城市存量土地统一收购性质定位研究［J］．浙江大学学报（理学版），2000，27（3）：337-341．
［37］鹿心社主编．全国土地利用总体规划（第一卷）［M］．北京：中国大地出版社，2001．
［38］路振华，陈笑媛.山地丘陵区耕地与基本农田保护研究——以贵阳市修文县为例［J］.国土资源科技管理，2008（1）：35-41．
［39］罗士军．农村居民地整理潜力估算研究［J］．国土与自然资源研究，2000（3）：31-33．
［40］马克伟主编．土地大辞典［M］．长春：长春出版社，1991．
［41］马锐，韩武波，吕春娟，白中科，陈建设，丁学智．城乡交错带居民点整理潜力研究——以山西省太原市晋源区为例［J］．农业工程学报，2005（S1）：192-194．
［42］牛海鹏．土地利用总体规划实施评价应注意的若干问题［J］．河南理工大学学报（社会科学版），2006（1）：16-18．
［43］欧阳安蛟，冯晔春．市场经济条件下的土地收购价格确定原则和方法初步研究［J］．浙江大学学报，2000，27（3）：347-352．
［44］钱鑫，樊宏，高燕，张兰.基于GIS——以成都市龙泉驿区为例技术的基本农田保护研究［J］.国土资源科技管理，2006（6）：80-83．

［45］覃发超，李铁松，张斌，黄莹．浅析主体功能区与土地利用分区的关系［J］．国土资源科技管理，2008（2）：25-28.
［46］丘金峰主编．房地产法辞典［M］．北京：法律出版社，1992.
［47］任奎，周生路，廖富强，吕蕾，吴绍华，张红富．基于可持续度的连云港市土地利用总体规划实施评价［J］．资源科学，2008（2）：241-246.
［48］邵晓梅，王静．小城镇开发区土地集约利用评价研究——以浙江省慈溪市为例［J］．地理科学进展，2008，27（1）：75-81.
［49］沈兵明．城市土地供应与地价回笼方式探讨［J］．中南财经大学学报，1999（6）：75-76.
［50］史健，刘照胜．土地储备制度与土地资源可持续利用［J］．中国人口·资源与环境，2001（11）：140-141.
［51］师学义，陈丽，杜轶，赵敏．潞城市农村居民点整理潜力研究［J］.山西农业大学学报（自然科学版），2003（3）：268-272.
［52］石英，朱德举，程锋，付海英．属性层次模型在乡级基本农田保护区布局优化中的应用［J］.农业工程学报，2006，22（3）：27-31.
［53］宋成军，赵志刚等．城市绿色空间的生态学研究［J］．科技情报开发与经济，2006，16（4）：150-152.
［54］宋春华．房地产大辞典［M］．北京：红旗出版社，1993.
［55］苏秀琴，张永福．喀什市土地利用总体规划实施评价［J］．黑龙江科技信息，2007（1）：120-190.
［56］孙弘．中国土地发展权研究［D］．北京大学博士论文，2004.
［57］孙华芬，赵俊三，肖龙山．基于GIS的土地利用总体规划实施评价方法研究［J］.科技情报开发与经济，2007（31）：132-133.
［58］孙施文，周宇．城市规划实施评价的理论与方法［J］.城市规划汇刊，2003（2）：15-20.
［59］谭术魁，彭补拙．对我国若干城市土地储备运作的比较［J］．中国房地产，2003（1）：10-12.
［60］涂姗．武汉市城市土地储备制度存在的问题［J］．资源开发与市场，2006，22（2）：170-172.
［61］王惠民．用土地经营城市——土地收购储备理论与实践．中国土地，2001（9）：26-28.
［62］王家庭，张换兆．国外土地储备制度及其借鉴意义［J］．上海城市管理职业技术学院学报，2006（4）：51-55.
［63］王万茂．定性、定量、定位、定序——关于乡（镇）土地利用规划思路的新思考［J］.中国土地，2002（6）：21-23.
［64］王薇．"摸着石头过河"——我国土地储备制度的发展．基建管理优化，2005（4）：8-11.
［65］吴次芳．土地利用规划［M］．北京：地质出版社，2000.
［66］吴军．县域农村居民点用地整理研究——以山东邹城为例［J］．国土与自然资源

研究，2006（3）：42-43.
［67］吴郁玲，曲福田，姜海．江苏省开发区土地利用集约度的诱因分析［J］．经济地理，2007，27（1）：145-148.
［68］吴远来，严金明，李莉莉．大都市郊区农村居民点用地整理的约束条件与激励机制研究——以北京市大兴区为例［J］．兰州学刊，2007（10）：83-85.
［69］肖蓓蓓，刘秀华．重庆市丰都县建设用地变化及社会驱动力分析［J］．西南农业大学学报（社会科学版），2007（1）：38-42.
［70］夏春云，严金明.土地利用规划实施评价的指标体系构建［J］．中国土地科学，2006，20（2）：19-23.
［71］谢高地，鲁春霞，冷允法等．青藏高原生态资产的价值评估［J］．自然资源学报，2003，18（2）：189-195.
［72］谢合明．土地利用分区与用途管制的探讨［J］．西南民族学院学报，2001，22（11）：135-142.
［73］邢元志，彭补拙等．我国土地储备制度研究——以南通市为例［J］．经济地理，2001，21（3）：341-345.
［74］许福涛.基本农田保护区耕地质量监测体系的建立与管理［J］.土壤，2005（5）：566-568.
［75］严金明，钟金发，池国仁．土地整理［M］．北京：经济管理出版社，1998.
［76］杨遴杰，林坚，李昕，高永．国外土地储备制度及借鉴［J］．中国土地，2002（5）：36-39.
［77］杨庆媛，田永中，王朝科，周滔，刘筱非．西南丘陵山地区农村居民点土地整理模式——以重庆渝北区为例［J］．地理研究，2004（4）：469-478.
［78］杨庆媛，张占录．大城市郊区农村居民点整理的目标和模式研究——以北京市顺义区为例［J］．中国软科学，2003（6）：115-119.
［79］杨树佳，郑新奇，杜军，牟文龙．基于土地适宜性评价的基本农田布局方法研究［J］．山东师范大学学报（自然科学版），2007，22（1）：99-102.
［80］杨宗艳，陈辉．对我国土地储备模式的探讨［J］．国外建材科技，2005，26（2）：138-140.
［81］叶艳妹，吴次芳．我国农村居民点用地整理的潜力、运作模式与政策选择［J］．农业经济问题，1998（10）：54-57.
［82］殷鹏飞，鲁成树，朱传民．低山丘陵区耕地与基本农田保护研究［J］.中国农学通报，2006（11）：413-416.
［83］于金羽，沈士芹，王淑娟．开发区土地集约利用研究——以江苏省为例［J］．国土资源科技管理，2006（4）：39-43.
［84］翟文侠，黄贤金，张强，杜文星．开发区土地集约利用研究——以江苏省为例［J］．地域研究与开发，2006（1）：101-105.
［85］张红，潘琦．关于土地储备制度的讨论［J］．中外房地产导报，2001（3）：10-11.
［86］张宁宁．日本土地资源管理一瞥［J］．中国土地科学，1999（1）：45-47.

[87] 张思彤. 地价政策与土地储备[J]. 中外房地产导报. 2001(20): 17-19.

[88] 张淑娟，刘艳芳. 城市土地储备制度与房地产市场关系问题的探讨[J]. 资源与产业，2006(2): 28-30.

[89] 张霞，王勇. 土地统一收购价格内涵界定研究[J]. 浙江大学学报(理学版)，2000，27(3): 342-346.

[90] 张治良. 土地利用总体规划实施评价与修编的研究[J]. 福建地理，2005(3): 4-6.

[91] 张文新. 城市土地储备对我国城市土地供求与地价的影响分析[J]. 资源科学，2005，27(6): 58-64.

[92] 张正峰，赵伟. 北京市大兴区耕地整理潜力模糊评价研究[J]. 农业工程学报，2006(2): 83-88.

[93] 张志强，徐仲民，程国栋. 生态系统服务与自然资本价值评估[J]. 生态学报，2001，21(11): 191.

[94] 赵丽红，陈文波.浅谈耕地和基本农田的弹性保护[J]. 广东土地科学，2006(4): 22-25.

[95] 赵小敏，郭熙. 土地利用总体规划实施评价[J].中国土地科学，2003，17(5): 35-40.

[96] 浙江大学城市与区域发展研究所，杭州市土地储备中心. 城市土地收购储备制度建立、实施理论与实践研究[M]，2001: 5.

[97] 郑新奇，李宁，孙凯. 土地利用总体规划实施评价类型及方法[J]. 中国土地科学，2006，20(1): 21-26.

[98] 周广生，渠丽萍. 农村区域规划与设计[M]. 北京: 经济管理出版社，1998.

[99] 周滔，杨庆媛，周俐俐. 农村居民点整理综合潜力的定量评价——以重庆市渝北区为例[J]. 西南科技大学学报(哲学社会科学版)，2004(2): 50-54.

[100] 朱寅传，夏积亮等. 杭州市土地储备体系及模式[J]. 中国土地，1999(8): 27-29，39.

[101] (印度)R·B·曼德尔. 土地利用理论与实践[M].西北农业大学，1987.

[102] Daily G, ed. Natures Services: Societal Dependence on Natural Ecosystems [M]. Washington: Island Press, 1997.

[103] FAO. Guidelines for Land Use Planning. Development Series No. 1. FAO. Rome. 1993.

[104] Robert Costanza, et a1. The Value of the Worlds Ecosystem Services and Natural Capital [J]. Nature, 1997: 386.

[105] Talen Emily. Do Plan Get Implemented? A View of Evaluation in Planning [J]. Journal of Planning Literature, 1996(10): 248-259.